THE CONSCIOUS PARENT

Transforming ourselves, Empowering our Children

覺醒父母

進入覺知教養，走出掌控孩子的單行道，
讓內在小孩與孩子一起成長

喜法莉・薩貝瑞博士
Shefali Tsabary PhD——著
蔡孟璇——譯

至善無私，從親子關係開始

達賴喇嘛

在這本書裡，喜法莉・薩貝瑞博士以簡單而通俗的方式描述了慈悲心的重要，探討了如何從親子關係學習培養它。

雖然我已經七十五歲了，但是我依然記得我母親自然流露的愛與無私的感情。直到今天，每每回想起來，總能帶給我安定感及內在的平靜。在這個現代世界，我們所面臨的挑戰之一，就是如何在一生當中對這種無私的付出保有一份感激與珍惜之情。我們長大之後，那易受誤導的智識經常會讓我們變得短視，並觸發我們的恐懼、侵略性、嫉妒、憤怒與挫折感，而這些都將傷害我們的潛能。

我們出生時，可能不會有一個清楚的念頭說「這是我的母親」，但是基於我們基本的生物需求，我們會有一個自發性的連結。而在母親那一方，也有一股強大的驅力想要照顧孩子的生理需求、安撫他或餵養他。這與任何抽象的價值觀一點關係也沒有，這是基於生物學的自然現象。

以我自己有限的經驗來說，所有幸福快樂的來源都是愛與慈悲，一種對他人的仁慈與溫暖態度。假如我們能對他人抱持著友善與信任的態度，就會變得更平靜、更放鬆。為此，我們對他人通常感覺到的害怕與懷疑也消失了，這些感受都是因認識不深、具威脅性或是跟自己有競爭關係而來。一旦我們變得平靜、放鬆，就能善加利用心智的能力來清楚思考，那麼無論我們做什麼事，學習也好、工作也好，都能有更好的表現。

每個人面對良善都會給予正面回應，這對任何為人父母者來說，更是顯而易見的。孩子與父母之間緊密連結的原因之一，就是彼此之間自然存在著良善。從我們在母親子宮裡受孕開始，直到我們能夠照顧自己，我們從許多不同的人身上接受了他們的良善對待，倘若沒有他們，我們根本不可能存活下來。若能反思這一點，以及我們都只是凡人這個事實，那麼無論我們是貧是富、受教育或未受教育，或是屬於哪個國家、宗教或文化等等，都能獲得啟發而將我們所接收的良善轉而回報給他人。

二〇一〇年七月七日

各界盛譽

喜法莉．薩貝瑞博士這一部珍貴的著作告訴我們，教養子女所遭遇的挑戰可以成為靈性覺醒的大好機會。做個隨時保持覺知、有意識教養的父母，是我們能給孩子的最棒禮物。

——艾克哈特．托勒（Eckhart Tolle）
《當下的力量》（*The Power Of Now*）作者

《覺醒父母》對於何謂良好教養的這個議題做了深入且重要的探索，把身心靈納入為人父母的全新典範是至關緊要的，本書能幫助我們成功辦到這件事。

——瑪莉安．威廉森（Marianne Williamson）
《愛的奇蹟課程》（*A Return to Love*）作者

《覺醒父母》要說的是，孩子可以引領父母去發現自己真實的內在人格。想要養出一個活出本真、保持覺知並擁有一個圓滿人生的孩子，這是一部精采又實用的教養指南。

——瑪西．許莫夫（Marci Shimoff）
《快樂，不用理由》（*Happy for No Reason*）作者

《覺醒父母》為如何兼顧孩子的身體與靈魂提出了令人心動的靈性願景，本書在實用之外，也充滿了親子的愛與希望。

——邁寇・古瑞（Michael Gurian）

《性別優勢學習法》（*Boys and girls learn differently : a guide for teachers and parents*）作者

這本溫暖、思考周延、行文優美的著作，倡導的是一個相互尊重與關愛的親子關係概念。讀者保證可以從書中所要傳達的關鍵訊息獲益良多——以開放、尊重及同理心來對待孩子，對於孩子的身心發展影響深遠。如同薩貝瑞博士所說，懂得傾聽就能知道許多事。對於父母或準父母來說，本書涵蓋了非常豐富的課題。

——貝瑞・法柏（Barry Farber）

哥倫比亞大學心理與教育學教授

要想教養出適應良好且負責任的孩子，這是每個父母都要擁有的一本書。你可能會很驚訝，要成功辦到這件事，真正要下工夫的反而是你自己。請面對這本精采著作裡的每個真相，並好好享受你的教養之旅吧！

——蘿拉・博曼・佛岡（Laura Berman Fortgang）

《一本小書的大智慧》（*The Little Book on Meaning*）作者

《覺醒父母》為讀者介紹了一套原則，若能遵循這套原則教養子女，將能大大幫助父母與子女之間建立一個責任共享及深度溝通的親子關係。

——艾薇・利佛頓（Eva Leveton）

《心理劇臨床手冊》（*A clinician's guide to psychodrama*）作者

不同於幾百本提供各種行為策略的教養書，這是一本教養「聖經」，適合所有活在「當下」的父母用來教養出充滿「未來」希望的孩子。如果你已經為人父母，也已經試過無數種速戰速決的育兒技巧，你就會知道那些技巧幾乎都派不上用場。為什麼？《覺醒父母》一語中的，提出了一個簡單又清晰的解釋：所有這些教養法都有一個通病，也就是缺乏覺知。誠如本書所說，覺知教養能把親子關係提升至一個神聖的境地，在這樣的情況下，孩子是我們的靈性夥伴，甚至是帶領者，引導我們去展開一場靈性轉變之旅。這種覺知教養，需要有勇氣去挖掘自身情緒創傷的父母，他們能勇敢敞開自己、面對未知，也願意試著去轉變及進化，如此才能教養出身心健全的孩子。所有孩子都值得擁有充滿覺知的父母，而這正是《覺醒父母》一書的主旨！

——拉娜・拉多斯（Lana Rados）

個人與家庭諮商師，www.lanarados.com

本書是為人父母都需要的使用手冊，讓我們能一路跟著孩子一起成長。

——威爾・豪爾（Will Hale）

家庭音樂表演家

孩子帶給我們的禮物之一，就是為我們指出最佳的教養方式已經伴隨著他們一起來到這世上了。在本書中，薩貝瑞博士告訴我們如何去找到及閱讀那些指示。

——羅妮・貝絲・塔爾（Roni Beth Tower）

臨床心理學家

很少人能夠帶著必要的工具走進神聖的教養旅程，我們反而依賴著父母過去用以教養我們的那一套錯誤的策略，因此在對待孩子時難免會感到矛盾與挫敗。《覺醒父母》一書提供了我們詳盡的方法，引導我們穿越這趟旅途中即將跨越的情緒及靈性疆界，包括內在與外在。就我三十三年身為父母及專業婚姻與兒童諮商師的經歷來看，至今不曾看過比這本書更深刻動人的教養指南。

——艾斯黛拉・法蘭克爾（Estelle Frankel）

心理治療師、《神聖療癒》（*Sacred Therapy*）作者

這是個簡單又令人欣喜的論點——當父母能夠真正放下，讓孩子以自己的本來面貌存在著，對父母來說是一大解脫。有趣的是，一開始我便聯想到一個現象：傳統的印度父母很排斥左撇子，對於調整孩子的慣用手非常執著，他們會搶走孩子左手裡的工具，然後放在他們的右手。顯然，他們有必要來讀一讀這本書！

——艾德莉安・隆沃思（Adrienne Longworth）

印裔加拿大學校三年級教師

獻給
我的丈夫奧茲，
他是我的魔法師。

目錄 CONTENTS

給父母的一封信 014

第1章 **孩子和我們一樣，都是有血有肉的人** 017

教養第一件事，就是了解你不是在培植一個「迷你版的自己」。你所養育的，是一個帶著自我標誌、擁有獨特心靈的生命。你必須依據孩子的需要來調整教養方式，而非將他們塑造成符合我們所需要的樣子。

第2章 **孩子，是啟動我們轉變的靈性導師** 033

覺知教養要求身為父母的你要經歷個人轉變的洗禮，改變親子之間不自覺的無意識互動。親子關係最主要的存在目的，就是讓父母有機會重新審視自己，認真面對真實的本心，養育孩子只是次要目的。

第3章 **孩子，我不是因為你的好表現而愛你** 045

父母贊同並支持的往往是孩子的表現，而不是單純因為他們的存在。真心禮讚孩子的存在，就必須允許他們做回真實的自己。換句話說，不預設立場，不要求孩子做任何事、證明任何事或完成任何目標，只是單純地為他們的存在而心生歡喜。

第4章 **打擊自我中心式的教養方式** 061

「我的方式才是對的」，這種無覺知的命令式教養，會逐漸扼殺孩子真誠、自由的稟性。一旦孩子明白，我們能全然接受他們的成敗，他們就能更有信心去接受挑戰。不當威權父母，孩子在探索人生時就能不在意別人的眼光或自己的表現。

第5章　你的內在小孩，要靠你的孩子來幫他長大　083

我們都帶著原生家庭的情緒能量印記，並在親子互動中把這樣的情緒狀態，有意識或無意識地轉移給了孩子。直到我們在教養之路上有了更深的覺知，察覺到深埋在內心的恐懼、孤獨及謊言，才有機會擺脫這種情緒遺毒。

第6章　生命自有大智慧　107

生命是要讓我們去體驗，而非去對抗、逃離或得過且過。隨順生命，是要我們能如實地、坦然地去接受生命的每個狀態，不去估算、評斷或分析。在每個當下保持覺知，選擇如何適當回應，然後就放下、不執著。

第7章　爸媽大挑戰——嬰兒期與「兩歲惡魔期」　127

這個帶養階段要求我們放棄對過去或未來的執著，在當下優先並即時回應寶寶的需求。想要跟寶寶一起進入共調的「一體性狀態」，必須放慢生活步調，讓自己沉澱、穩定下來。如此，寶寶才能以這種方式學習信任外在世界，並發展出安全感。

第8章　從主角變配角——求學階段的孩子，帶給我們的靈性成長機會　145

這是孩子自出生以來離你最遠的時刻，他們正在埋頭成長，所以需要空間。對孩子來說，這些年正是他們日後在扮演成人角色的實驗階段，身為明智的父母，此時要懂得往後退，孩子仍然需要你牽著他們的手，卻不需要你再為他們帶路了。

第9章　為人父母的瘋狂面　155

教養子女是我們所能負荷的極限任務之一，既要任勞任怨，挑戰體能及耐心的極限，還可能懷疑自己的能力與價值，甚至懷疑生養小孩的意義。即便如此，倘若能認知到教養之路所帶來的靈性成長潛能，就能做好萬全的準備，不心生抗拒而全心擁抱教養的這些瘋狂面。

第10章 當父母前，先做個創傷終結者 165
由於父母缺乏覺知的教養，讓我們學會隱藏真正的自己。當我們為人父母後，在教養子女時就容易走上有樣學樣或過度補償等不適切的親子關係。這樣的惡性循環會在我們孩子的身上重演，孩子會戴上我們為他們準備的濾鏡看待世界，無法面對自己的真實人生。

第11章 本真生活，內外一致 183
每個人的生命之旅都是獨一無二的，都要我們親自去承擔與體驗。因此我們的內心害怕臣服於這種「應當如是」的人生，這樣的恐懼會將我們禁錮在情緒化的反應模式裡，讓我們帶著焦慮、挫折、憤怒及詛咒去回應生活中那些令人不適的經驗。

第12章 平凡的美妙 199
身為父母，我們要認知到每個孩子都是最特別的存在。因此，我們要無條件接受他們的真實、欣賞他們的平凡，以及容許他們自由做自己。你能給孩子的最好禮物是，讓他們過一個「本來如是」的人生，而不是一個「應該如是」的人生。

第13章 將那些偉大的期望擺一邊吧！ 215
沒有人能像孩子這樣，被我們理所當然地喚作「我們的」，因此很多父母會把孩子當成所有物，打理規畫孩子的生活及未來。事實上，身為父母的責任只是當一面不扭曲的鏡子，如實映照出孩子與生俱來的完整性，讓孩子一步步去體現。如實做自己，就已經是孩子最大的成就了。

第14章 為孩子留下無所事事的獨處時間 233
六歲後的孩子會開始步入心智發展階段，隨著自我想法的逐漸介入，他們的生活也會變得更複雜。此時，我們能為孩子提供的最好幫助，就是在生活裡留下一段讓他們安靜獨處的時段與空間，讓他們能夠釐清並認識自己的經驗、感受與處境。

第15章　跟孩子一起處於當下，強化親子關係的紐帶　243
父母的角色不是指揮官，而是幫助孩子發展本真的支持者。如果我們希望孩子不論在任何年紀，都能跟我們有所連結，就必須具備同理心。同理心要求我們讓孩子有權保有任何感受，觀照而不干涉，包容而不評斷。

第16章　孩子犯錯了，怎麼辦？　257
想要孩子能從錯誤中學習，首先就必須讓孩子能夠對犯錯免於恐懼。因為你要處理的不是「事件」本身，而是要正確找出導致孩子犯錯的原因。給予孩子坦承過錯的勇氣，承認孩子有犯錯的可能性，把每個過錯都當成一次機會教育，最後教會孩子學習寬恕，原諒自己也原諒別人。這才是過錯釋出的最大善意。

第17章　老鷹的一雙翅膀　267
覺知教養不是要你去縱容孩子或是教出理想型的子女，而是要讓孩子培養出一種能力：既能順服本真、如實做自己，又能展現穩定適當的克制能力。事實上，只要孩子能保持覺知，就能時時刻刻觀照自己的情緒狀態，做出有意識的適當回應。

【後記】了解我們集體的無意識　307
【附錄】意識羅盤：給父母的問題　313
本書重點摘要　317
致謝　319

給父母的一封信

世上沒有所謂「完美」的教養，因為天底下沒有理想型的父母，也沒有理想型的孩子。《覺醒父母》一書要強調的是，在養兒育女的過程中一定會面臨挑戰，我們都了解，每個身為父母的人，都希望能在有限的資源裡盡己所能，做到最好。

本書的目的是希望讀者了解，透過教養過程，我們如何去辨識並善用情緒與靈性課題來幫助自我成長，從而培養出更有效率的教養能力。這種教養方式，首先要求我們必須敞開心胸接受這樣的可能性：我們的不盡完美，其實可以成為啟動改變的最珍貴工具。

閱讀本書時，有些內容可能會引發你的不安，我誠心建議所有體驗到這種感受的人，只要留意這股能量即可。先停下閱讀，與心中生起的感受安坐共處。由此開始，你可能會發現自己已經在自動代謝這些感受了。突然之間，書中的內容會開始變得更容易理解。

本書是為所有的照顧者所寫，無論你要面對的孩子年紀有多大，無論你是單親父母、計畫成家或剛剛成家的年輕人、家有青春期孩子的父母、祖父母或教保人員，若能全心實踐本書列舉的重要原則，必定能為你自己和孩子帶來轉變。

對於缺乏外援而需要辛苦地獨力養育孩子的你，本書或許能稍微減輕你的負擔。對於全職照顧孩子的你，本書也能為你帶來更充實的經驗。對於那些有能力聘請幫手協助帶養孩子的人，找個能夠用心實踐本書重要原則的人也會有莫大的助益，尤其是在孩子六歲前的學齡前階段。

教養孩子為我們創造出許多大好機會，對此我一直心懷謙卑，它讓我們得以褪去舊皮、拋棄陳腐的模式、投入新的存在方式，並進化成一個更有覺察力、更有意識的父母。

喜法莉・薩貝瑞

CHAPTER
1

孩子和我們一樣，都是有血有肉的人

教養第一件事，就是了解你不是在培植一個「迷你版的自己」。你所養育的，是一個帶著自我標誌、擁有獨特心靈的生命。你必須依據孩子的需要來調整教養方式，而非將他們塑造成符合我們所需要的樣子。

有天早晨，我女兒興沖沖地把我從睡夢中叫醒，她悄悄對我說：「小仙子剛才給妳一個很棒的禮物，快看牙仙子給了妳什麼！」

我將手往枕頭底下一探，發現一張一美元的紙鈔被對半撕開來。女兒說：「仙子留了半塊錢給妳，另外一半在爹地枕頭下。」

我頓時無言以對。

同時，我發現自己陷入了一個兩難的處境。那些類似「錢不會從天上掉下來」的教訓，以及讓女兒學習貨幣價值有多麼重要等種種訊息，瞬間全部湧入腦海。我該不該利用這次機會教育她不要浪費錢，向她解釋撕成一半的一元紙鈔已經沒有價值了呢？

我了解到，我在這一刻的反應，決定了孩子的心靈將受到鼓舞或是傷害。幸好我選擇了暫時擱置這個教育計畫，只是告訴她，她願意慷慨地將僅有的一塊錢跟我們分享，我有多麼以她為榮。我謝過仙子的大方饋贈，然後謝謝她敏銳地發揮了公平的精神，讓我和爹地兩人都能分到同樣多的錢，我女兒聽了之後眼睛閃閃發光，亮到足以照亮整個房間。

你所養育的，是一個有著獨特心跳節奏的心靈

養育孩子會帶來許多讓我們的理智和心陷入交戰的情況，這讓教養這件事變得像是在走鋼索。每一個不合宜的回應都會讓孩子的心靈枯萎，一個正確的評語也能鼓舞他們飛上天際。每一刻，我們都能選擇要鼓舞他們或傷害他們，使他們獲得滋養或使他們變得僵化。

當我們的孩子盡情做自己的時候，他們不會去在意那些經常讓父母煩惱掛念的事。別人的眼光、有沒有成就、是否領先等等會占據父母心神的事，根本不在孩子的日常考量中。他們不會抱著焦慮的心理狀態跟世界互動，而是往往一頭栽進生活的經驗之中，全然地願意去冒險。

小仙子來到我房間的那天早晨，我女兒不會去想金錢的價值，也不曾想到我會因為她跟我分享那一塊錢而留下深刻印象這種私心的問題。同樣的，她也不擔心她是否會太早叫醒我，她只是單純地在做那個充滿驚人創意的自己，滿心喜悅地表現出她的慷慨大方，並在父母發現小仙子造訪我們家、為生活帶來一些改變時而感到開心。

身為父母，我一而再地發現有許多機會來到我面前，讓我將女兒當成一個和我一樣有血有肉的人來對待，她擁有我所體驗過的所有感覺——渴望、期盼、興奮、想像、巧思、驚奇感，以及開心的能力。然而，我也和許多父母一樣，總是深深陷入自己的既定想法，以致經常錯過那些時刻為我帶來的機會。我發現自己受到強烈的制約，不斷地想要說教，以致遲鈍到無法察覺孩子正在以各種美妙的方式展現自己的獨特性，告訴我她和其他曾出現在這地球上的人都不一樣。

當你養育孩子的時候，了解自己不是在養育一個「迷你版的我」是一件非常重要的事，你所養育的，是一個帶著自我標誌、擁有獨特心跳節奏的心靈。因此，將你是誰和你的每一個孩子是誰區分開來，就成了一件很重要的事。孩子絕不是我們可以擁有或占有的財產，當我們發自靈魂深處明白了這一點，就能依據他們的需要來調整我們的教養方式，而非將他們塑造成符合我們需要的樣子。

我們經常將自己的想法與期待投射到孩子身上，而不是去滿足孩子們的個別需求。即使我們立意良好，意圖鼓勵孩子忠於自己，多數人卻仍不知不覺落入了將自己的既定計畫強加在孩子身上的陷阱。結果，我們的親子關係不但無法讓孩子的心靈變得更活潑，反而使它變得更消沉。這就是為何有許多孩子長大後成為問題人物，還有許多人飽受心理障礙所折磨的關鍵原因。

每個人都懷著一個對未來的美好願景踏上教養這趟旅程，然而這些願景多半都只是幻想。我們都擁有未經檢視的信念、價值觀與假設，許多人甚至認為沒有理由質疑自己的想法，因為我們相信自己是「對的」，沒有什麼事需要重新思考。基於我們那未經檢視的世界觀，我們不自覺地對於孩子該如何表現懷抱著嚴格的期待。我們不明白的是，將我們本身的行事方式強加在子女身上，這種行為是在束縛他們的心靈。

舉例來說，如果我們在某件事上超級成功，可能會期待孩子的表現也跟我們一樣好；如果我們很有藝術才華，可能會逼迫孩子成為有藝術才華的人；如果我們在學校成績優異，我們也會暗自希望孩子聰明優秀。反之，倘若我們在校學業成績不佳，導致了日後生活困苦，我們或許會整天害怕孩子步上我們的後塵，於是便會想方設法避免這種可能。

我們想要給孩子自認為「最好」的東西，但是在追求此一目標的過程中，我們很容易忘記，最重要的是讓孩子保有做自己的權利，並順應他們獨一無二的心靈去引導他們開創自己的人生。

孩子存在一個「是什麼」，而非「不是什麼」的世界裡。充滿各種潛能的他們來到我們的生命中，每個孩子都有自己獨特的命運要履行——如果你有宗教信仰的話，可以說是他們的「業」。由於孩子誕生時已經帶著一份自己的藍圖前來，他們對於自己是誰、想要在這世上成為什麼樣的人經常已經有所覺察，我們只是被挑選來當他們的父母，幫助他們實現這些事情罷了。問題是，如果我們不用心留意這件事，就會剝奪他們活出自己命運的權利。如此一來，我們會把自己的願景強加在孩子身上，依照我們自己的各種突發奇想改寫他們的靈性目標。

因此，我們無法深入了解孩子的稟性並不令人意外。我們許多人甚至不曾傾聽過自己的心聲，又如何傾聽孩子的心聲呢？如果我們不曾在自己的生命中感受過自己的心靈、聆聽自己的心跳，又怎能這樣對待孩子？當為人父母的我們遺失了內在的羅盤，有那麼多孩子長大後變得茫然無措、渾渾噩噩、意志消沉，又有何奇怪呢？我們若失去了與內在世界的連結，根據自身本性的指引來教養孩子的能力將會大打折扣，而那是覺知教養的必要條件。

話雖如此，我仍希望本書能為那些只求勉強撐過去的父母提供一只救生圈，尤其是那些家中有青少年要應付的父母。根據我和許多青少年相處的經驗，我相信如果你一直在苦惱著該如何跟你家的青少年建立關係，現在仍為時不晚。當然，如果你的孩子年紀較小，那麼越早開始建立堅固的親子關係越好。

教養不盲目，你要能傾聽孩子的心靈

我們每個人所承擔的一個最具挑戰性的任務，就是為這世界增添另外一個人類生命，然後將他撫養成人。然而，大多數的人卻不會用對待事業的方式來對待教養孩子的任務。舉例來說，如果我們要創立一間上億的公司，肯定事前會小心翼翼地規畫，訂定明確的目標，而且知道該如何達成目標。在執行這個任務的過程中，我們會去熟悉每個工作人員，知道如何讓他們發揮潛能。我們的策略之一是清楚認識我們每個人的長處，然後想辦法讓它發揮到極致，同時也要清楚各自的弱點，將它的影響力降到最低。這間公司是否能成功，取決於你所有策略的執行結果。

問問自己以下這些問題會有所幫助：「我的教養任務是什麼？我的教養哲學是什麼？我該如何在與孩子的日常互動中去實踐？我有沒有像是在掌管一間大公司一樣，制定一套深思熟慮的計畫呢？」

無論你目前的狀況是有伴侶、分居或單親，在思考教養方式的同時，去研究什麼教養方式有效、什麼教養方式無效，都對你有幫助。許多人不曾想過，身為父母的我們是如何影響孩子的，思考這件事或許會促使我們改變自己的教養方法。想想我們的方法裡，是否特別納入了傾聽孩子的心靈呢？如果我們現有的方法顯然行不通，我們是否願意改變與孩子的互動方式呢？

每個人都認為自己已經盡力做最棒的父母了，多數人也確實是好人，對子女付出滿滿的愛。我們絕對不是因為缺乏愛才將自己的意志強加在孩子身上，而是因為缺乏「覺知」。現實情況是，許多人對於親子關係裡的互動是不知不覺的。

沒有人會認為自己是無覺知的，相反的，我們反而容易迴避這樣的概念。我們的防衛心態非常重，因此只要有人針對我們的教養方式說上幾句話，我們就會立刻情緒激動。但是，如果我們能開始有所覺知，便會重新設計我們與孩子的互動方式。

我們若缺乏覺知，孩子就必須付出慘痛的代價：過度溺愛、吃太多藥、被貼上太多標籤等等，使得許多孩子並不快樂。這肇因於我們那無覺知的自己總是將我們懸而未決的需求、尚未滿足的期待以及無法實現的夢想都強塞給孩子。雖然立意良好，卻將孩子囚禁在我們從自己父母那裡接收到的情緒遺產之中，讓他們與祖先留下來的後遺症糾纏在一起，而變得虛弱無力。無覺知的本質會一代一代滲透，直到它代謝消失為止。唯有透過覺知，流轉於家族之間的痛苦循環才能終結。

找回自我連結，才能跟孩子適當連結

在我們徹底了解自己一向是如何以無覺知模式運作之前，我們通常會拒絕敞開心胸去接受一個不是由我們信賴的人所提出的、立基於一個截然不同理念的教養方式。

傳統上，父母的角色一直是在階級概念下行使權力的人。父母高高在上，掌控位居下面的孩子，畢竟孩子不就是「較小的我們」，等著我們這較有知識的一方來轉變他們嗎？因為孩子比較小、知道的沒有我們多，我們就假設自己理所當然能控制他們。確實，我們如此習慣於一個由父母來控制的家庭，甚至從來都沒想過，這種安排可能對孩子和我們都不好。

在這道等式的父母這一邊，傳統教養方式的問題是，它在權力的錯覺下鞏固了父母的「私心」。我們的孩子非常純真，容易對我們的影響照單全收，因此當我們強加自己的私心在他們身上時，他們通常不太會反抗，而這種情況又可能讓我們的私心變得更強大。

如果你想要跟孩子走進一個純粹的連結狀態，不妨將你的優越感擱置一旁。你若能不躲藏在自我形象後面，就能將孩子當成一個和你自己一樣有血有肉的人來對待。

我刻意在形容自我的時候使用了「形象」（image）一詞，在此我想清楚解釋我所謂的「自我」（ego），以及其相關詞「自我中心的」（egoic）是什麼意思。在我的經驗裡，人們普遍認為「自我」就是他們「自己」（self），指的是他們身為「人」的那個真實身份，而「自我中心的」是指膨脹的自我感，例如虛榮心作祟的我們。

要理解這本書的一個重要關鍵就是，我使用這些詞彙的時候，它們代表的是十分不同的意思。

我想提出的是，我們所認為的「自我」，根本不是我們真實的自己。我認為自我更像是我們隨身攜帶在頭腦裡的一幅自我圖像，這幅圖像是我們對自己的看法，而且可能和我們真正的自己天差地別。每個人都帶著一幅自我形象長大成人，這個自我形象從我們年幼便開始逐漸成形，根據的多半是我們與他人的互動。

我使用「自我」這個詞的時候，指的是虛假造作的自己，它多半只是我們根據他人的意見而對自己產生的一種概念。他是我們逐漸相信並認為自己就是的那個人。自我形象覆蓋在我們真正的本質之上，自我形象一旦在童年時期形成了，我們通常會拚命地維護它。

儘管這個關於我們是誰的概念既狹隘又受限，我們的核心自我，也就是我們最根本的本性或本質，卻是無限的，它存在於完全的自由之中，對他人沒有期待、沒有恐懼，也沒有任何的內疚感。活在這樣的狀態下，雖然聽起來奇怪而疏離，但是這種狀態其實讓我們更有能力與他人建立有意義的關係，因為這是一種真實的狀態。只有將自己從認為他人「應該」如何的期待中抽離，我們才能與真正的他們相遇，我們必然會對他們展現出接受的態度，自然而然地促成彼此的連結，這是因為真實會與真實起共鳴。

由於我們與自我是如此親密不可分，已經到了將它想像成我們真實自己的程度，因此我們可能很難看出這一點。事實上，除了諸如炫耀、誇大等自我較常見的表現之外，自我多半會偽裝，它就是這樣欺騙我們，讓我們相信它就是我們真正的自己。

舉一個例子來說明，自我如何偽裝成我們真正的自己。許多人都沒有覺察到，許多情緒都是自我偽裝而成的，例如當我們說「我生氣了」，我們會想像是自己的核心本性在生氣。而真相可能截然不同，很可能在某種程度上，我們其實是在抗拒某種當前的處境，偏執地認為事情應該如何如何。如果我們因此而將怒氣發洩在他人身上，那就完全是自我的體現了。

我們都能從切身經驗中得知，我們對憤怒或其他諸如嫉妒、失望、內疚或悲傷等情緒，終究會在我們和他人之間造成分裂的感受。之所以會如此，是因為我們不承認自己的憤怒是一種自我中心的反應，反而相信那是我們本質的一部分。自我中心的執著偽裝成我們真實的自己，蒙蔽了我們安住於喜悅狀態並與萬物合一的能力。

有時候，自我會透過職業、興趣或國籍認同等等管道出現，我們會告訴自己：「我是個網球選手」、「我是宗教人士」，或者「我是美國人」。但這些都不是內在真正的自己，只是我們所執著的角色，我們甚至沒能發現自己執著於這些角色，因此它們很快就能創造出一種「我」的感受。如果有人質疑這些角色，我們會立刻覺得受到威脅，認為我們被攻擊了。這種情況發生時，我們不但不放開對「我」的自我執著，反而將它抓得更緊。這種對自我的執著是許多衝突、離婚或戰爭的根源。

我並非想要暗示「自我」是「壞的」、不應該存在的，相反的，自我本身既不好也不壞，它只是如其所是罷了。它是我們成長的一個階段，它的功能就像是小雞成形、孵化前的蛋殼。蛋殼在小雞成形的過程中扮演了一個重要的角色，但是如果蛋殼存在的時間超過了它該發揮保護功能的時間，沒有被打破、丟棄，就會扼殺小雞的成長。同樣的，我們也必須逐漸褪去自我，好讓真實的自己能夠從童年的迷霧中重新浮現。

雖然我們可能無法完全擺脫自我，但若要進行有覺知的教養，就必須日益覺知到「自我」的影響力。覺知具有轉化的力量，它是成為覺醒父母的核心要素。我們的覺察能力越好，就越能認知到自己在成長過程中是如何被未經檢視的制約緊緊束縛，然後再將它傳授給孩子。在本書後面所舉的例子裡，你可以看到這種影響以不同方式作用在這些人身上。

要覺知到「自我」不等同於真正的你，覺知到「自我」的運作目的是要欺騙你去相信它就是真正的你，當你在一些小小的空檔逮到自己正在思考、體驗一些情緒，或表現出的行為不完全像你自己時，請好好觀察這些時刻。隨著你不斷留意這樣的時刻，你會發現自己已經自動與你的那個「假我」保持距離。

親緣感不在於單向掌控，而在於雙向理解

覺知教養會具體表達出我們對體驗親子之間那種「合一性」（oneness）❶的渴望，這種夥伴關係的特性，完全不同於一般父母所扮演的支配關係。

在力圖修復親子關係的合一性時，你必須去發現如何跟那個你已遺忘的自我進行交流，藉此來獲得指引。因為要和孩子建立一個有意義的關係，不可避免地會讓你開始注意自己真實本我的發展。隨著你益發強烈的覺知瓦解了親子之間的階級概念，它將自動為你家庭裡的每個人賦予平等的地位。遠離自我中心的行為——亦即放下情況應該如何、人們應該有何表現的種種意見——才能讓你走下支配的寶座。

由於孩子的可塑性很高，以致我們經常會忽略將自己塑造為孩子心靈夥伴的機會。然而，透過注意那個顯然各方面都在我們掌控之下的孩子，我們便有機會釋出自己的種種控制欲。孩子提供我們一個機會去掙脫自我的蛋殼，踏入一個因活在更真實的生命狀態而得以擁有的自由境界，並以此促進我們的進化。我們會發現，自己在教養的旅途上看見了種種真正

❶「合一」是一個覺知及接納內在所有不同聲音、慢慢融合的旅程，我們與孩子的內在都同時會有多種不同的聲音，在這種狀態下，我們跟孩子是分離的個體。一旦我們進行真正的雙向交流，擺脫爭執、糾葛、矛盾，自然就會找回那種心意相通、合而為一的狀態。

具有轉變力量的潛能。

隨著對親子關係只能單向進行的這種迷思的逐漸瓦解，教養這趟旅程的雙向循環潛能也會逐漸浮現眼前。因為我們會發現，孩子在成長之路上的自立自助，或許比接受我們的幫助更為深遠。儘管孩子因為外形小了一號，看似容易受到父母情緒的左右與命令的擺布，但孩子這種看來弱勢的處境，卻恰恰最有潛力促成父母產生最大的轉變。

若能將為人父母視為靈性轉化的過程，便能為我們創造出一個心理空間，邀請這趟旅程的相關課題前來。身為父母，你若能認出生命中出現的孩子是為了滋養出一個全新的你，你就會看見，他們擁有引領你走向發現真實本性的潛能。

換句話說，儘管你可能也相信自己最重要的挑戰就是將孩子養育成人，你卻必須處理一個更重要的工作，因為它是有效教養的基礎。這項工作就是培育你自己，讓自己成為一個最有覺知、最能夠處於當下的人。這對良好的教養之所以如此關鍵，是因為孩子不需要我們的想法和期待，也不需要我們的支配與控制，而是只需要我們以全心全意處於當下的態度去領會並理解他們。

覺知如何改變我們的教養方式

覺知並非少數幸運兒才能獲得的神奇特質，它也不是天上掉下來的，而是在教養過程中出現的一種狀態。

要迎來這樣的過程，必須覺察到所謂的「覺知」並不是指無覺知狀態突然完全消失，相反的，「覺知」狀態是從無覺知狀態漸進成形的。那些踏上覺知之路的人和其他人沒有什麼兩樣，唯一不同的是，他們已經學會去挖掘自己的無覺知，尋找處於高度覺知狀態的潛能。這表示我們所有人都能接觸到覺知。確實，親子關係之所以神奇，就在於它不斷給予我們許多機會，讓我們提升至一個更有覺知的狀態。

雖然我們相信自己擁有養育子女的權力，但真相卻是：我們的子女擁有權力培育我們成為他們所需要的那種父母。因此，教養子女的經驗並不是「父母對抗孩子」，而是「父母與孩子攜手並肩」的經驗。通往完整性的道路就在孩子腳下，而我們要做的就是對號入座。當孩子為我們指出回歸本質的道路時，他們就成了喚醒我們沉睡心靈最重要的人。假如我們不能在孩子帶領我們穿越提升覺知之門時牽起他們的手、接受他們的帶領，我們便錯失了一次走向覺醒的機會。

當我說孩子會轉變父母的時候，千萬別認為我提倡的是放棄我們對孩子的影響力，變成對他們唯命是從的奴才。覺知教養不只是要你傾聽孩子的心聲、尊重他們的稟性，或是全然處於當下與他們同在，設立界限與紀律也很重要。身為父母，我們要給予孩子的不光是庇護的住所、食物與教育等基本事物，更要教導他們規範的價值、適當克制情緒的重要，以及現實檢驗能力❷一類的技巧。換句話說，覺知教養的方法涵蓋了養育孩子成為一個成熟且平衡

❷ reality testing，區分內心幻想與外在現實的認知活動，常用於心理和行為治療。

的人這個任務裡的所有面向。因此，覺知教養法非關「縱容」，我們將會在這本書裡見到許多例子，描述一些父母正在學習以建設性方式來教養孩子，讓孩子在情緒與行為上都能夠變得更加成熟。

既然如此，我想我有必要解釋為什麼我要將有關紀律或管教的這些特定資訊保留到最後一章。把覺知教養或管教方式打磨成我們的能力，是為了練習我們跟孩子真正相處的每個當下。很重要的一點是，父母必須了解，想要有效發揮這個方法，唯一的方式就是透過親子互動來了解如何在每個當下跟孩子同在。當我們一起踏上這趟旅程時，這件事將會隨著每個章節的展開而逐漸變得清晰。

父母的轉變是人類覺知獲得大躍進的關鍵，但是，每當有父母來找我時，他們尋求的通常不是自己的個人成長，而是迫切想為孩子的行為找出答案。他們希望我有一根神奇的仙女棒，只需輕輕點一下就能將他們的孩子變成一個心理穩定健康的年輕人。此時我會指出，覺知教養遠超過使用任何的聰明策略，這是一套完整的生命哲學，所牽涉到的過程，擁有從根本上轉化父母與孩子雙方的力量。父母與孩子唯一一種有意義的關係，就是成為彼此的靈性夥伴，促進雙方共同的靈性成長。基於這個理由，覺知教養的內容遠遠超越處理特定行為的技巧，它探討的是親子關係更深層的面向。

採取覺知教養法來養育孩子，其美妙之處在於我們並非試圖應用某項技巧，然後期望它能正確解決特定的處境，而是讓覺知在每個當下告訴我們如何善盡教養的職責。舉例來說，當我女兒將一元美鈔撕成兩半時，我是該斥責她或讚美她呢？答案是：我跟隨內在的指引，因為透過我們的合一性，會跟孩子的內在相互共鳴。即使在我們不得不祭出紀律或管教時，覺知也會告訴我們應該怎麼做才能提振孩子的心靈而不是削弱它。

當你鼓起勇氣拋棄階級式教養的掌控模式，進入雙向循環的親子互動所帶來的靈性潛能領域，你會發現自己漸漸擺脫了衝突與權力鬥爭，讓親子互動成為一種超然體驗，其中包含了豐富的精神交流，對於那些有幸覓得靈性夥伴恩寵的人而言，這是他們應得的。有覺知的親子關係會帶來合一性，順服於此，便能將教養從純粹的物質領域提升至一個神聖領域。

CHAPTER 2

孩子，是啟動我們轉變的靈性導師

覺知教養要求身為父母的你要經歷個人轉變的洗禮，改變親子之間不自覺的無意識互動。親子關係最主要的存在目的，就是讓父母有機會重新審視自己，認真面對真實的本心，養育孩子只是次要目的。

雖然我們眼前的一切證據都顯示，許多教養策略並不管用，甚至經常適得其反，但多數人仍固守著那些一開始就造成我們與孩子相處困難、缺乏覺知的教養法。

要轉換至一個更有效的教養法來跟孩子建立關係，我們必須願意面對並解決自己內在那些源自我們所接受的教養而產生的問題。除非我們邀請這樣的轉變發生，否則我們在教養孩子時很可能帶著某種傲慢態度，不理會孩子心靈的哭喊，對他們的智慧視而不見。為人父母的我們唯有在領會自己的自性之後，才知道如何幫助孩子領會他們獨一無二的稟性。

因此，覺知教養要求我們要經歷個人轉變的洗禮，事實上，就我的經驗而言，親子關係最主要的存在目的，就是為了促使父母的轉變，養育孩子只是次要目的。

當我指出教養有賴於我們個人的轉變時，我經常聽見許多抗拒的聲音：「為什麼是我們？」他們會反駁，對於我建議他們需要改變這事感到費解。我向他們解釋，讓孩子改變行為的唯一方式就是父母必須變得更有覺知，他們的反應往往是失望，無法接受這整件事的重點竟然是改變他們自己的心態，而非孩子的。我發現許多父母十分害怕放開自己，去面對從無覺知轉變成有覺知所需要經歷的不確定性。

這條教養之路不適合膽怯的人，它是為那些希望跟孩子共同體驗親子關係的勇敢靈魂所設計的。孩子來到我們的生命中，是為了讓我們認出自己的心靈創傷，然後鼓起勇氣突破這些創傷加諸於我們的限制。隨著我們逐漸揭開過去驅策著我們前進的來時路，我們也會漸漸培養出帶著覺知去教養孩子的能力。在那之前，務必盡量對自己當前的教養方式保持覺知，因為只要輕微的刺激，不自覺的無意識狀態就會滲透進我們與孩子的互動裡面。

我要強調一點，希望自己的無意識狀態不存在，是沒有任何意義的；我們反而要了解無覺識盤根錯節的影響力，並覺察到它的後果。如此一來，就能激勵一個人深入而徹底地自我檢驗，而那正是成為高效能父母的必要條件。

這麼做，你的孩子會成為你的盟友，因為他們不斷反映出你在無意識狀態下的各個面向，一次又一次地給你機會從睡夢中覺醒。孩子值得擁有這種時刻保持覺知的父母，況且我們不是也應該透過孩子而讓自己轉變嗎？至少，我們尋求自我轉變的心，得像我們想要改變孩子那樣熱切才行，這是我們欠他們的。

雖然每個人必須經歷的轉變在細節上不盡相同，但是這場轉變之旅在本質上是有普同性的。因此，採用覺知教養會敦促父母思考並面對那些關於意識的代表性問題，例如：

- 我是否容許自己藉由親子關係帶領我走向更高的靈性覺醒？
- 我如何在教養孩子時，覺知到他們真正需要我做的是什麼，然後變成一個他們值得擁有的父母？
- 我如何跨越害怕改變的障礙，去轉變自己來符合孩子心靈的需求？
- 我敢不敢反潮流而行，在教養孩子時站在一個內在生命比外在世界更珍貴的立場？
- 我是否認知到，教養的每個面向都是在敦促我往更高處進化的召喚？

孩子的這些呼喚，你真正聽到了嗎？

有些孩子帶著他獨有的麻煩、問題、倔強及性情上的挑戰來到我們的生命中，這是為了幫助我們更加覺知到自己還有多少地方需要成長。因為孩子能引領我們進入過去殘留的情緒裡，喚醒深埋的無意識感受。因此，要了解我們的內在地景還有哪些地方需要耕耘，只需看一看孩子的眼神就夠了。

無論我們是否會無意識地製造出童年時讓我們生起某種感受的情境，或是否拚命掙扎著要避免這麼做，我們都難免會透過不同形式去體驗到年幼時的相同情緒。這是因為，除非我們能有意識地整合自己童年時期尚未整合的部分，否則它們永遠不會離開我們，只會不斷地輪迴重生於當下，然後在我們的孩子身上再一次上演。於是透過孩子，我們得以察覺到那些無意識的反射回應，那是孩子贈予我們的一份難以估量的珍貴禮物。當他們給我們機會來辨認出顯現於每個當下的無意識反射時，我們就有可能掙脫過去的束縛，讓自己不再受到早年的情緒制約。孩子會反映出我們在這一場冒險裡的成功或失敗，因此也將引領我們往正確的方向前進。

由於我們是根據自己幼時所接受的教養方式來跟孩子互動（即便我們並不知道且立意良好），我們會發現自己是在重現童年時與父母的互動模式。下面這對前來求助的母女，可以幫我們說明這種事是如何發生的。

潔西卡在十四歲以前一直是個優秀的學生、完美的女兒，但是接下來的那兩年，她突然變成了母親最可怕的夢魇：說謊、偷東西、泡夜店、菸不離手，性情變得粗暴無禮、目中無人，甚至暴力。待在這個情緒變化無常的女兒身邊，讓母親恩雅十分焦慮。潔西卡常常激怒母親，讓她脾氣失控而對女兒大發雷霆、咆哮、辱罵，這一切失控的反應都不是一個孩子應該承受的。

恩雅知道潔西卡的行為不是讓她暴怒的真正理由，但她就是無法控制自己的脾氣，也不明白這些怒氣來自哪裡。她覺得力不從心，深感自己是個失敗的母親，無法給予潔西卡所需要的親子連結。

不久後，潔西卡對學校的一位諮商師坦承自己開始拿刀自殘。

恩雅得知潔西卡原來這麼痛苦之後，打電話找我求助。「好像我又回到六歲的時候，」她跟我這麼說。「我女兒對我大吼大叫時，我的感覺就和當初我母親對著我吼叫一樣。當她用力甩上門，把我阻擋在她的世界之外時，我覺得自己像是做錯事受到懲罰一樣。差別在於，面對父母我無法抗議或大嚷大叫，而現在身為母親的我控制不了自己。每當我的女兒讓我重新經驗到當初父母帶給我的感受時，我的世界彷彿再度崩潰，然後我就會失去理智。」

要化解恩雅內在被女兒所觸動的無意識模式，唯一的辦法就是重新造訪她的過去，特別是她的原生家庭。恩雅的父親性情冷淡，這意味著她一直渴望能獲得父親關愛，而母親則是「需要她時總是不在，」恩雅解釋，「就算她人在，也好像不在一樣。我在七、八歲時就知道什麼是孤單。」

恩雅深深陷入了孤立感與不被父母接受的巨大痛苦之中，於是決定創造出一個新的人格。「我決定要開始模仿媽媽的行為舉止，然後爸爸就會開始愛我，就像他愛媽媽一樣。」

恩雅的母親總是打扮得體，光鮮亮麗，高高在上主導全局。恩雅回憶道：「一夜之間，我從一個小女孩變成一個成熟的女人。」「我開始瘋狂健身，學校課業也表現得很出色。」

遺憾的是，無論恩雅變得多麼負責任，對她那位極端嚴格的父親來說，卻總是不夠好。有件事成了轉捩點，恩雅娓娓道來：「我記得有一天，父親對我很惱怒，只因為我寫功課時身體沒有坐直。他是個寡言的人，他就只是把我帶到房間的角落，舉起我的雙手，然後將我的膝蓋彎曲，讓我跪在地上。我就這樣高舉著雙手，在地上跪了兩個小時。這段期間他沒有說一句話，我母親也一聲不吭，兩個人都對我視若無睹。我想，比懲罰本身更讓我受傷的是我從未獲得肯定。我哭著祈求原諒，但似乎沒人聽見我的聲音。兩個小時之後，父親才叫我起來繼續讀書。從那天起，我就發誓絕不讓自己再惹上麻煩。我將怒氣往肚子裡吞，深深隱藏在層層的怨恨底下。」

一如恩雅學會如何當個「完美」的孩子，她也是如此訓練潔西卡成為一個小機器人，沒有自己的情緒、超級貼心、負責任、自制力強，以及能夠自理。然而，潔西卡畢竟是個不同的心靈，童年時期的她只能接受母親的嚴格教養，一旦她有能力突破桎梏，當然會義無反顧。現在她的情緒鐘擺在無法歸於中心的情況下，已經擺盪到另一個極端了。潔西卡越是反抗，恩雅的控制欲和支配欲就越強，最後潔西卡終於抓狂，所以自殘就這樣開始了。

在女兒一連串的脫序行為中，恩雅只看見了自己的創傷，那是由她的父母對她的憤怒、拒絕與背叛所造成的。她未能將潔西卡的反抗視為求救，反而將它詮釋為破壞她為人父母的角色。而這件事又提醒她，讓她想起自己的父母在她仍是孩子時讓她感到多麼無助，多麼一文不值。只是現在，她不再是那個多年前在家裡所扮演的「完美女兒」，身為母親的她要反擊。但悲劇就在於，她反擊的對象搞錯人了。

恩雅完全沒有意識到，在她嚴格教養方式之下長大的潔西卡，表現出來的行為其實很正常，她看不出潔西卡想說的是：「停止演戲吧，醒醒吧！請看看我，我是個獨一無二的個體，和妳有不同的需求。我不能再受妳的控制了。」

潔西卡的吶喊，其實是恩雅從來未能為自己所做的發洩，她只是為母親那一場從未開戰的戰爭擔任起掌旗者的角色。儘管潔西卡在眾人眼中的表現是個「壞」孩子，事實上她卻是個盡責的女兒，為母親演出未能好好生活的過去。透過她的反社會行為，她幫助母親在最終得以表達出數十年來深鎖於內心的情緒。

就成為覺醒父母這趟旅程而言，潔西卡的「壞」是對母親有益的，那是一個讓恩雅重訪童年時期的憎恨與煩惱的好機會。藉由這麼做，恩雅終於讓自己好好地怒吼一番，清除她的情緒餘毒。我們的孩子在這方面是很大方的，願意成為我們錯置情緒的容器，並讓我們最終能釋放它們，重獲自由。事實是，我們不願獲得自由的心態，創造出孩子「很壞」、孩子一定在惡意使壞的假象。

倘若你能了解孩子的不當行為，是在呼喚你對自己的過往提高覺察，你就能以不同的眼光看待他們提供給你的成長機會。你不會對他們做出無意識的反應，你會看向自己的內在，問問自己「為什麼」會如此反應。若能這麼做，你就能開創一個空間讓意識、覺察升起。

唯有在恩雅重返童年，挖掘出自己對父母的憤恨之後，她才能讓女兒從她自己受困一輩子的「完美」陷阱裡獲釋。她啟動了一段自我解脫的過程，開始剝去掩飾自己的層層外衣，一個活力充沛、有趣、充滿喜悅且隨和的人於是破繭而出。她為自己無意之間加諸在女兒身上的重擔致歉，這也讓潔西卡得以療癒自己的創傷。這對母女幫助彼此重新活出了自己的真實本性，那是她們一直以來真正的自己。

過去生活的軌跡，對我們當下的影響是無法抹滅的，矛盾的是，它卻是我們無法一眼看見的。這就是為什麼我們必須透過親近的人為我們反映出過往傷痕，這也就是孩子能幫我們重獲自由的原因。可惜的是，我們做父母的經常不允許孩子在我們人生中實現此一靈性目的，反而要求他們去實現我們自以為是的計畫與各種幻想。

除非我們能在自己的內在滋養出一顆自由的心靈，否則要如何在這個物質世界指引、保護並養育孩子，同時又能毅然放棄支配他們心靈的欲望呢？如果你的心靈曾經被情緒受困的父母所扼殺，你很可能也會扼殺你孩子的心靈。你可能會不自覺地讓他們在心中生出和你童年時所忍受的同樣痛苦，並讓這種世襲的痛苦永遠傳遞下去。因此，有意識、有覺知地釋放自己，讓自己脫離無意識狀態，走向生命的覺醒之路，是一件非常重要的事。

為人父母的你，如何學習覺知教養？

覺醒父母不會從外在的教養關係中尋求答案，而是有信心能在親子互動中為親子雙方找到答案。因此，覺知教養必須透過與孩子建立關係的實際經驗來習得，而無法透過閱讀一些提供速成解決方法的書籍，或參加一些著重在特殊技巧的課程來達成。這種覺知教養，體現的是親子關係所帶來的價值。當然，要以這種方式教養子女，父母必須全心全意投入親子關係，因為唯有透過父母日益成長的意識來跟孩子互動，孩子的內在才會出現改變。

這個教養法是在原本的親子關係中，引進覺察的元素。換言之，覺知教養利用的是與孩子之間，日常的、一刻接著一刻的互動培養真實的連結。由於這種教養法與親子之間的真實關係息息相關，無法統一包裝成一個處方。如同我之前所說的，覺知教養其實是一種生命哲學，意味著每個課題在本質上都與其他課題彼此影響，沒有什麼是獨自脫離、孤立於整體家庭結構之外的。

假如我們能運用當下這一刻當成生活實驗室，日常互動就有潛力幫我們上無價的一課。最平凡的每一刻都在提供我們機會，滋養著我們對自己的認識、韌性、寬容與連結，而這一切全從當下滋長而生。大規模的干預或階段性策略都是不必要的，我們只需利用眼前現有的，在我們自己和孩子身上進行觀點的轉換。若能如此，即使是最微不足道的情境都能帶來啟發，成為通往轉變的入口。隨著我們一步步深入探索，你將會一再看見這種情況已經在許多人的生活中實現。

身為父母的我們都會迫不及待地想要孩子的行為能立刻「修正」過來，不必經歷自我轉變這個艱難的過程，因此我必須再次強調，覺知教養不會在一夕之間就改變一個家庭。本書不是一本教你「如何做」的手冊，因為這樣的手冊會錯失覺知教養的「當下本質」。我想要釐清的是，其實「如何做」已經建構在日常出現的每個情境之中了，因此無法在一套指南或工具書裡找到。本書要談的是如何利用親子關係來讓自己變得更有覺察力，好讓我們在問題出現的當下就能看見孩子需要的是什麼。長期累積這樣有意識的片刻，具有覺察力的家庭動能就會逐漸出現，而這將會從根本改變許多家庭的相處氛圍。要讓這份覺知的動力具體落實，需要你的耐心。

同樣的，改變特定行為也不是我們的目標，我們關心的不是「如何讓孩子乖乖去睡覺」或「如何讓孩子乖乖吃東西」這類的問題。我們的首要任務是在我們自己和孩子的生活中以精神面為基礎，以便能在最基本的層面觸發我們跟孩子相處時的轉變，進而在他們覺知到自己的行為，並忠於他們真正的自己時，讓行為自動導入常軌。行為的改變只是關係轉變的自然結果。

一旦我們的教養方式與覺知一致時，事情該如何執行的精確做法就不是問題了。如果底下的基礎夠深厚，建立在這個基礎之上的生活將會是一種有建設性的生活。再次重申，正是基於這個理由，我才會將關於紀律與管教的章節放在本書最後，我無意貶低管教的重要性，而是要強調：除非紀律與管教是從意識這片土地萌生的，否則，長期而言都是無效的。

要踏上有意識的覺知教養之路，採取全要或全不要的孤注一擲手段是毫無助益的。相反的，敏銳的父母會注意蛛絲馬跡，因為他們知道一點小小的氣氛變化都具有改變全家人意識的力量。因此，閱讀本書時要記得，我所描述的覺知教養，有賴於我們一小步、一小步地慢慢投入。

再一次強調：一切就從當下這一刻開始，而且就在最日常的情境裡。

你不可能在一夕之間成為覺醒父母

教養子女並非知性活動，它是極其精微的、能量的、一刻緊接著一刻的交流，我們在其中讓自己的心靈與孩子互動，而除非我們意識到自己在每個當下是如何影響孩子，否則我們在養育過程中就會忽略孩子的真正需求。因此，我們能給予孩子的最棒禮物就是去看見，而且是真正地看見孩子跟我們是分開的獨立個體。反之，為人父母最大的弱點就是，在孩子的人生道路出現時，無法尊重它。

想要有意識地去教養子女，當我們與孩子在一起時，就必須成為自身行為的敏銳觀察者。如此一來，我們才能在自己無意識的劇本和情緒烙印浮現時察覺到它們。

當我們希望能與孩子在一種保持覺知的狀態下互動時，我們可能會感覺到自己的出發點雖好，卻依然不斷重複著同樣的行為模式。當這種情況一再發生，我們不免會懷疑自己的無意識反應到底會不會有結束的一天，這是十分令人氣餒的。

事實上，你我不可能在一夕之間就成為覺醒父母。想要保持覺知地教養孩子，我們必須不斷練習成為一個對自己無覺知狀態隨時保持警覺的觀照者，這是每天都要做的，而且是一輩子的功課。每一次只要覺察到無意識反射行為的其中一個元素，無論它是多麼細微，都能促成能量上的轉變。當我們逮到自己處於無意識狀態，並能夠從中抽離時，便是擴大了我們的覺察能力。

身心想要清明，不是沒有代價的，我們每個人都有累積好幾輩子的無意識材料需要被整合。就本質上來說，無意識不會（事實上也不能）被強行壓抑下來。無論我們的意識希望如何做，無意識都會照著它自己的節奏走，它會滲透進我們的習慣、思想、情緒，以及我們不知不覺的每個瞬間。唯有在孩子將我們的無意識狀態反射回到我們身上時保持觀照，我們才能整合它。

在本章結尾，我想要確認讀者的心中都已經很清楚，意識狀態與無意識狀態並非對立的兩極，它們並非分占頻譜的兩端。無意識不是我們的敵人，相反的，如果我們願意並允許的話，它反而能提供一個讓意識生起的平臺。

意識不是我們要達成的一種狀態或目的地。在我們變得有意識有察覺力之後，並不表示從此不會再經歷無意識狀態的時刻，事實上，有意識的生活是一個持續不斷的過程。沒有人能完全保持在有意識的狀態，我們可能在生活上的某個面向是有意識的，而在另一些面向則不然。換句話說，我們可能在這一刻察覺到我們的行為舉止，但下一刻又變得不自覺。保持有意識的覺知，就是去觀照我們的無意識反應，這麼做便能逐漸把無意識轉化為有意識。因此，實在沒必要將無意識當成大壞蛋來對待，它沒什麼可怕的，它只是一個入口，讓我們藉此成長並成為一個健全而完整的人。

CHAPTER
3

孩子，
我不是因為你的好表現而愛你

父母贊同並支持的往往是孩子的表現，而不是單純因為他們的存在。真心禮讚孩子的存在，就必須允許他們做回真實的自己。換句話說，不預設立場，不要求孩子做任何事、證明任何事或完成任何目標，只是單純地為他們的存在而心生歡喜。

身為父母的我們往往在不知不覺的情況下，將孩子與我們的贊同緊緊捆綁在一起，以此束縛他們，讓他們變成父母評斷下的奴隸。我們要不是讓孩子不斷渴求我們的贊同，就是讓他們變得依賴它。

你能想像一個孩子不斷渴求我們贊同、害怕我們不贊同，那是什麼滋味嗎？相較於一個了解他是受到無條件被接受及尊重的孩子來說，其中的差別想必很大！

每個孩子都知道，有時他們的行為會替自己惹上麻煩，但這和他們天生的本性不被接受、不獲尊重完全是兩碼事。因此很重要的是，身為父母，我們必須擺脫一種假象，一種認為孩子要成為什麼樣子的人必須獲得我們首肯的假象。我們憑什麼評斷孩子？孩子們必須知道，僅僅只是存在於這個世界，他們就有權利贊同他們原本既有的樣子，而這個權利不是由父母賦予的。僅僅是他們會呼吸這個事實，就已經讓他們有權利說出自己想說的話、表達他們的感受、體現他們的心靈，這樣的權利早已隨著出生證明賦予了他們。

或許你聽到不論是贊同或不贊同，對孩子來說同樣都是控制的觸角時，可能會很驚訝。我們當然可以讚美孩子，慶祝他們的成功，但是贊同或不贊同都很容易殘留遺毒，迅速影響孩子對自己本質的感受。

無論我們的孩子是個藝術品味絕佳的人，或是學業成績優異的、愛冒險的、熱愛運動的、喜愛音樂的、愛做夢的或是個內向的人，都跟我們對他們的看法無關。推而廣之，無論我們的孩子是否有宗教信仰、是否是同性戀、是否想結婚、是否具有企圖心，或呈現出其他各種特質，也不是我們能加以贊同或不贊同的。雖然孩子的行為有必要被適度修正，以便更貼近他們的本質，但他們的內在核心卻必須受到無條件的祝福。

當孩子選擇了一個與我們不同的宗教，或一個有別於我們夢想的職業，或具有同性戀傾向，或想和一個不同種族的人結婚，我們的反應就像是一個氣壓計，可用以量測出本身意識覺醒的程度。我們是否能認知到，孩子有權利以自己獨一無二的方式展現他們的內在本質，並以此認知來回應他們呢？

孩子在成長過程中必須覺知到，他們真正的自己是值得祝福的。當然，父母都會說他們確實會祝福孩子，畢竟，他們會為孩子慶生，帶他們去看電影、挑選禮物，在玩具店花上一大筆錢，不是嗎？如果這不是慶祝孩子的存在，那什麼才是呢？

我們沒有發現，我們所贊同並支持的經常是孩子的表現，而不是單純因為他們的存在。真心禮讚孩子的存在，就必須允許他們跳脫我們因為期待而設下的陷阱。換句話說，不預設立場，不要求他們做任何事、證明任何事或完成任何目標，只是單純為他們的存在而歡喜。

無論孩子的本質如何展現，它都是純粹的、充滿愛的。當我們尊重這份本質的時候，孩子會信任我們了解他們的內在世界是良善的、有價值的，無論他們外在的表現如何。我們與孩子的本質建立連結的能力，以及在他們的外在世界搖搖欲墜時堅定支持的能力，都能傳達出他們具有無限價值的訊息。

容我建議一些方法，好讓你的孩子能夠知道，我們純粹只是因為他們本身而接納他們，這跟他們做了什麼事一點關係也沒有：

- 在孩子安靜休息時，告訴孩子你很珍惜他們。
- 在孩子坐著時，告訴孩子你很高興能跟他們坐在一起。
- 當孩子在屋裡走動時，你會叫住他們說：「謝謝你們來到我生命裡。」
- 當孩子牽著你的手時，告訴孩子你有多麼喜歡牽著他們的手。
- 當孩子在晨光中醒來時，你會留個信息告訴他們，每一天開始時都能看見他們是一件多麼幸福的事。
- 你到學校接他們放學時，告訴孩子你有多麼想念他們。
- 他們微笑時，告訴孩子你心裡感到一陣溫暖。
- 他們親吻你時，告訴孩子你很喜歡跟他們在一起。

無論你的孩子是嬰兒或青少年，他們都需要感受到，他們的存在是讓你開心的。他們需要知道，他們不必刻意做任何事來贏得你的全心關懷。他們值得去感受，僅是因為出生在這個世界上，他們就已經贏得了受到關愛的權利。

孩子在成長時，倘若內心能擁有這種「權利」感，長大後也將永遠攜帶著這種內在連結的印記，進而擁有穩健的情緒。他們能在人生早期就明白，關係裡最重要的是他們的心靈，而心靈也是他們成年後生活體驗的領航員。

接納，教養孩子最關鍵的一步

要接受孩子「如其本然」的樣子，我們就必須放棄他們「應該」成為什麼人的想法，這種放棄類似於一種心理上的死亡，然後我們才能與孩子進入純粹溝通的狀態，才能在他們需要我們回應時做出適當回應。

當我們在某個層面上讓我們所熟知的自己死去，就有機會隨著孩子逐漸萌發的心靈再重生一次。要讓這件事發生，我們必須順服於不斷變動的教養過程，而我們的孩子將會為我們帶路。因此，教養年幼孩子是改變自己的最大機會，如果我們能對此一機會敞開心胸，我們的孩子就會成為我們的心靈導師。

安東尼和蒂娜夫婦是這個過程的一個絕佳例子，多年來，他們一直為有學習障礙的孩子操碎了心。夫婦兩人都有很高的成就，因此對兒子學習能力不足一直無法釋懷。他們的兒子尚恩不僅學習能力受限，在社交及處理一般生活事務方面也有問題。的確，不管他再怎麼努力，都無法滿足父母對他曾經有過的想像。安東尼是個明星級的網球選手，也是個活躍的自行車手，但尚恩卻痛恨戶外活動，而且非常害怕小蟲子，他寧願玩電玩或在房裡看書。

安東尼對兒子的特殊性格十分惱火，幾乎每天都在指責他。蒂娜則是一位強勢的大律師，她深信男人應該要堅強無畏，因此她也經常為兒子遲疑不決的做事方式發火。她希望兒子能「更像個男人」，要求他跑健身房、打扮得又酷又帥，跟女孩搭訕，也不管他其實害怕得要死。

做功課和考試，是壓力和衝突攀升到最高峰的時刻，尚恩根本無法應付主流教育的各種要求，然而他的父母就是無法接受這個事實。雖然安東尼夫婦對兒子的事情各有不同的處理方式，但都逃不開辱罵、指責、咆哮，甚至嘲笑他連最基本的數學都不會，還要求他精通一個概念後才准吃東西。我和夫婦兩人談話時，他們不斷強調「我們的兒子不是智障，他不是『那些』需要特殊教育的人。」

在他們家，爭吵是每日上演的戲碼，不是尚恩和爸爸吵，就是尚恩和媽媽吵。安東尼和蒂娜在教養孩子這方面已經陷入絕境，雙方不再合作，更開始憎恨彼此，終至漸行漸遠。當他們宣布離婚的決定時，我並不意外，他們提出的理由也在我的意料之中：「我們處理不了尚恩的行為，他在我們之間製造分裂，我們再也應付不了他，都快被他搞瘋了。」

當安東尼和蒂娜告訴尚恩，父母會分開都是因為他時，他們原本認為這會讓他感到驚慌而擺脫「壞」行為。事實上，他們是在尚恩身上為自己的悲慘婚姻找到一個標靶，他們相信，若不是尚恩，他們肯定可以快快樂樂地一起生活。儘管他們把尚恩的行為當成對自己的羞辱，但事實上，那只是提醒他們一件事——兩人的夫妻經營之道是失敗的。至於對尚恩來說，他在成長過程中早已經習慣充當父母發洩焦慮的管道，徹底扮演了魔鬼的角色。

只有當夫婦兩人願意去檢視自己的負面情緒其實是源於無法接納兒子時，才能展開轉變的過程，並在過程之中去面對自己對尚恩的與眾不同所產生的焦慮。隨著他們逐漸覺察到自己的無意識模式，他們會開始注意到自己是如何將這一切情緒傾倒在兒子身上，然後尚恩再將這些行為模式表現出來，為他們製造更多問題。

當安東尼與蒂娜了解到，原來他們一直將本身的既定想法強加在兒子身上時，兩人開始面對自己真正的問題，也就是他們的夫妻關係。經歷了數個月痛苦的婚姻挽救過程，他們終於能夠讓尚恩從他們的痛苦深淵中釋放出來了。

儘管我們可能不贊同孩子的某個行為，但我們卻必須永遠堅定地、全心全意地支持孩子「如其本然」地展現自己的權利。真心接受孩子，可以讓我們不帶評斷地教養他們，並從一個中立的立場來處理他們的問題。我們如果想要以孩子需要的方式做出回應，而非在回應時反映自己過去所受到的制約，就必須徹底臣服於信任的智慧：接受孩子如其本然的樣子，以及他們將成為的樣子，並且明白他們在教養過程中將會教會我們認識自己。

接受，不是勉強為之，而是主動擁抱孩子的一切

接受，經常被視為一件被動的事，這是個天大的誤會。「接受」不可能只是個理智上的決定，我們全副身心都必須投入才能辦到。我想要強調的是，「接受」絕對不是一個不得不的被動行為，而是一個積極主動、充滿活力的過程。

下面要跟讀者分享的例子，可用來說明這種「接受」會如何進行。這是發生在約翰與愛麗絲夫婦，以及他們那個跟一般男孩不同的兒子傑克身上的故事。傑克是個安靜、充滿文藝氣息的孩子，對體育或吵鬧的遊戲一向不熱中，他偏愛藝術、跳舞，從他年幼開始，父母就得忍受愛子被同儕圍攻的情景。他們曾設想過兒子可能是同性戀，但他們並不想因為兒子的

陰柔特質就貿然將他定型。雖然有時候他們也會掙扎，想要他變得像大部分男孩一樣，但他們仍將自己的憂心放在一旁，用心培養兒子的音樂與舞蹈愛好。他們在一旁默默觀察、等待，而傑克也開始綻放自己「如其本然」的天性，成長為一個情感細膩、善良的男生。

約翰與愛麗絲夫婦打定主意，如果傑克真是個同性戀，他們也會讓他完全去接受自己的性傾向。他生命中的這個面向，對夫婦兩人而言並不重要，因為他們認為兒子的性傾向只不過是他豐富本質裡的一個呈現而已。當傑克受到同儕傷害時，身為父母的他們能夠為他做的，不是試著消除他的痛苦，而是陪他一起度過。

隨著傑克漸漸長大，夫婦兩人刻意為他打造了一個包括同志與非同志的朋友圈。他們想要他知道，當他準備好公開自己的性傾向時，將會有一群接受他的人在身邊陪著他。因此，當傑克進入青春期，向父母坦承自己性傾向的那天來到時，夫婦兩人早已經了然於心，他們只是張開雙臂接納他。由於父母早在一開始便接受傑克「如其本然」的樣子，傑克才能在沒有任何條件、評斷或內疚感的情況下滋養真實的自己。這是一個得到全家人祝福、禮讚的真實人生。

這也是一個不需要靠兒子來滿足自己幻想或實現夢想的家庭，他們沒有利用兒子來療癒自己尚未癒合的創傷，或利用他來強化他們的自我。本質上，兒子就是全然不同於父母的個體。在孩子與父母之間創造出一個距離感，這種能力反而能幫我們培養出親子之間最棒的親密感。

模組化？定製化？教養孩子不是在壓模做餅乾

如果你能尊重孩子自己獨特旅程的展開方式，你也是在教導孩子滋養他們自己的內在聲音，同時也禮敬他人的聲音，如此他們會養成一種能力，在融入一段關係時能反映出健康的相互依賴性。因為，一旦每個人的道路都能以其獨一無二的方式呈現，彼此之間有害的依賴關係便無法存在了。這是幫孩子為成年做好準備，到那時，健康的相互依賴就是親密關係的成功標記。

要能夠全心接納孩子，就必須從毒害人生的劇本中解放出來，在細胞層次上與孩子相處。一旦你能領會孩子獨一無二的特質，就會明白我們無法以壓模做餅乾的模組化方式來教養孩子。每個孩子的需要都不一樣，有些孩子需要父母展現溫柔、溫和的一面，有些孩子則需要父母表現得果斷自信一些，或甚至是給他們點壓力。只要你全然接受孩子的基本天性，就能根據他們的性情來調整自己的教養形式，想要成功做到這一點，你必須拋棄認定自己是某種父母的想像，轉而為你眼前這個獨特的孩子進化成他所需要的那種父母。

在我為人母之前，我對自己的孩子也抱持著一些想像。當我得知懷的是女孩時，心中不禁生出了無數的期待。當然，我覺得她會擁有我的一切正面特質，會是個溫和、柔軟、有藝術細胞的孩子，天真無邪又擁有無限的可塑性。

隨著我女兒的心靈逐漸成長，我發現她完全不是我所期待的樣子，她很溫和，沒錯，但同時也是個活力旺盛、自信又果斷的小小孩。她喜歡掌控局面，有時會太過吵鬧、固執。她一點也不像個藝術家，不像我愛做夢，而是偏向機械性與邏輯性思考。在性情方面，她更談不上「天真無邪」，而是精明不易受騙，懂得如何應付街頭的真實人生。更重要的是，她不是一個「會討好別人的人」，而這個角色是我童年時從來不敢越界跨出一步的。她就是她自己，而且理直氣壯。

對於這個走進我世界的女兒，老實說要接受她的真實樣貌，確實是個挑戰，我必須重新調整我的期待、放下我的幻想。有很長一段時間，我陷入了自認為她「應該」是何種模樣的念頭裡，無法相信她就是這個樣子。事實是，在心態上接受現實、承認「這個人」就是我有幸生下的女兒，要比實際應付她困難多了，而這難道不是大多數父母的心聲嗎？而我們必須跨越的障礙往往是重新調整我們的期待，而不是現實本身。

當我們接受孩子「如其本然」的樣子，可能有人會誤以為這是被動地允許孩子繼續做一些可能會帶來傷害的行為。但我所說的，全跟「被動」二字無關，我的意思是要接受孩子的稟性，也就是他們「如其本然」的狀態。接受是最根本的，接著才是將他們的行為調整至跟他們的稟性更加一致。

如果我們認為孩子的行為是出於挑釁而做的「壞」行為，那麼適當的回應就是堅定的態度；如果他們使「壞」是因為他們不知如何處理痛苦的情緒，那麼我們就必須理解他們。如果他們需要我們且相當黏人，我們可能要多抱抱他們，多一些關注，或者，也可能是因為我們的過度關心，沒能培養他們的獨立性格所致，若是如此，我們就必須幫他們學習如何自得其樂、如何自在獨處。如果孩子覺得需要私人的安靜空間，我們就要尊重及回應他們想要暫時隔離的渴望。如果他們在適當的時間喧鬧、玩心大發，我們也必須讓他們沉浸在自己的歡樂裡，不去干擾或制止；相反的，如果他們在該做功課時喧鬧、玩心大發，我們就需要制止他們，引導他們回到專注的狀態。

接納孩子，可以表現在以下任何一種形式：

- 我接受我的孩子是與眾不同的。
- 我接受我的孩子是文靜的。
- 我接受我的孩子可能很固執。
- 我接受我的孩子在做事或面對他人時需要一些準備時間。
- 我接受我的孩子天性溫和。
- 我接受我的孩子很容易三心二意。
- 我接受我的孩子喜歡討好別人。
- 我接受我的孩子抗拒改變。
- 我接受我的孩子害怕陌生人。
- 我接受我的孩子可能行為失當。
- 我接受我的孩子很情緒化。
- 我接受我的孩子性格溫吞。
- 我接受我的孩子個性膽怯。
- 我接受我的孩子容易害羞。

- 我接受我的孩子喜歡發號施令。
- 我接受我的孩子喜歡唱反調。
- 我接受我的孩子是個跟屁蟲。
- 我接受我的孩子喜怒無常。
- 我接受我的孩子學業成績未達標準。
- 我接受我的孩子不像大多數的孩子那樣積極好動。
- 我接受我的孩子經常在面臨壓力時說謊。
- 我接受我的孩子可能行為太誇張或激動。
- 我接受我的孩子無法安靜坐著。
- 我接受我的孩子有他自己活在這世界的方式。
- 我接受我的孩子就是他自己那個獨一無二的人。
- 我接受為了讓我的孩子成長茁壯，他需要屬於個人的明確界限和空間。

你接受孩子的程度，取決於你接受自己的程度

接受孩子如其本然的稟性，同時也包括另一個元素：接受我們必須為某個孩子成為某一種父母。

一旦我接受女兒其實比我想像中更懂得應付真實人生後，我就可以改變自己對她的教養

方式。現在該將她視為一個精明女孩來對待了，而不是我希望她成為的那種天真無邪的小女孩。因此，與其永遠跟在她後頭善後，痛恨她造成我的無助，我反而學會了早她一步思考。她一向能夠表現得比我更聰明，所以在我終於完全接受了她的精明而開始走在她前面一步來思考之後，我便能避免她利用自己的精明達到操弄我的目的。我很感激自己能放下想成為自我想像的那種母親角色，回頭當一個我女兒所需要的那種母親。

我們接受自己孩子的能力，直接關係到我們接受自己的能力，包括當下的自己、過去的自己，以及將來有潛力成為的自己。畢竟，如果我們自己沒有自由思考的能力、擁有一顆自由的心靈，怎能期盼教養出這樣的孩子呢？如果我們自己不獨立、不自主，又怎能養育出獨立、自主的孩子？如果我們自己的本性都已喪失了大半、自己的心靈也遭到系統化的粉碎，又怎能養育另一個人、另一顆心靈呢？

讓我與你分享我如何學習接受自己，這可能會對你有所幫助：

- 我接受自己在成為父母之前也是一個普通人。
- 我接受自己也有局限及缺點，這沒有關係。
- 我接受自己不是每次都知道該怎麼做。
- 我接受自己經常羞於承認失敗。
- 我接受自己經常茫然失措，而且比我孩子曾有過的狀況還要糟。
- 我接受自己在面對孩子時可能會出現自私與考慮不周的情況。

- 我接受自己在做父母這方面有時會笨手笨腳、跌跌撞撞。
- 我接受自己並非總是知道如何回應孩子。
- 我接受自己有時會對孩子說錯話、做錯事。
- 我接受自己有時會因為太累而頭腦不清楚。
- 我接受自己有時因為有心事，無法在每個當下與孩子同在。
- 我接受自己正在盡力做到最好，這已經夠好了。
- 我接受自己的不完美與不完美的生活。
- 我接受自己對權力與控制的渴望。
- 我接受我內在的那個自私的小我。
- 我接受自己對保持覺知的渴望（儘管我經常在即將進入這種狀態時搞砸）。

如果我們無法接受自己的孩子，那是因為他們觸痛了我們內在的傷口，威脅到一些我們依然緊抓不放的自我執著。除非我們能好好處理自己為何無法接受孩子真正模樣的原因，否則我們將永遠會想要塑造、控制或支配他們，抑或讓自己受他們的支配。

我們必須了解，如果自己在坦然接受孩子這方面有任何障礙，都源自於我們自己過去的制約。無法接受自己「如其本然」的種種樣子，這樣的父母也將永遠無法無條件地接受他們的孩子。接受我們的孩子與接受自己是攜手並進的，我們尊重自己的程度，決定了我們尊重孩子的程度。

如果我們自己多少還存在著受害者的心態，很可能會跟自己說：「我接受我的孩子不僅現在，而且永遠都會挑釁、反抗我。」這不是接受，而是放棄。相反的，如果我們抱持著勝利者的心態，跟自己說：「我接受我的孩子是個天才。」這也不是接受，而是誇大。

我們如果把孩子塑造成我們所期待的模樣，那是在抗拒他們真正的樣子，這會播下官能失調的種子。反之，不管在任何時候都接受孩子真正的樣子，會解開我們的鬱結，帶來放鬆感，因為我們不再以自己的控制需求來自我界定，於是得以進入真正的親子關係。不管孩子現況如何、年紀多大，我們都可以從當下開始做起，而不是我們所想像的某個起點。我們的立場是幫孩子塑造自己，讓他們更加符合他們自己所發現到的那個本質上的自己。

我說是孩子「自己發現的」，這是因為我們必須認知到這是一種流動狀態，這點十分要緊。我們常常忘記孩子不是一個固定的實體，而是一個會不斷進化、轉變的生命。如果我們僵化地執著於對自己的認知，就無法將自己視為一個不斷進化的生命，那麼無可避免地，我們也會以同樣方式對待孩子。我們會妄自決定他們是誰，在雙方自我意識對槓之下，再以僵化的模式來回應孩子，這就是我們為何一再犯錯的原因。大多數的人甚至連自己的孩子現在是怎樣的人都不知道，更遑論會注意到孩子時時刻刻冒出的新特質。

想要打破刻板模式，你必須真正進入當下這一刻，以全然敞開的心態回應你的孩子。你要問問自己：「我真的知道自己的孩子是個怎樣的人嗎？我是否能在內心闢建出一個空間，好讓我每天都能以全新的眼光來認識孩子？」為此，你跟孩子在一起時就必須靜下心來，排除各種令人分心的事物，帶著好奇心和愉悅的態度去理解他們。

CHAPTER

4

打擊自我中心式的教養方式

「我的方式才是對的」，這種無覺知的命令式教養，會逐漸扼殺孩子本有的真誠、自由的稟性。反之，一旦孩子明白，我們能全然接受他們的成敗，他們就能更有信心去接受挑戰。不當威權父母，不介意偶爾發生一些蠢事，孩子從我們身上會學到，在探索人生時能夠不在意別人的眼光或自己的表現。

給予孩子他們應得的全然接受，會讓你處於靈性傳統那顆鑽石的光芒之下，帶給自己一個鬆開自我的機會。

身為父母，想要不自我中心確實是件難事，單憑我們所說的「這是我的孩子」這句話，就已經進入自我中心的領域了。確實，面對孩子時，我們鮮少不存有私心，因為他們在學校進展如何、他們看起來是何模樣、他們跟誰結婚、他們住在哪裡、他們做什麼工作維生等等，都是跟我們關係最密切的事。很少有父母能夠如此看得開：孩子是獨立的個體，不是父母自我的一個延伸。

我問過一群父母為何要生孩子，他們的回應包括：「我想要體驗那是什麼感覺」、「我喜歡小孩」、「我想要當母親」、「我想要一個家」，以及「我想要向每個人證明自己能當個好媽媽」等等。以上例子，在想要孩子的每個理由裡都有滿滿的自我，而這無疑是我們許多人的寫照。

教養之路，經常從一個高度自我中心的自戀角度出發，那是一種我們會帶入親子關係的能量。結果是，我們很可能輕易地（在許多情況下是不經意地）落入利用孩子來滿足個人需求的陷阱裡，同時被自己是慈愛的、自我犧牲的以及滋養孩子的假象所蒙蔽。我們試圖利用孩子來療癒破碎的自己，藉著將他們安插在家庭中不屬於他們該有的角色而利用他們，為自己帶來價值感，或放大自己對世界有影響力的假象。

我發現，很多人都難以相信他們之所以成為父母，至少有部分原因是為了滿足自己的渴求。除非我們了解個人私心的驅策力量有多麼強大，並讓自己擺脫對它的認同，否則我們將繼續在這種錯誤的狀態下教養小孩，導致無法與孩子最核心的稟性建立關係。

以自我為中心，讓你看不清楚現實

我們已經看到，私心是我們對一己形象的盲目執著，那個形象就是我們裝在腦袋裡、關於自己的畫面。我們所有的思考、情緒表達以及行為舉止，都根植於這個自我形象。

若想進一步了解這個自我形象，請回想我稍早提過的情況。我曾建議若想要改善孩子的行為，父母本身必須改變，但很多父母都會堅持說我錯了。他們接著會提出各種說辭，解釋為何他們與孩子的關係會如此這般。

我們發現，要坦承我們自己必須對人生中體驗到的負面情況負起部分責任，的確不是件容易的事，因為我們往往更想將自身處境歸咎於周遭環境的因素。當我們對自己所知的一切都局限在虛妄的自我形象時，「必須改變」這個念頭便會威脅到我們的身份認同，因此我們會捍衛自己、徒勞地希望做改變的是生命裡的其他人，而不是自己。

每當我們發現自己執著於某個思考模式或信念體系時，就是自我正在運作的時候。我們經常等到自己的情緒受到觸發，才會認知到自己有所偏執，然而，每當憤怒、控制、支配、悲傷、焦慮，或甚至快樂等正面情緒接管一切，而我們的「自以為是」占了絕對優勢時，就是我們處於那個自我之中的時候。每當我們在那個「自以為是」的狹隘立場下運作，就會硬將一個已經公式化的假設塞入現實狀況裡。如果有任何情境或個人不順從我們的意志、理想或評斷，我們的反應便是控制該情境或個人，讓他們受我們的支配。

活在一個自我中心的狀態中，我們無法看見他人「如其本然」的稟性。史都華與兒子山姆就是個典型的例子，山姆是個精力充沛、渾身活力的年輕人，無論做什麼事都得心應手。他在表演方面表現特別傑出，熱切渴望進入戲劇學校就讀。但史都華堅決反對，他是第一代移民，一輩子從事的都是不穩定的藍領工作，這讓他迫切希望兒子能享有穩定工作所帶來的安全感，而不是充滿未知與不穩定的演戲生涯。

到了申請大學的時刻，山姆想選擇的是提供優秀表演課程的學校，而父親卻堅持要他就讀商學院，於是父子兩人天天吵，最後史都華威脅山姆說，如果他申請表演學校，就不贊助學費，而且父子從此斷絕往來。山姆見父親的反應如此激烈，就屈服了。他是個聰明的孩子，成功申請進入哥倫比亞大學的商學院就讀，後來也擁有一份成功的事業。

儘管山姆是自己決定放棄表演生涯的，但他仍然因為父親否定他的熱情而心懷怨恨。他任職大企業所換來的寬裕生活，始終代替不了舞臺帶給他的衷心喜悅與意義。對他來說，表演才是他真正的天命，是他真實稟性的表達。現在的他被房貸及學生貸款困住，失去了改變處境的自由。

山姆的父親完全從一個投射立場來教養兒子，他對兒子的職業選擇所感受到的焦慮，其實是根源於他自己一直存有的「不確定就是不好」的這套情緒劇本。身為第一代移民，他一直飽受這種焦慮感折磨，因此想要控制兒子的命運。

一旦你的自我意識之柱頑強屹立不搖，比如山姆父親史都華的情況，在選擇過一個真實無偽的生活時就會百般掙扎；而萬一你的生活虛假不實，你就難以給孩子一個真實的人生。從自我中心的角度來教養孩子，就是活在一個「你的方式才是對的」這種無覺知的命令下，結果是，你會力勸你的孩子進入你的世界（就像山姆的遭遇），反而讓孩子錯失機會進入他們自己的世界。可悲的是，當孩子受到你的支配、唯你的話是從的時候，很可能就是你感到最有權力的時候。

自我執著是我們用來遮掩個人恐懼的面具，而其中最大的恐懼就是臣服於生命的神祕本質。當我們從心中那個狹隘的自我而非純粹本性的角度出發，就無法跟孩子的真實稟性建立關係，如此一來，孩子在成長過程中將會與自己的稟性脫節，以致學會了不信任自己與任何事物之間的關係。帶著恐懼來面對生命，會讓孩子那些真誠的、不矯揉造作、自由奔放的真實本性萌芽之前就被扼殺了。因此，我們心中那個狹隘的自我必須先粉碎，才能讓我們最真實無偽的生命顯露出來，也才能讓孩子獲得自由，在成長過程中忠於自己。

如果我們能從狹隘的自我中解放出來，在生命自動為孩子梳理他們的成長過程時，單純地觀察他們的發展，孩子將會成為我們的老師。換句話說，活得真實能讓我們不再將孩子視為一塊空白畫布，隨便在上面投射我們對孩子的想像，而是能將他們視為同行的靈性旅伴，改變著我們，一如我們改變著他們。

問題是，你是否願意放棄自認為「無所不知」的念頭，從自我中心的權力寶座上走下來，從最有可能活在「無我」意識狀態中的孩子身上學習呢？

想要過一個真實而非自我中心的生活，你必須擁抱持續的進化之旅，了解我們一直都處於不斷的變化之中，因此所作所為也都是進行式的。我們的「本真」（authenticity）❶要求我們去接近生命裡那個深邃、默然的面向，然而你必須穿透生活表面的一切喧囂，才能聽見這個面向所發出的聲音。外在環境可以支持及引導這個真實的存在狀態，但此狀態卻不需要靠外在環境才能生存，它需要的反而是跟我們的心靈同步，並且時刻與我們的身體連結。

一旦我們能活得真實，我們可能照常擁有親密關係、房子、車子，以及其他會吸引內在那個狹隘自我的奢侈品（比如所有史都華渴望兒子山姆能擁有的東西），但是這些事物的存在目的卻再也不同以往了。如果我們的關係、房子、工作、車子，以及其他外在事物是我們獲得快樂的原因，我們就成了那個狹隘自我的奴隸；反之，如果這些身外之物的存在，讓我們能夠更無後顧之憂地為他人服務，它們就能讓我們更忠於自己的稟性。

雖然我們內在那個狹隘自我的展現方式因人而異，但是它逐步誘人入彀的途徑卻有一些共通模式。若能明確了解每種模式的作用方式，對你會很有幫助。

在乎形象的那個自我

有一位年輕母親接到校長來電，說她的九歲兒子和另一個男孩打架，讓她心情變得很沮喪。她不敢相信自己的寶貝兒子竟然變成了「那種」小孩，她感到非常羞恥、驚慌。她該怎麼辦？該如何回應呢？

這位母親的防衛心油然而生，她發現自己在責怪每個人。她與校長、老師，以及那位男孩的父母爭辯，堅稱她兒子受到不實指控。她寫信給學區的督學，傾訴自己的兒子是如何受到不公平的責罰。

這位母親不知不覺就讓整個事件變成了跟她自己有關的事，彷彿是她的能力受到了質疑。由於她無法將自己和兒子的行為分清楚，無法看見事情的真相，導致她以小題大作的誇張方式來處理事情，彷彿是她自己受到抨擊，彷彿是她被叫進校長辦公室，因為沒有當個好母親而受到責難。這個九歲的孩子原本可以體驗到他的行為所帶來的必然後果，從中獲得學習的潛在機會，結果反而感到內疚，而且為母親的行為感到丟臉。

許多人都會落入一個陷阱，讓本身的自我價值感跟孩子的行為糾纏不清。在孩子做出違規行為時，父母會覺得是自己的責任。我們無法將自己內在的那個自我從情境中抽離開來，於是就把孩子的行為放大。

沒有人喜歡被當成無能的父母，我們內在的那個自我需要我們被視為最優秀的父母。每當我們覺得不如自己期盼中那般完美時，焦慮感就會油然而生，因為我們相信自己在他人眼中已經失敗了，接著就會做出情緒化的反應。

❶本真是正向心理學的核心概念之一，是指在外界的壓力和干擾下，能夠忠於自己的個性、精神和品格的特質。

追求完美的那個自我

多數人內心深處都存在對完美的幻想，然而正是我們對這種幻想的執迷，阻礙了我們隨順著人生本來的樣貌而生活。

舉例來說，有位母親忙著為兒子籌劃猶太成人禮，她花了近三萬美元舉辦這場盛會，每個細節都要求盡善盡美。她為張羅此事前後忙了數個月，當那天終於來臨時，她卻感到焦慮不安。

結果舉辦儀式當天，被那位母親視為災難的大小事件不時地打斷典禮的進行。儀式一開始就來了一場突然的暴風雨，幸好她已預料到這個可能而先搭了帳篷，接著負責會場音樂的ＤＪ被塞在車陣中，遲到了一個小時。不久後，男孩的母親發現寶貝兒子突然變得像喝醉酒似的，在親戚和上流社會的朋友面前行為粗魯、吵吵鬧鬧。

她覺得顏面盡失，心情頓時跌入谷底。她不好在賓客面前發脾氣，努力維持著完美母親的形象。一等到賓客離開，她的怒氣立刻爆發，對身邊的每個人發飆，不僅破壞了兒子的歡樂派對，還在一群打算在她家過夜的兒子好友面前羞辱他。緊接著，她又跟丈夫大吵了一架，也和ＤＪ當眾鬧得很難堪。這一切都只因為典禮不符合她的期待，所以她要讓每個人都不好過。

當生活未能盡如人意，我們之所以會做出抗拒的反應，是因為我們覺得受到威脅了。隨著我們對生活「應該」如何如何的想像破滅，我們想控制一切的那個自我開始表露無遺。我們無法接受自己所愛的人及生活竟然脫離我們的掌控，不服從我們的意志，我們強行將個人狂熱的欲望加諸於外，讓每個人和每件事都看起來像某個特定的模樣。我們未曾看見的是，生活如童話般美好的這種幻想，往往是以犧牲我們所愛之人的幸福為代價。

如果我們遵循傳統的教養方式，我們會鼓勵孩子尊敬、服從我們，因為我們就是這樣被養大的。要當個好父母，我們覺得自己必須無所不知、無所不能。但我們不知道的是，當我們扮演如此能幹角色的同時，也扶植了孩子心中的恐懼與抑鬱。他們眼巴巴望著我們，看見的是一個遙不可及的形象，讓他們覺得自己是如此卑微渺小。久而久之，「不如父母」的觀念就深深烙印在孩子的心裡，阻礙了他們自我發展的能力。

當孩子對我們的印象是「無所不知」，永遠能提供一套完美的解決方案或正確的建議，他們在成長過程中就會認為自己也必須要那樣。如果我們對自己的不完美感到不舒服，拒絕暴露自己的過錯，我們就在教導孩子要掩飾他們的不完美，並且過度補償自己的缺點，然而他們真正要學習的卻是：完美只是愚蠢者的理想。

我們的目標不在於毫無缺失的「完美」，就像剛才那位母親對待兒子成年禮的方式，而是要去擁抱我們「即使有缺失也很完美」的自己。以這位母親來說，她要做的是去接納她的兒子和她一樣都是有缺點的，也可能在最不適當的時機搞砸事情。將孩子從我們永遠能沉著冷靜、搞定一切的假象中釋放出來，這是一件很重要的事，但前提是身為父母的我們，必須先從做「完美」父母的執著裡解脫。

若你能自在地坦承自己的缺失及日常生活裡所犯的錯，而不再以自責的態度來面對問題，就能傳達給孩子這樣一個概念：犯錯是難免的。若你能對自己的失誤自我解嘲，大方承認自己的不安全感，你就走下了扮演神奇父母的寶座。先把你的階級觀念擱置一旁，鼓勵孩子以人對人、心靈對心靈的方式來跟你相處。

可惜的是，上文提到的那個母親，無法笑看過程裡發生的差錯。倘若她能這麼做，就能教給孩子一堂他一生受用不盡的珍貴功課，也就是全然接受所發生的事，包括他自己的失常行為。

為人父母，我們需要做的是以身作則。一旦我們的孩子明白，我們能全然接受他們的成敗，更能讓孩子產生可以勝任的感受。藉由輕鬆看待發生在自己身上的蠢事，我們教會孩子不要太過嚴肅看待自己；藉由願意去嘗試新事物，讓自己成為傻子，我們教會孩子在探索人生時能夠不在意別人的眼光或自己的表現。

我懷疑那位籌劃猶太成年禮的母親，是否曾在兒子面前做出一些好笑脫線的行為舉止或唱歌跳舞，來顯示她也只是個凡人，也難免會犯錯。這麼做能鼓勵孩子跨出自己的舒適圈，進入一個不熟悉的未知領域。此外，我也懷疑她是否曾經讓兒子與同齡的朋友像個真正的孩子一起玩，而不是猶豫著要不要跪下來學驢子叫，或變成可笑的青蛙王子。當我們願意降低到孩子的層次，以更平等的方式進行親子互動，孩子就能以一種遊戲的、不具威脅性的方式跟我們建立關係。我也懷疑，這位母親是否曾允許自己在兒子面前摔跤、失敗、心碎、屈服、弄髒、哭泣或做些無關緊要的小事，而不是試圖隱藏這些人性面。她是否曾告訴孩子，房子有點小髒亂沒有關係，或是指甲不用修剪得方方整整也無妨呢？我們若能做到這些，等於為孩子示範不用做到「最好」，「夠好」就可以了。

接受自己的局限，或是不在意自己的不完美，對自己和孩子都有好處。對孩子來說，這會讓他們對自己真正的樣子感到自在，並有能力在自己身上看見幽默與輕鬆的一面，進而與他們自我要求、不可能達到的嚴格理想脫鉤。

執著於名位的那個自我

地位對許多父母來說是個大議題。舉例來說，當一個學生申請長春藤名校而未獲錄取，僅申請到當地的州立大學時，他的父母很可能會覺得丟臉失望，對這個消息感到震驚，不知道怎麼告訴親朋好友自己的兒子竟會就讀一所「水準以下」的學校，尤其當他們自己分別從耶魯大學和哥倫比亞大學畢業時。

當父母將這樣的感覺透露給孩子時，他知道自己讓父母失望了。在他們眼裡，兒子不僅讓他們失望，也辜負了寶貴的家庭傳統。背負著沉重的羞恥感，這個年輕人進入了醫學院預科就讀，努力逼迫自己，要向父母證明自己值得他們的肯定，以致與他真正的自己離得越來越遠。

許多人對何謂成功都抱持著一個嚴格的理想。我們有一個用以衡量的外在標準，例如高薪的工作、酷炫的車子、漂亮的房子、完美的街坊鄰居、優秀的朋友等等。然後，當我們某項任務失敗、丟了工作，或被迫承認自己的朋友並非全是高薪高成就的人，我們會覺得自己彷彿某些根本坍塌了，我們會想像自己的核心本質受到了威脅，而這促使我們對外展開猛烈的抨擊。

當我們受到這類的理想吸引時，會將它們強加在孩子身上，堅持他們必須維護我們小心建構起來的、代表能力的人格面具。我們會忽視每個孩子都是一個帶著自己天命前來的生命體，不了解唯有透過承認孩子獨一無二與自主的心靈，我們才可能抓住含藏在教養裡的靈性成長機會。

很重要的一點是，你必須拋棄所有質疑何以你的孩子「天生就是這樣」的念頭，防止自己認為他們可能「出錯」的傾向。身為父母的挑戰，是你要允許孩子的心靈在不受到你支配的情況下自由開展。你能否放下想讓孩子成為你個人延伸的這種自私渴望？你是否願意在他們內在扶植一個空間，讓他們能擺脫你將自己的意志投射至他們身上的需求，進而自由自在地成長茁壯？

要讓這些事情發生，你必須在你自己的內在創造出一個毫無占有與控制傾向的空間。唯有這樣，你才能與孩子真正的樣子而非你所希望的樣子面對面，全心全意接受他們，不執著於任何你對他們的期盼與想像。

如果能在跟孩子互動時尊重他們真正的樣子，你也同時教導了孩子自尊自重。相反的，假如你試圖改變他們當下的狀態，改變他們的行為以符合你的認同，你是在向孩子傳達出一個訊息：你們的真正稟性是不足的。結果就是，你的孩子會開始戴上人格面具，讓他們與自己真正的樣子漸行漸遠。

放下你所執著的、關於教養的各種想像，以及你想要為孩子勾勒未來藍圖的欲望，這是最令人難以忍受的一種心理死亡。它需要你拋棄所有過去的既定想法，進入一個純粹釋放與臣服的狀態。它會要求你放棄認為孩子應該是哪一種人的幻想，真正去回應你眼前那個真正的孩子。

抱持從眾心理的那個自我

我們人類喜歡將自己視為生產導向的生物，我們喜歡從A點移動到B點，希望生活裡的互動井然有序、條理分明。令人遺憾的是，生活並不會被打包成一個整整齊齊的包裹送到你面前，它不會給我們輕鬆的解決方案與現成的答案，它什麼都是，但絕對不包括井然有序、條理分明，特別是在教養孩子這一方面。這就是為何那些打破家族樣板，選擇成為自己想要的人，做自己想做的事，即便成為家裡「異類」也不在乎的孩子，總會讓父母感到特別頭疼的原因。如果一個孩子威脅到我們對從眾（conformity）的自我執著，我們的情緒就會受到擾亂。

我想起一個與眾不同的十幾歲女孩，她總是慢半拍、難以相處，而且比其他女孩更容易情緒潰堤，將她父母的耐心逼到了極限。她很懶，而她父母正好相反；她愛做夢，父母卻很實際；她對外表滿不在乎，父母卻認為外表很重要。

女孩知道自己經常令父母感到難為情，儘管她也不願如此。在雄心勃勃、吃了不少苦頭才在社會上搏得一席之地的母親眼中，女孩的模樣更是不順眼。現實狀況是，女孩不知該如何做才能變成父母想要的樣子，雖然她已經很努力了，但她所做的一切永遠不夠好。

我們會抗拒孩子的真正稟性，經常是因為我們暗懷著一種想法，認為我們是立場超然的旁觀者，一旁看著正在發生的所有事，尤其是當我們認為情況亂七八糟時。我們會告訴自己，生活難免有討厭、麻煩的事，但它們總是會發生在別人身上，不可能也不可以發生在自己身上。沾惹那些日常的小過錯或是會暴露自己的過錯，對自己都是個大威脅。藉由拒絕接受生命如其本然的樣貌，我們深深陷入了自己比一般人優秀的執著裡，而一個有違我們形象的孩子，我們就會覺得他跟敵人無異。

不同於剛才描述的女孩，我想起了一個二十歲的年輕女孩，她曾經是一個完美、遵照父母指示、表現出色且跟人相處愉快的所謂「好孩子」。當她加入和平工作隊❷，開始前往世界各地服務時，她的父母歡喜地以她為傲。他們對女兒為弱勢族群奉獻的精神喜不自勝，彷彿她反映出他們人格裡最優秀的品質。

旅途中，女孩與一名來自印度的男子墜入愛河並決定互許終身，但女孩的父母不同意，堅稱她「可以為自己做出更好的決定」。為了阻撓他們結婚，她父親不惜威脅著要跟她斷絕往來，而儘管母親沒有做出如此激烈的反應，也毫不留情地輕蔑女兒的選擇，一有機會就刻意貶損她。

女孩備感煎熬，她一向是個習慣取悅他人的人，最終她決定跟男友分手，幾年後嫁給了一個相同社會階級與種族的人。直到今天，她仍然忘不了當時那個印度男友，認為他是自己的靈魂伴侶，而且明白自己再也不可能以同樣方式去愛一個人了。她也了解，自己當時因為太軟弱而無法不顧及父母的願望，不能勇敢選擇自己所愛，因此必須一輩子都要承受錯誤選擇的後果。

很多父母會懷抱著一種幻想，認為在自己一生所遇到的所有人中，至少孩子會屈從我們的意志。假如他們膽敢違抗我們，過他們想要的生活、按照他們自己的步調前進，我們就會覺得自己的權威受到挑戰而有被羞辱之感。一旦我們費盡心機要孩子聽從命令的方法失效了，我們的聲音會越來越大，立場會越來越強勢。這種情況所帶來的親子疏離，就是孩子會對我們說謊的原因，有時甚至是欺騙、偷竊，更嚴重的還會拒絕跟我們溝通。

我們唯有放下從眾的需求，才能夠進入一段相互提升且互惠的親子關係，強調「權威」的階級式互動已經過時了。

自我控制的那個自我

如果我們是被強調情緒控制更甚於情緒表達的父母養育成人，那麼我們可能在人生的早期階段就學會如何小心翼翼地監控自己的情緒，排除那些會引起對立的情緒反應。由於我們相信情緒爆發是一種弱點，壓抑情緒遂成為一種自動的機制。

❷ Peace Corps，由美國政府所組織的志願服務團隊。

同時，我們會為自己周遭的人與生活建立一套嚴格的標準，我們會覺得有必要透過評斷各種情境以及表達反對意見，來行使我們的控制權。優越的假象讓我們覺得自己能掌控情緒，超然存在於生活的各種光怪陸離之上。

透過控制、批評、譴責、製造內疚感、評斷或展現自己優越的「知識」來建立權勢、強壓他人，並不是一個優越靈魂的標記，而是一個貧乏靈魂的標記。假如孩子從未有機會見到父母暴露弱點或孩子氣的情形，或只是個笨手笨腳、卑微的凡人，這孩子又如何能夠冒險暴露自己的弱點呢？

如果我們成長時是以這種方式受到壓抑，我們會讓自己停止探索、停止冒險，從而停止犯錯，我們會畏懼父母無聲的反對。由於我們「就是知道」他們會反對，於是從未啟程展開那場真正的生活探險，反而總是尋求最安全的做法、畫地自限。當然，由於我們總是讓一切「在控制之中」，因此在學校可能被老師視為小天使，但那是一個以犧牲本真為代價換來的標籤。

帶著這個自我中心的印記，我們會傾向於將權力與控制視為獲得安全的手段。由於我們已經相信生活是分成兩半的——一半是那些運用權力者，例如經常透過更高的年紀或知識這一優勢來獲得權力的人，另一半是那些無權力者——於是，我們告訴自己：「我必須時時刻刻控制得宜，掌控我的情緒。我必須永遠邏輯清楚、講求實際、掌握內情。」成長過程中被灌輸這種世界觀的孩子，成年之後將無法接觸自己的內在力量；等到為人父母或師長後，他們很可能會大肆發洩控制欲，尤其是面對弱勢者時，例如在教養孩子或學生時。這樣的人會無法忍受挑戰他們地位的人，並擅長利用他們的角色來壓制他人。

以克里斯多夫及他十七歲的繼子傑登來說，我從未見過有如此針鋒相對的親子關係。傑登因為父母分開而心情惡劣，自然而然地就將他的不安轉嫁到了繼父身上。克里斯多夫把傑登對他的拒絕態度詮釋為衝著他來的，無法忍受自己不被當成一家之主，要求傑登必須尊敬他，在無法獲得他所要求的尊敬時就會勃然大怒。克里斯多夫無法將心比心，無法以傑登的角度來看待事情，因此也無法處理傑登在情感上的相應不理。

克里斯多夫一心想著的是父親的權威，和傑登的衝突天天上演，他將傑登逼至絕境，讓這個青春期的孩子別無選擇，只能採取報復手段。他也不斷因為傑登和老婆吵架，逼她選邊站，更威脅說，如果她無法改變自己的兒子，就要離她而去。

情況惡化到當傑登與克里斯多夫單獨在家時，都不想離開自己的房間，經常要等到母親回家時才會出來露個臉。他渴望麻痺自己的痛苦與憤怒，於是開始和不良份子廝混，學校的課業也每況愈下。

克里斯多夫對自己所扮演的丈夫與繼父這兩個新角色十分缺乏安全感，他無法覺知到自己內在的衝突，反而將傑登視為苦惱的源頭。他無法認知到，儘管我們每個人都是獨一無二的個體，都要以自己的方式走自己的路，但是在根本上，「我」和「你」其實不是分裂的，因為我們全都在同一趟旅程中一起同行。如果克里斯多夫能明白這一點，就能看清自己是如何利用傑登來掩飾個人的痛苦，就能了解到自己是試圖透過攻擊傑登來消除內心的能力不足感。他原本可以將傑登對他的不敬態度，視為他看不起自己的一面鏡子。再多的控制，都無法改變這件事。

自我控制的需求，是我們內心那個「小我」的一種運作模式，它會一代傳一代。擁有這種模式的孩子長大後，往往會努力在每件事上追求完美，甚至強迫性地講究細節到了吹毛求疵的地步。在無法自由表達情緒的情況下，他們把情緒積存在身體裡，並隨著時日變得頑固僵化。由於僵化程度嚴重，他們在智性上會呈現出非黑即白的二分觀點。這些孩子經常被同儕冷落，這是因為他們在不自覺的情況下，經常表現出優於同儕的態度，並將同儕視為「不成熟的、幼稚的」。這樣的孩子鮮少能夠放下，更別談要他們放鬆了。你不會看見他們把整張臉埋進西瓜裡，他們是一群使用餐巾紙、湯匙和刀叉的孩子。

諷刺的是，一個在世界觀如此受限下成長的人，將來很有可能會成為縱容孩子的父母，這正是過度的補償心理作祟。此外，這些父母早已經習慣受到控制，因此也會允許他們的孩子反過來控制他們，重複製造他們年幼時活在控制下的情境。

反之，如果父母在事情未能按照計畫發展時無法控制情緒，孩子會將這些情緒吸收，成為自己情緒的一部分。這樣的孩子情緒反覆無常，顯而易見的，他們是活在自認為「只要反應夠激烈，生活就會屈服於自己的意志」這種假象之下。

一個帶著這種「小我」印記的人，若在生活某方面遭遇到挫折會很容易惱羞成怒，而這其實只是為了掩飾他們的極度不安全感。他們不習慣與情境造成的無力感共處，於是他們內心那個小我就會把這種不安全感轉換為怒氣。憤怒是強烈的興奮劑，會誘引我們相信自己是強而有力的，一切都在掌控中。弔詭的是，一旦我們被憤怒擄獲，其實是受控的一方，我們成了小我的囚徒。

你可以不當小我的囚徒

我發現，如果我在幫助前來求助的父母時，能夠跟他們分享一些實例，更能說明孩子的一些行為究竟是被小我控制下的回應，還是出於自己本質的真實反應。其中的差別是：前者來自思考，而後者來自心。換句話說，一個是我們對事情應該如何發展的想像，一個是接受事情就該這樣的心態。

執著於某個情況的結局、完美主義、地位、銀行存款、外表、健康或成功所引發的小我反應，例子有：

- 說教：「如果我是你……」
- 意見：「如果你問我……」
- 評判：「我喜歡……」或「我不喜歡……」
- 命令：「不要傷心」、「不要哭」、「不要害怕」
- 控制：「如果你這麼做，我就那樣做」或「我不接受你這個樣子」

出於本質，亦即我們真實本性所做的回應如下：

- 「我看見了真正的你」，擁抱那人如其本然的樣子。
- 「我了解你」，接受那人如其本然的樣子。
- 「我聽見你說的了」，尊重那人如其本然的樣子。
- 「這樣的你已經是完整的了」，尊重我們每個人的完整性。
- 「此刻我們之間已經具備該有的完美了」，了解生命本身的完整性。

我們的小我能在一瞬間啟動，甚至在我們還搞不清楚狀況時，它已將我們玩弄於股掌之中了。管教孩子時特別容易受小我影響，如果我們處於激動、受挫、疲憊的狀態下，管教過程很可能會變得很糟糕。我們在為孩子設立界限時所犯的錯，許多是源自於我們內在的衝突、模稜兩可的態度或太疲憊，這就是小我最容易乘虛而入的時刻。

我們有責任避免將情緒轉嫁到孩子身上，無論受到什麼刺激都不可以。如果我們能時刻警覺自己的小我反應，就能意識到自己正處於脆弱狀態，我們的評斷會有失偏頗。唯有站在中立立場，我們才能期盼自己以適當的方式回應孩子的行為。

在適當回應孩子時，我們也應明白，一開始孩子就在我們身上尋求認同感，所以我們所回應的，其實是反映在孩子身上的種種自己。這就是為什麼我們會鮮少看見孩子的本來面貌，反而將他們想像成一個「迷你版的我」，而這當然更加鞏固了我們的小我。我們沒有看清這一點，當我們自認為是在回應孩子時，其實多半是在對他們已經內化的種種做出反應。這也是為何我們會發現自己對孩子、孩子的感受及孩子的問題過度投入。由於我們無法切割自己與孩子的情緒，無法客觀、理性，導致我們事實上是在跟自己過去的某種東西再度尋求認同。在這種頗為複雜的心理過程當中，我們很容易在無意之間碾碎了孩子成為他自己的能力，不必要地將他和我們自己的心理狀態綁在一起。

成為父母之後所展開的小我消融過程，對我們自己和孩子而言都是美好的禮物，不過，它必須經歷一段不穩定的時期。支撐小我的柱子開始動搖（如果我們能夠以覺知來教養另一個心靈，它們必然會動搖），時間點通常會發生在我們建立好真實本性的基礎之前。

這個過渡階段通常會出現在孩子出生到小學低年級的這段期間，它會引發伴隨著困惑而來的失落感。隨著孩子越來越獨立，我們的生命似乎出現了一處空缺，這個空缺長久以來都是由我們的孩子所填滿，一旦他們似乎越來越不需要我們時，這樣的空虛感就出現了。這個過程會在孩子邁入青春期時更為劇烈，特別是在孩子離家時。在我們重新找回自己的過程中，會發現自己害怕看見鏡中那個真正的自己。對有些人而言，他們已經有太長的時間不曾想過有一天會跟孩子分開，一想到這個念頭他們就會心生恐懼。愧疚、悲傷與憂慮的情緒接踵而來，促使我們想要躲回到名為「我」的那個私人空間。然而，如果我們能夠有覺知地帶著重獲新生的潛能重返那個「我」的空間，就能開始體驗到自己與生俱來的本性，最終成長為真正的自己。

如果我們願意的話，孩子能以各種方式帶領我們進入我們未曾碰觸過的內心領地。透過這種方式，孩子為我們鬆開小我的箝制，幫助我們拓展對真實自我的認識，讓我們能發揮無條件的愛、活在當下及進入覺知體驗的能力。

生命中有孩子陪伴我們一起踏上這趟旅程，透過持續發掘自己的無意識，讓親子雙方互蒙其利，再加上有無數的機會讓你我擺脫小我的限制，邁向一個更真實的存在。想一想，這是多麼美好的禮物啊！

CHAPTER

5

你的內在小孩，要靠你的孩子來幫他長大

我們都帶著原生家庭的情緒能量印記，並在親子互動中把這樣的情緒狀態，有意識或無意識地轉移給了孩了。直到我們在教養之路上有了更深的覺知，察覺到深埋在內心的恐懼、孤獨及謊言，才有機會擺脫這種情緒遺毒。

孩子的吸收能力極強，能吸收我們所有的空虛與瘋狂。因此，我們必須對自己所經歷的，以及不當加諸於他們的情緒保持覺知。我們教給孩子的，只能是我們從生活所得到的洞見。如果孩子看見我們不斷將自己的感受轉嫁到他人身上，目睹我們為自己生命裡的匱乏體驗怪罪他人，那麼孩子將來也會以這種方式過日子。反之，如果孩子看見我們迎接內省的機會，並能夠坦承錯誤，他們也將學會如何無懼於自己的錯誤，並能超越它們。

覺醒父母意味著我們在親子互動中會問：「我是帶著覺知跟孩子互動，還是隨著自己的過去被觸發而做出反應？」焦點要永遠放在為人父母的我們這一方，我們必須向內自省，並且自問：「在此刻這段親子關係裡頭，有什麼其實是我自己的，不應該由孩子來承受？」

父母的作用之一是成為孩子的鏡子，尤其是在孩子的幼年階段。因此，如果你遠離喜樂，你就無法成為孩子的喜樂之鏡，會導致他們無法碰及自己稟性裡的一個重要面向。想想，倘若一個孩子無法盡情享受他們自然的喜樂本質，會是一件多麼可憐的事！

我們的意識與無意識，並非只是透過我們痛苦情緒的宣洩傳遞給孩子，即使我們什麼也沒說、什麼也沒做，它們也會藉由我們所散發的能量傳遞出去。因此，孩子會從我們每天早晨的一個擁抱、我們在他們打破花瓶時的反應、我們發生交通意外時如何自處、我們如何與他們並坐著談心、我們是否看到了他們想要我們看見的東西，以及我們是否真的對他們說的話感興趣等等線索，接收到許許多多的訊息。當我們以不適當的提問及要求闖進他們的生活，他們會注意到；當我們對他們表現出退避的態度或訓斥，他們也能感受得到。我們讚美孩子的成功會讓他們更進步，我們因為孩子的失敗而覺得羞辱時他們會受傷。即便只是一起安靜坐著，孩子也能察覺到我們是否心不在焉，也能體驗到彼此之間的能量場是接受或排斥。這些時時刻刻發生的每一次交流，所傳遞的不是意識，就是無意識。

除非你能先填滿自己心中的那一口井，否則你要如何給予？除非你是滿足的，否則你將利用孩子來使自己完整。你讓孩子學會的，是如何跟你自己未曾承認的恐懼、你所拒絕的空虛及你所遺忘的謊言在一起，但你對發生的這一切卻無所覺知。這就是當你未能承認自己的迷惘時，會對孩子產生的強大影響。

面對你的無意識反應

透過孩子，我們得以坐在貴賓席觀看由自己的不成熟所主演的複雜戲碼，它們在我們內在所引發的強烈情緒，會讓我們覺得失控，而伴隨著這種感覺而來的，還有挫折感、不安全感，以及憂慮。

當然，我們這些感受不是由孩子引起，他們只是喚醒了源自於我們童年那些懸而未決的情緒問題。不過，由於孩子無力反抗，我們因而覺得可以恣意將自己的情緒怪罪在他們身上。只有勇於面對孩子根本不是問題的源頭，而是我們自己的無意識在作怪，認清這個事實，轉變才能發生。

我們怎會輕易就做出不經覺察的反應呢？不只是因為我們從原生家庭承襲了某些小我的劇本與角色，我們也繼承了一種情緒特徵。每個角色與劇本底下都有個獨一無二的情緒印記，這是因為當我們還是小嬰兒時，我們處於一種如其本然的狀態裡，而不是小我的狀態，這表示當時我們的防衛機制尚未形成，對周遭的情緒能量非常敏感。我們會在能量上與父母的情緒狀態互動，吸收他們種種的情緒印記，直到這份能量成為我們自己的情緒戳印為止。除非我們在人生的某個時間點覺知到我們從父母身上吸取了情緒能量，否則將無可避免地將這個印記轉移給下一代。

由於父母與社會都不曾教育我們如何進入內在的寧靜，在自己內在找出痛苦與快樂的源頭，因此我們變得容易因外在環境的刺激而做出無意識的不自覺反應。因為我們不曾學習單純地觀察自己的情緒、尊重它們，與它們靜靜坐在一起，藉由它們獲得成長，因此我們對外在刺激所做的反應遂逐漸成為情緒的毒瘤，而這就是種種情緒風暴與戲碼的源頭。

倘若我們在成長過程中被教導要壓抑黑暗的情緒，這些情緒就會形成陰影，跟我們切斷連結。當情緒從我們的意識分離出去後，會進入蟄伏狀態，但只要一瞬間就能再度活躍，這就是許多人突然情緒爆發的原因。每當這些情緒被另一道陰影觸發，我們就會對觸發情緒的人感到惱怒。容我再次強調，如果情緒不是原本就已經是我們自身陰影的一部分，沒有人可以觸發它們。我們不了解這一點，以致總是試圖將這些情緒投射至他人身上，以此來安撫自己必須面對陰影帶來的不適感，並將他人視為此一情境下的壞人。我們是如此懼怕面對自己壓抑的情緒，以致每當我們在他人身上認出這種情緒時，心中便出現一股憎惡感，這又導致了我們對此人的蔑視、加害，情況嚴重時甚至造成憾事。

為何一進入青春期，親子之間的關係就會變得緊繃？為何婚姻會以失敗收場？為何人們會有種族歧視或因仇恨而犯罪？當我們與自己的內在陰影和內在痛苦失去了聯繫，就會發生這種情況。比如說，如果我們童年遭到霸凌，那麼除非我們解決了自身的痛苦，否則我們在孩子遭到霸凌時，將無法容忍孩子所受的痛苦。在這樣的情況下，我們很可能會助長孩子無能處理自身的情緒，或讓他們更堅信無論如何都不能表現出脆弱一面的信念。孩子可能會相信自己必須顯得強悍、掌握形勢，因而學會在即使不覺得自己很強壯時，也要展現男子氣概。於是，透過無數細微難辨的方式，我們將自己對權力與控制的問題強加在孩子身上。

當某人或環境觸動了我們的痛處，我們會不假思索地相信人生老是跟我們作對。我們採用一套如同殉教者的人生劇本，漠視生命是中立的這個事實，妄想人生正以某種方式「準備好要打擊我」，或在「愚弄」我。我們可能會開始相信人生總是殘酷地對待我們。

真實情況是，敵人不在「外面」。觸發我們內在情緒反應的人，就只是一個普通人，當時的處境也就只是一個處境罷了。我們之所以與他們為敵，是因為自己無法了解並掌握我們投射在他們身上的內在陰影。

情緒受到觸發時的一個較正面的回應，是將激動的情緒視為一個信號，它要告訴你的是：你內在有些事情不對勁。換言之，情緒化反應就是你向內探索、專注於個人成長的理由。一旦你發現根本沒有敵人，只有帶領你獲得內在成長的嚮導，你生命中所出現的人都會成為你的鏡子，映照出你所遺忘的自己。人生的挑戰也成了一次情緒新生的機會。每當你在人生之路上遇到障礙，無論那個障礙是一個人或一個處境，莫要將它視為引發你情緒化反應的敵人，而是要暫時停下來，問問自己：「我看見自己缺少了什麼？」你必須了解，你在環境中所見到的匱乏，是你內在的匱乏感所引發的。

這樣的領悟會讓你珍惜對方或該處境，謝謝他們如此仁慈，作為反映你自身匱乏感的鏡子。於是，你和他人之間的分裂不復存在了，因為儘管他人仍是個分離的獨立個體，但已沒有所謂與你分離的「他人」，有的只是你內在狀態的一面鏡子。你會明白，你為自己的人生帶來這個靈性課題，因為你的真實本性渴望你的日常行為能有所改變。

沒有其他旅程能像教養子女那樣，引發如此豐富的情緒反應，也因此成為父母是一份邀約，邀請我們把孩子在我們內在所觸發的反應視為靈性成長的寶貴機會。我們可以前所未有地將焦點完全放在個人的情緒陰影上，讓教養為我們帶來一次馴服情緒反應的美妙機會。的確，教養之路有潛力為父母與子女帶來一次特別的新生體驗，其中的每一刻都是心靈與心靈的相遇，父母與子女在這趟獨一無二的靈性旅程中將能夠手牽著手而又獨自前行，並珍惜旅途上所跳的每一支舞。有了這樣的體會，我們就能以具有創造力而非具破壞性的方式來回應彼此。

找出你的情緒遺毒

每個人每天都會被五花八門的事件觸發一些情緒，身為父母，我們的情緒特別容易受到觸發，因為孩子一直持續在我們身邊，對我們的需要也是不間斷的。

然而，下次當孩子觸發了你的某些情緒時，請不要出於挫折感而做出情緒化反應，而是安靜地與該反應同在，看看這次的觸發到底有什麼原因。這種向內看的意願不需要你內省，不需要你找出情緒的肇因，你只需要單純地覺知到那是來自你自己內在，而不是他人的行為，這麼做能讓你的念頭暫停一段夠長的時間去轉換心境，擬定出一個更有根據、更理性的適當反應。

多數人都能在表面層次上辨認出情緒被引爆的原因，例如「我孩子不尊敬我時，我會被觸怒」、「我的孩子不做功課時，我會被觸怒」，或是「我的孩子跑去染髮，我會被觸怒」。這些都是我們的情緒被引爆的表面原因，但是，真正被引爆的是什麼？在最根本的層次上，我們體驗到的到底是什麼？

情緒受到觸發，是對發生在我們人生中的事產生了一種抗拒心理，我們透過情緒化反應大聲說出：「我不想要這種處境，我不喜歡事情這個樣子！」換句話說，我們之所以抗拒生命透過我們的孩子、我們的親密伴侶或朋友而示現的方式，是因為我們拒絕接受生命「如其本然」的樣貌。原因在於，我們所執著的理想自我形象——我們的小我——會受到動搖，而這對我們形成了威脅。在這種狀態下，我們竟然忽視了我們隨機應變、發揮創造力來回應的能力，反而做出了情緒化反應，而這種反應的表現方式取決於我們獨特的人生劇本、角色，以及自己所繼承而來的情緒遺毒。

意識代表的是我們對自己的一切體驗保持真正的清醒，而這需要我們在現實生活中的每個當下，能夠做出適當的回應。真實的狀況可能不是我們所自以為的樣子，它自有它的原本面貌。

保持有意識的覺知狀態，意味著我們會隨順生命的原本面貌去面對現實。我們會隨順生命之流做出有意識的選擇，沒有任何想要加以控制或渴望去改變它原本的樣子。我們會唱誦這個咒語：「如其所如。」該是什麼樣子就是什麼樣子，這表示我們要以孩子原本的樣子去教養，讓他們如其所如的呈現，而不是我們希望他們成為的樣子。這需要我們去接受孩子原本的樣子。

我先前曾提過，當我們拒絕接受現實狀況，無論是孩子真正的樣子或我們的環境，我們會認為只要自己夠生氣、夠悲傷、夠快樂或夠專橫，事情就有轉圜餘地。然而，事實正好相反。我們無法擁抱現實如其所如的原本面貌，會讓我們動彈不得。因此，接受現實原本的樣貌而不抗拒，是改變它的第一步。

放棄控制的欲望，能讓我們站在追求學習機會的立場來過日子。的確，適當去回應生命原本的真正樣貌，就是我們最重要的一課。關鍵在於，我們要從「是什麼」開始，而非「不是什麼」開始。我們要回應的是孩子當下的處境，而不是逼迫孩子前往我們想要他們到達的位置。

你是否看出要接納教養的這種「如是」樣貌有多麼簡單？即便孩子痛苦、沮喪或正在鬧脾氣，你是否都能接受這樣的狀態是自然的，因此是他們完整的一部分呢？你是否能完全坦然面對及接受這些情緒？一旦你接受了孩子的「如是」狀態，就會讓你按下暫停鍵，即便是在孩子鬧脾氣時。按下暫停鍵後，你會對如何適當回應有全新的理解，而不是做出無意識的反射回應。

在孩子成長期間，如果父母親的情緒暴躁、緊繃、疏離，或是擅長操弄情緒，他所學到的將是「人生是爭來的」，透過情緒發洩可以「控管」所有情況，使其就範。於是，我們的口頭禪變成了：「你竟敢如此？」「它竟敢如此？」或「他們竟敢如此？」

經常突然爆發這種情緒模式的人，充滿強烈的理所當然的心態，這讓他們不斷告訴自己：「我值得更好的。」相信生命欠他們的都是愉快的經驗，並且不計任何代價避免痛苦。當人生不順自己的意，他們會立刻怪罪別人，宣稱：「都是他們的錯。」接著再對自己掛保證：「我有不高興的權利！」

帶著此一印記的父母所教養出來的孩子，在日後為人父母時，可能容易對孩子做出憤怒的情緒化反應。如果孩子背離父母為他們安排的計畫，依照自己的節奏來走、不遵從父母的命令，父母可能會訴諸暴怒來控制孩子。被這樣養大的孩子，所學到的是恐懼，不是尊敬。他們會相信促成改變的唯一方式就是壓制他人，這導致他們會教養出日後變得霸道專橫的孩子，以充滿敵意甚至暴力的反應來面對這世界。

如同我先前提過的，還有一個永遠存在的可能性是：在父母暴怒壓制下長大的孩子，會變得自我價值感低落，並在多年後又在自己孩子身上看見當年父母親凶狠暴怒的陰影。這樣的父母因為太缺乏安全感而無法要求尊重，於是放任自己的孩子變得自戀，導致子女欺壓到他們頭上。

如何整合你的痛苦？

孩子會十分自然地去感受所有的情緒，不加阻擋。他們自然而然地隨順於純粹的感受，情緒來得快也消失得快，不會緊抓著情緒不放。因此，他們的情緒就像波浪一樣起起落落。

反之，身為大人的我們經常會害怕順從自己的情緒，對於拒絕、恐懼、焦慮、猶豫不決、懷疑及悲傷等情緒無法忍受。因此，我們會逃避、抗拒這些感受來埋藏它們，藉此逃離，或透過情緒化反應轉嫁至他人身上或某個外在的情境。許多人會訴諸理性化、整形、增加銀行存款或擴大社交網絡等手段，來避免面對這些感受。或者，我們會藉著怪罪他人、心存怨恨，或對我們認為造成痛苦的對象大發脾氣來轉移自己的痛苦。

一個有覺知的人不只能夠容忍自己的情緒，更能擁抱它們——我指的是所有情緒。我們如果不懂得尊重自己的感受，也不會尊重孩子的感受。只要我們仍活在錯誤的心態裡，我們的孩子也將學會壓抑他們的感受，進而重蹈覆轍，養成錯誤的心態。反之，假如我們鼓勵孩子能夠自然、真實地面對自己的感受，而不是讓他們將感受拒於門外，他們就不需要否認自己的情緒，也不會想要將它們轉嫁到他人身上。因此，如果我們希望孩子能有一個整合的健全生活，為自己的行為負起完全責任，我們就必須尊重他們所有的情緒，這也意味著他們不必要去製造陰影。如此一來，他們便能夠將人生視為一塊無接縫的織錦，每個行為與每段關係都以能量連結起來。

話說回來，有件重要的事要提醒：情緒化反應跟全然去承接我們的感受是不同的。許多人會誤以為生氣或悲傷就是在表達自己的感受，情況正好相反，我們經常只是做出不自覺的無意識反應罷了。真正去感受一種情緒，意味著能夠和我們當下所體驗到的紛亂心緒安靜地同在，既不大肆宣洩也不否認，只是單純地包容它，與它同在。

去感受情緒而又不對它們做出無意識反應，可能是件令人害怕的事。靜靜地與情緒同在，意味著我們必須獨處，這對許多人來說會難以忍受。我們太習慣於產生一個念頭，讓它觸發我們的情緒，也太習慣於體驗到某個情緒，就對它做出不自覺的無意識反應。比如說，我們感到焦慮時，就吃東西或自己用藥；感到憤怒時，就有一股衝動想要發洩，甚至爆發在某人身上。安靜坐著、旁觀著我們的念頭與感受，似乎對我們來說沒有任何意義，但正是透過這麼做，我們才能學到保持覺知最重要的一課。透過靜靜地觀照我們的想法與感受，我們學會「如其所如」地接受它們，允許它們在我們內在升起、消退，既不抗拒也不做出無意識的反應。

當你學會了與自己的情緒同在，它們就不再能淹沒你，在全然接受的臣服狀態下，你將能夠看見傷痛單純的就只是傷痛，不多也不少，這種狀態與放任、順從是截然不同的。沒錯，傷痛令人難受，它必然如此，但是當你不藉著抗拒或做出無意識反應而為它添加燃料後，它自己就會轉化為智慧。你的智慧將隨著你擁抱一切感受的能力增強而提升，無論那些感受的本質為何；而隨著智慧的提升，你的悲憫心也將獲得增長。

一旦我們學會接受全部的個人經驗（事實是，情況有時不會按照計畫走，它們有自己的意志），我們就能開始與生命共舞。當孩子注意到我們跳舞的樣子，他們也會知道單純的去感覺一切情緒就是自我成長的方式。他們將能超越對不舒服或傷痛的恐懼，如此一來，他們的真實稟性將不會有任何部分再受到壓抑。

如何處理孩子的傷痛

當孩子在身體或心理上受到傷害，父母都會難以承受。如果是情緒傷害，我們會想要拯救他們，部分原因是源自於我們無法減輕他們痛苦的無力感。於是，我們打電話給校長、對著老師咆哮、對那位膽敢傷害寶貝的同學家長大肆抱怨，卻不明白這只能讓痛苦更難以抹滅。這些行徑也助長了無法容忍痛苦的性格，包括自己與他人的痛苦。

如果我們希望孩子能掌控自己的情緒，就必須教導他們臣服於自己所體驗到的一切。但這並不等同於徹底被捲入我們的情緒或反應裡。臣服意味著我們首先要接受自己就在那個情緒狀態裡面，因此我們要鼓勵孩子去體驗他們的情緒。我們可以建議孩子在內心裡闢建一個空間，然後把他們已有的傷痛安置在這個房間裡。

有個例子能充分說明不讓孩子表現痛苦會發生什麼事。那是一個八歲的小女孩，身形微胖、帶著一副厚重的近視眼鏡，經常受到同學的嘲弄與排擠。她對自己的外表十分在意，要求母親幫她買最新款式的衣服、包包、鞋子等，好讓她能跟同學打成一片。她母親是個時髦的年輕女性，早已等不及要好好寵她了。在那些日子裡，小女孩回到家，都會躲在房間裡哭好一陣子，經常不吃飯也不做功課，這讓她母親很心煩，加上對女兒的外表也感到羞恥，刺激她買了一部跑步機，還聘請了營養師，逼女兒每天運動、減肥。她帶女兒上美容院，也幫女兒配了隱形眼鏡；還打電話到學校要求跟老師見面，請老師不要讓女兒再受到同學排擠。最後，這位年輕母親甚至去看了心理治療師，還開始服用藥物來減輕焦慮。

身為母親，她無法處理孩子的傷痛，也幫助不了孩子處理傷痛。這樣的情況扼殺了小女孩去感受個人情緒的機會，小女孩不但沒有得到允許去感受痛苦及成為弱勢者的無力感，反而因為相信只要外表改變得夠多，同學就會接納她。她以這種方式學到的是：痛苦的情緒太難受了，因此無法處理，必須被掃到地毯下藏起來，或最好藉由各式各樣的「作為」將它掩飾好，例如怪罪他人或整飾外表。由於一切努力都是指向壓抑並粉飾她的傷痛這個目標，完全沒有試著靜靜地與傷痛同在，使得小女孩錯誤地相信自己的面具人格比內在感覺的世界更正當而確實。當然，她特別渴望能有一些工具來協助她處理被排擠的問題。

倘若孩子能獲准去感受他們的情緒，他們釋放不良情緒的速度是十分驚人的。他們會走出傷痛，並了解到傷痛只是另一種感受罷了。對傷痛的預期心理，往往比實際的傷痛更令人難以承受。假如我們的孩子能體驗到傷痛的最純粹形式，不以抗拒或加油添醋的無意識反應來為它添加燃料，這份傷痛將會自行轉化為智慧與正確的觀點。

一旦孩子的情緒經過這道處理過程，他們會感到沒必要像大人一樣，在痛苦的情緒退去後還對它執著不放。孩子本能地明白，傷痛像波浪襲來，也會如同潮起潮落一樣退去。我們大人之所以覺得傷痛會駐留不走，那是因為我們的思緒還在過去的廢墟裡糾結。傷痛是停留在我們的心裡，而不是在真實情境裡，只因為我們不肯放下。

此外，我們的問題還在於，我們不習慣獨自處理傷痛，我們更想將自己的痛苦投射至他人身上，透過罪疚感、責怪或憤怒將他們纏縛在我們的情緒風暴裡。或者，我們會錯誤地求助於不健康的習慣，比如放縱自己大吃大喝、酗酒、瘋狂健身、吸毒或用藥等。我們以諸如此類的方式，試圖從外在解決痛苦，長期下來反而使傷痛更加持久不散。解除傷痛的良藥是靜靜一個人坐著，觀照自身的痛苦，深深了解痛苦其實是源自於我們對自我的執著。

一旦孩子學會接受傷痛，視之為生命中一個自然且不可避免的部分，他們對傷痛就不會如此懼怕，進而能單純地認知到：「我現在很痛苦。」他們不會把傷痛掛在嘴上談論，也不會去評斷或抗拒它，而是會靜靜坐著與它同在。在孩子年紀還小時，我們透過陪孩子靜靜坐著來教他們這件事。如果他們需要聊一聊，他們會開口，而他們所需要的，可能只是我們一個點頭認同，或是簡單地說聲「我懂」。長篇大論，或在旁邊當個啦啦隊員，或是催促他快點度過這樣的經驗，這些做法都是不必要的。你只要在房子裡留個空間給他就夠了。

此外，如果傷痛持續了好一陣子，我們可以讓它成為一個就事論事的經驗，避免加油添醋地誇大情緒。或許我們能把傷痛當成「一樣東西」來談論它，賦予它色彩、有著不同的偏好與情緒。最重要的是，我們不希望孩子即使痛苦也要假裝「快樂」，我們希望他們能夠真實無偽。

一步接著一步，循序漸進

要讓自己不做出情緒化反應，第一步就是覺知到目前為止我們所認知的「自己的樣子」，其實根本不是真正的我們，而是無意識的產物。隨著我們的覺知日益加深，我們的無意識反應消失的過程也會加速。或許我們不會立刻停止對孩子吼叫，但是現在只吼了八分鐘，而不是十分鐘。因為我們吼叫到一半的時候，突然覺察到自己的行為有多麼無意識，當場將自己逮個正著。

或許我們依然會對孩子所做的一些事感到焦慮，但是我們的心緒不會再激起強烈的波濤，導致整天都深陷在情緒風暴裡；現在，我們反而能在一小時之後讓自己鎮定下來、放下無意識反應，靜靜坐著跟我們的焦慮同處，只是單純地觀照著它。

每當有父母告訴我，他們因為當著孩子的面情緒失控而感到沮喪，他們都預期我會批評或怪罪他們，但是我反而會恭喜他們。我說：「恭喜了，現在我們總算知道你的無意識長什麼樣子了，你已經向前跨出了很重要的一步。」這確實是跨出了很重要的一步，因為有很多人都未曾覺察到自己的情緒化反應其實是一種無意識的表現。能對自己有這樣的體認，是個很大的突破。

接受自己偶爾會放縱、偶爾會發洩自己的無意識情緒，是相當重要的事。對覺醒父母來說，他們知道如何利用無意識的浮現為自己帶來療癒的機會，他們也知道如何辨認出無意識反應，即便是事後諸葛也沒有關係。他們不怕面對自己的無意識，他們是依照這樣的指令在過日子的：「我預期自己有時候情緒會受到觸發、會糾結，會被情緒淹沒，會陷入自我中心的教養方式。」然而，「我會利用隱藏在這些情況裡的人生功課讓自己進化，同時也幫我的孩子進化。」

為人父母，經常會被逼得要以迅雷不及掩耳的速度對孩子做出回應，我們通常是跟隨著本能做反應，沒能在選擇如何回應之前先按下暫停鍵。在我們察覺之前，情緒已經高漲、累積了某種特定的動能，轉瞬之間我們便發現自己又落入與孩子的負面相處公式裡了。

我曾幫助過一位單親父親彼得，他與十五歲的兒子安德魯特別處不來，父子關係面臨嚴重的障礙。安德魯出現了典型的青春期叛逆症狀——不甩父親、只想和朋友出去、經常掛在電腦上和朋友聊天到深夜、不做功課、課業當掉、吸食大麻等等。

彼得氣急敗壞地說，安德魯小時候，他們的關係很親密，但是過去幾年來，兩人只要一互動就會爆發激烈的爭執，安德魯更一度要求搬去別州與祖父母住。彼得不同意，因為祖父母年事已高。日子一天天過去，這對父子經常為了家務和功課問題針鋒相對，安德魯會謊稱功課已經寫完了，但其實碰都沒碰。

在一個吵得特別凶的夜晚，情緒激動的彼得威脅永遠不再跟兒子說話，然後便生氣地奪門而出。他在住家附近晃了一遍又一遍，心情仍未平復，於是他打電話給我：「我無計可施了。這孩子根本無視我，也鄙視我的方式。我推掉一切外務，只為了有時間跟他相處，但他卻表現得如此可惡、目中無人。他完全不想付出，對我的態度和行為令人厭惡，也令我身心俱疲。如果他不想當我兒子，那好，我也不會在他身上浪費心力了。我可以和他一樣漠不關心。從今天開始，我不想再當個關愛、有耐心的父親了。對他，我放棄了。」

彼得完全看不見自己深陷在情緒化的反應中，甚至有更不穩定的傾向。掛掉電話後，彼得走進兒子房間，拔掉電腦插頭，然後將電腦重重摔在地上，引起安德魯高聲抗議，彼得隨即打了兒子一耳光，然後告訴他自己很後悔生下他。

無數青春期孩子的父母都曾有過彼得的遭遇，在那個當下，父母的反應確實看起來可以合理化，但我們總是忘記，這樣的互動早在多年前就已經啟動了。剛開始，它是一場意志與控制欲的戰爭，久而久之衝突逐漸升高，演變為一段互相傷害的關係。

彼得難以自拔地深陷個人的情緒風暴裡，對兒子的動機妄自詮釋，感到自己喪失父權，於是放任自己的情緒受到強烈觸動，以致徹底失控。每當我們像這樣出於個人對權力與控制的需求而做出情緒化反應時，我們忘了問一問：「我的孩子需要我做什麼，那是我至今一直無法給他的？」因為我們長久以來已不再去傾聽兒子真正的需要了。

很可能安德魯讓彼得想起了自己的童年，反映出他多年來不斷努力克服的能力不足感，或許他太急切地想要取得控制權，以致兒子只要稍稍違背他的期待就無法忍受。或許他太苛求完美，以致無法包容安德魯的缺點。此外，也可能從安德魯身上，彼得看出了他是哪一種父親，而這個問題無疑也涵蓋了他數年前對妻子提出離婚所帶來的罪疚感。無論彼得潛在的動機為何，顯然他把一切情況都視為針對他個人而來，而這觸發了他的「小我」反應。一如所有的孩子，安德魯也吸收了父親與自己的真實自我失去連結所帶來的影響。

彼得對兒子的行為做出了許多負面詮釋，而且還自己對號入座，這些詮釋包括「我兒子不在意我的感受」、「我兒子不尊敬我」或「我兒子故意挑釁」等評斷。這些詮釋裡沒有一個對改善彼得或安德魯的心態有任何幫助，而這些卻是多數人對引發不適感的情境會有的自然回應。

每當我們對他人的行為做出個人化的詮釋，我們也冒著掉進情緒大鍋爐的風險。假如我們能去個人化，做出中立的詮釋，就不必忍受負面情緒的折磨了。彼得的詮釋有失偏頗，因此無心去好奇兒子的行為。在他所做的詮釋裡，沒有一個是「我的兒子很痛苦，需要幫助」、「我的兒子正在哭喊著尋求幫助，他現在不知道自己該怎麼做」，或者「我的兒子正在度過尋求自我認同的艱難階段，需要我耐心對待」。反之，彼得對兒子行為所做的種種詮釋，反而激發了他自己強烈的心理抗拒，導致無能接受兒子的全部行為而做出適當回應。恰當的回應不只是單純接受，也是對個人獨特的人生之路表達尊重。

詮釋發生於瞬間，就在我們決定某件事是否符合我們心中「小我」所執著的那一刻。一旦符合小我的執著，我們就會覺得一切安好，但如果事情膽敢違背我們認定該如何發展的假設，我們就會心慌意亂。

所有的紊亂都涉及我們對周遭事件的個人化詮釋，這種現象令人難過的副產品是，我們的孩子會認為自己是我們心情惡劣的肇因，這導致了他們心生內疚，也可能導致他們的自我價值感低落。於是，他們出於這樣的立場又對我們做出情緒化反應。重要的一點是，我們必須認知到，這道公式的種子早已經埋在我們對孩子行為的最初評斷之中。

我們的孩子並非故意引爆我們的情緒，他們只是做他們原本的自己罷了。情緒被觸發是每段關係都無法避免的一部分，因此根本不必責怪自己或任何人。然而，我們卻有責任檢視自己的無意識反應，以減少它的發生機率。我們之所以陷入這種盲目的無意識狀態，是因為我們仍有懸而未決的情緒負擔，而這些情緒會在我們對孩子的行為做出回應時一一浮現。

情緒受到觸發，與我們所演出的人生劇本和角色息息相關。比如說，或許我們會告訴自己：「我應該得到更多尊敬。」如果我們將孩子的行為詮釋為不尊重，那正好指出我們具有強烈的威權心態。只要有人對我們表現得不夠尊敬，就會自動觸發我們自戀式的憤慨情緒。我們會告訴自己：「我比這好多了，這個人怎麼敢對我這樣？」

要是我們都能明白詮釋的強大力量就好了。

我們對事情的看法能扭曲到什麼程度，以下有個好例子足以說明。這是個年輕美麗的女人，十五年來與家人形同陌路。當全家人終於決定團聚時，她做了一個清晰的夢，夢裡她目睹家人正在進行決鬥，讓她害怕得動彈不得。最後她鼓足勇氣湊近一看，卻發現他們手上並未握著劍。「喔！」她想：「他們不是在決鬥，而是在跳舞！」她從夢中醒來之後，明白這是她內在渴望和解的部分所釋出的訊息。那一刻，她領悟到自己對現實狀況其實握有詮釋權。家庭團聚那天成了一個重要的療癒時刻，讓她的靈性旅程往前邁進了一大步。

我們在啟動小我的過程中所犯的第一個錯，就是為事件做出強烈的個人化詮釋。對待孩子時，我們在他們不按照「計畫」行事時立刻詮釋為：「他們」錯了，他們因為漠視我們的權威而做出那些事。我們看不見是我們自己的詮釋，為這段關係的失和打造了一座舞臺，我們也無法看見，真正的問題是我們覺得在某方面受到威脅。

我們陷入了這樣的誇大情緒裡，因為我們拒絕與真正的現實面對面。我們將自己的過去強行套用在當下的情境，因而在我們的內在引發極大的焦慮，觸碰了我們最深的恐懼。焦躁不安的心情讓我們驟下評斷，而這會讓我們感覺自己至少還有點作為，但事實上，我們所做的決定對每個相關人都是有害的。因此，是我們錯將焦躁誤認為「果斷」，才打造出了這樣的劇本。

讓我們再回到彼得與安德魯父子的例子。假如彼得能以「如實」的方式面對兒子的叛逆，情況會如何呢?他不會將任何評斷或詮釋強加在兒子的行為上，最重要的是，他可以讓自己跳脫這個公式，緩和自己嚴格死板的個性，從而釋放出許多內在空間，讓自己靈活地發揮創意來回應兒子。當我們在內心闢創出一個空間，就能發現與孩子互動的新方式，而且不同於一再陷入相同戰爭的循環，每次都是令人耳目一新的方式。當我們受限於必須「做點什麼」的心態時，將會切斷我們的創新之流，帶來親子對抗、由我掛帥演出的戰爭。

我們唯有活在一種如實的狀態下，才能以開放、臣服的態度來面對人生境遇。只有擺脫扼殺性質的評斷，我們才能依照每一種不同情境的需要與眼前的實際狀況來互動，而非無意識的反射動作。我們越是鍛鍊這種以中立態度來面對人生的能力，不對我們遭遇的處境賦予「好」或「壞」的特質，只是單純地接受它的「如實」狀態，就越不需要將每個互動詮釋為針對我們個人而來。那麼，孩子在發脾氣時就不會觸發我們的情緒，我們也能在糾正他們行為的同時不將自己殘留的怨恨、罪疚感、恐懼或不信任傾倒在他們身上。

一旦我們生命中的人都被允許擁有他們自己的情緒，每個人都不受其他任何人的誇大情緒所擾動，我們便能開始全然接受自己所有的情緒，了解到它們就只是單純的情緒而已。現在，我們可以看見帶有完整光譜的人生了，我們能夠體驗它，而不需要將它窄化為受限的「好」或「壞」、「我」或「你」這樣的類別。生命太豐富、也太複雜，其實是難以歸類的；

況且人類與生俱來的稟性也無法量化。

如何平息你的焦慮？

我們在彼得的例子看見，他迅速進入一個充滿焦慮與緊張的階段，骨子裡存在著一種緊繃感，他兒子自然而然地接收了它，讓自己也進入了備戰狀態。

焦慮是我們回應心理評斷的一種方式。在自己陷入焦慮時認出它，對維護關係來說是我們能為自己做的要緊事之一。

發現自己焦慮了，意味著你的內心深處有某種東西被觸動了。如果我們隨時保持覺知，就會問自己：「為什麼現在我的情緒被觸動了？」提出這個問題後，我們要按下暫停鍵，停留在一個開放狀態，並且避免把自己的焦慮投射在他人身上。焦慮是來自我們內在一些懸而未決的事，而且不管引發焦慮的人或事是否在場，焦慮都會繼續存在，而且總有事物會引爆它。焦慮，是一顆未爆彈。

焦慮是我們逃不掉的一種自然情緒，與其去控制或逃避，不如接受它就是自然的，然後靜靜地觀照它。坐看我們的焦慮，單純地容許它存在，是這趟旅程最關鍵也最核心的練習。如果我們不學習單純地觀照它，很可能會被自己的內在狀態淹沒，繼而盲目地做出情緒化反應。於是，我們讓他人也落入了情緒化，甚或不穩定的狀態，或者相反的，深陷在憂鬱裡。不管是哪一種情況，我們都免不了引發一些不必要的後果。只有保持覺知，我們才能做到既不逃離焦慮，也不將它往他人身上傾倒。

生命只是如實發生著，單純又簡單。無論我們多麼努力想要掌控它，它就是有一股超乎邏輯或一致性的力量。你在海裡游泳時，會讓海水推動身體，你不會大聲抗議：「這道浪竟敢衝得這麼高?!它應該低一點。」我們會接受自己控制不了海洋這個事實。事實上，我們對海浪的不可預期性還會有點小雀躍。那麼，為什麼一碰到生命裡的人際關係或事件時，我們就無法單純地逐浪而行呢？生命本身不好也不壞，它就只是像海浪般如其所如。度過人生的唯一方式，就是進入人生如其所如的狀態。如果我們能靜靜與生命如實的狀態安坐，我們的焦慮將會洗滌一空。只有在我們做出情緒化反應時，才會讓焦慮變成一場恐怖的海嘯。

彼得的焦慮導致父子每天衝突，衝突再逐步升高為鬥爭，最後演變為一個原本可以避免、令人遺憾的事件。倘若彼得能帶著中立的心態與兒子相處，隨順當下情境的真實本質而回應，跟兒子建立真實的連結，安德魯的回應也會不同。這麼做，也會讓彼得成為一個能發揮影響力的父親角色，從而減少兒子的一些負面行為。但是，他的做法反而逼得安德魯別無選擇，只好做出更情緒化的反應。

不自覺的無意識反應，沒有人是贏家，被放大的情緒風暴只會導致我們受苦。有太多的痛苦其實都是我們自己創造出來的。除非我們學會如何打破負面詮釋，否則永遠會落入一個接一個的負面情緒模式裡。

好消息是，在我們逐漸變得更有意識的旅途上，生命一直是個樂見其成的支持者。它會在各個層面上協助我們，我們要做的就只是敞開胸懷去接受。另一個好消息是，孩子的適應力是無限大的，當我們踏上這段旅程，可以放心的是，他們會緊跟著我們的成長而成長，即使這段成長之路充滿了痛苦亦然。若能明白這一點，我們會毫不猶豫地投入這趟旅程，毫無保留，完全信任一切事情的發生終將有益於我們自己與下一代的幸福。

CHAPTER

6

生命自有大智慧

生命是要讓我們去體驗，而非去對抗、逃離或得過且過。隨順生命，是要我們能如實地、坦然地去接受生命的每個狀態，不去估算、評斷或分析。在每個當下保持覺知，選擇如何適當回應，然後就放下、不執著。

既然我們教養子女的方式是反映出真正的我們，因此想改變我們養育孩子長大成人的方式，就必須了解在日常的各種情境下我們所做的反應如何體現了我們的世界觀。

問問你自己：「當人生不如所願時，我會如何反應？」是立刻責備自己，告訴自己：「這一定是我的錯」？還是會採取相反的立場，宣稱「我值得獲得更好的待遇，這種事竟然發生在我身上！」或是告訴自己：「我只是運氣不好，生命是如此不公平！」諸如此類的反應透露出一個訊息：你的世界觀是立基於這樣的信念：我的人生是受外界擺弄的，那種無解的力量——不在你的控制範圍內。

你會自認為「幸運」或「倒楣」，是因為你從未訓練自己如此看待人生：在你走進真實稟性的人生之旅中，生命是你的靈性旅伴。然而，當你走進個人的內在，去探索生命要你學習的情緒課題時，你會發現所有發生在你身上的事，都是為了幫你獲得靈性進化。明白這個道理之後，你便能不再抗拒那些你不喜歡的事，也不會再渴求那些讓你覺得愉快的事了。一旦你體會到每件事都是你的潛在老師時，你會張開雙臂擁抱生命帶給你的任何事物，在生命向你提出挑戰時，你不會與它為敵，也不會在它仁慈對待你時愛上它，你反而能將黑暗與光明都視為讓你更有覺知的好機會。

生命本身就在教導我們

有人相信生命本質是良善的，也有人認為生命就在外頭等著打敗我們而惶恐地等待著注定會發生的事，無論是哪一種，都跟我們如何被教養長大息息相關。然而，在成長的過程中，我們鮮少了解到生命在本質上是有智慧的。

若能領悟到生命其實是個有智慧的老師，而且願意將我們的高我（更高層次的我）顯現給我們，那麼我們在生活上及教養子女的方式上都將會出現重大轉變。我們會把一切情況都視為是為了幫助我們從高我出發，用這樣的心態來面對所有事情。我們會認為生命是值得信賴的，它會敦促我們與自己建立更深刻的連結，我們也會知道它本是良善的，是映照出我們良善內在的一面鏡子。這樣的心態會讓我們認知到，在根本上，我們是跟生命中所有發生的情況相互關聯的，因此我們是自己人生實相的共同創造者。生命並非發生在我們身上，而是跟我們一起發生。

孩子的行為也非憑空出現，而是對我們的能量所做的回應，這表示我們有許多機會來影響孩子的未來。我們太急著教導孩子對現實抱持著負面態度，很少人會教他們如何體驗現實的如實樣貌。事實上，孩子是觀看著我們如何處理自己的體驗，然後也跟著依樣畫葫蘆。當孩子看見我們不斷對現實做出情緒化反應、不停焦慮，他們也會有同樣的表現。當孩子看著我們為每個經驗妄下評斷並貼上標籤，他們也會開始為自己的世界貼標籤。

相反的，如果孩子觀察到我們能夠隨順現實，精神活動既不緊繃也不沉重，他們也會學著以同樣的方式回應人生。對生命全然信任，並據此優雅從容地面對人生，我們可以教導孩子從他們的環境中汲取智慧，而不是將人生的某些面向視為「好的」，而將某些面向視為「壞的」。

生命是要讓我們去體驗的，而非去對抗、逃離或得過且過。雖然我們希望未來能有一些改變，但是保持覺知是要我們在體驗開展之前先跟它同在，而不是想著要如何改變它。掌握我們的人生，好讓我們未來能在每體驗過一個經驗後，改變經驗的品質。

一旦我們能夠把生命視為明智的指引，就能大膽地將自己完全交付到它手中，不去估算、評斷或分析。倘若我們能拋掉把生命視為威脅的任何想法，我們就會全心全意投入生命之流。當我們容許自己去真切感受每一個發生的經驗，我們便不會執著於它，而是將它釋放至下一刻的生命之流裡。如此一來，原本受困於抗拒或情緒化反應的心靈能量，就能重新運用在每個當下的人際關係裡，特別是親子關係。當我們的孩子也學會單純去體驗，而不刻意去「做」些什麼時，他們也能放鬆地進入生命的「如實」狀態。他們會看見最簡單的經驗裡也隱含著樂趣，並且收割全心活在當下的豐碩果實。

因此，為了讓我的女兒學習體會個人經驗的如實狀態，而不是希望它們走開，我在遇到各種處境時，總是誠實地告訴她我的感受。如果我被她搞得很火大，我會說：「我現在很生氣。」沒錯，這就是我在當下的心情，我也允許自己處於這樣的心情下，不過我不會把情緒發洩在他人身上。因此，我承認了我的心情，但是卻不對當下的處境做出情緒化反應，不與它對抗，也不會以行動來宣洩情緒。我所做的是擁抱我所有的感受，而當我這麼做時，我發現自己會自然而然地全心接受這樣的處境。

同樣的道理，塞車時我會說：「我們塞在車陣裡了。」我不讓自己去評判這個經驗是「好」或「壞」，也拒絕在這個經驗上添加過去的任何影子，更不會讓自己去想像未來應當如何。重點在於，我們要停止再去強迫現實屈從於我們的意志。

隨著我們對真正的自己有了越來越深入的認識，有件事將會不證自明：我們的內在寬闊得足以容納生命送來的一切事物。

我們可能信任生命嗎？

如果你相信，生命的信使是為了告訴我們一個祕密，讓我們有機會做真正的自己，那麼孩子就是攜帶著信息而來的。我們不會因為他們照亮了我們的無意識，而去評斷、怪罪或迴避他們，而是帶著謙卑與感恩的心從他們身上學習。

孩子像是為了我們的需要而被送來的生命禮物，他們來是為了教導我們如何釋放小我，擁抱我們的真實自我。這讓我想起了伊麗莎白和馬修夫婦，他們的兩個兒子各自帶著生命禮物而來，為伊麗莎白揭開了人生蘊藏的大智慧。她能夠如實看見及擁抱兒子們的原本樣子，同時也誠心地視之為一個強而有力的人生功課。

長子大衛是籃球明星隊員、成績優異，生性寬厚仁慈，最重要的是，他還有個有智慧的靈魂。幼子迪肯的情況有些不同，他的學業成績不是太出色，也不偏好體育活動，生性邋遢、懶散、健忘。他活得另類而順心，拒絕接受標準的生活規範帶來的壓力，喜歡按自己的規矩過日子。他不在乎外表、穿著或別人對他的印象，也無視這個物質世界的競爭與成功，寧願把時間花在照顧寵物、閱讀，以及當弱勢孩童的家教。他似乎完全不在乎成績單上的數字，學科經常不及格，嚷嚷著自己想要當有機農夫，或是去第三世界的國家教書。對這個世界而言，他是個愛做白日夢的人，一個有違傳統的傢伙，有時難免成為他父親的惡夢。

馬修接受不了迪肯，他對兩個孩子天差地別的事實更難以釋懷。他和大衛一起時感到很驕傲，和迪肯一起時卻覺得丟臉，甚至討厭。他以兒子們帶給他的感覺為兒子們貼上標籤，因此無法發現含藏其中、能夠為他帶來成長的人生功課。

相反的，伊麗莎白完全「明白」，她看得見大衛是如何強化她那個自以為是的小我，而迪肯又是如何粉碎它。她對我坦言：「如果只有大衛，我真不敢想像自己會變成一個多麼自我中心的母親。感謝老天爺我還有迪肯，他是來提醒我要更欣然接受有別於傳統和與眾不同的事物。」

你的孩子不需要贏得你的信任

只有極少數的人能全心信任生命的智慧，因此人們經常會將自己的缺乏信任投射至孩子身上。結果，我們的社會普遍認為信任是要努力贏得的。

我相信孩子不僅不需要贏得我們的信任，他們也必須知道，我們絕對信任他們，因為我們打從心底就認為他們值得信任。僅僅是他們的存在，就已經贏得了獲得信任的權利。要求孩子贏得或爭取我們的信任，只是反映出我們缺乏安全感、渴求權力的態度，充滿了恐懼與自我意識。

想要絕對信任孩子，身為父母的我們必須對生命表現出基本的敬畏與信任。孩子從我們身上感受到的信任程度，反映的是我們自己信任或缺乏信任的程度。當我們認為生命是有智慧的，它的一切示現都是良善的，我們也會如此來看待孩子。如果我們將所有的錯誤都視為起源自一方淨土，若是如此，我們還有不去信任孩子的空間嗎？另一方面，如果我們對於把種種努力轉化為靈性精華的能力表示懷疑或焦慮，那麼無論我們如何向孩子保證一切會安然無恙，我們也會無意識地傳遞給他們相反的訊息。

身為父母，我們能以極其微妙的方式傳達出信任或不信任的態度。我們問孩子的問題、給予他們的教誨，以及我們主動提供的建議，都會傳達出信任或不信任的訊息。比如說，當我們一再重複詢問孩子好不好，確信他們一定遇到了什麼事，我們就會不知不覺地傳達出自己的焦慮以及我們對生命的不信任。不斷查看孩子的狀況，像直升機那樣盤旋在他們上空，或忍不住想要一窺他們生活裡的大小事，都在默默地破壞他們對我們的基本信任。我們越是能減少在焦慮狀態下查看孩子的情況，就越能傳達出一個訊息：我們不需要老是查看，因為我們知道孩子完全有能力照顧好自己，而且必要時會尋求我們的幫助。

當我們擅自幫孩子做決定，不給他們規畫自己生命藍圖的機會，我們傳達出的訊息是自己的威權心態，以及孩子的無助，同時這也滋長了他們心中的不信任。反之，假如我們能徵求及尊重孩子的意見，即便我們無法總是接納他們的看法，也能傳達出這樣的訊息：孩子我們尊重你，也知道你有能力對當前的討論做出貢獻。我們的孩子能察覺到我們是否真的尊重他們的意見與選擇，而且我們也要認知到一件事，即便孩子還小，仍必須尊重他們的意見，並好好考量。當孩子明白他們的存在對我們是有意義且重要的，他們就會學習信任自己內在的聲音。

每當我們鼓勵孩子說出內心的話，讓我們傾聽他們的心聲，就進一步加深了他們的信任。當我們告訴孩子：「我很欣賞你整理思緒的能力，」然後向他們保證：「我相信你會做正確的事。」他們將學會信任自己。假如孩子剛好做了一個不明智的選擇，也不能對他們表示失望，而只是單純地就事論事告訴孩子：「你已經做了決定，現在你要從中學習。」不要讓不信任進入親子的互動等式裡。

我曾跟女兒保證：「無論妳置身在什麼樣的處境裡，都沒有關係，因為妳就是這樣的人。」最重要的是，我信任生命有能力照顧我們的靈性，並將此訊息傳遞給我女兒。一旦我們將生命視為孕育覺知力的培養皿，又怎能不信任它呢？

當孩子察覺到我們尊重他們的能力，他們的能力將會大幅增長。要讓孩子知道自己值得我們的信任，這對他們意義重大，如此一來，他們自然會提升自己，以回應我們的信任。

吸引力法則是如何發生的？

生命本身是中性的，不好也不壞，但是我們每個人卻有權選擇如何詮釋自己的經驗，而這強烈影響了這些經驗的本質。

在我們變得更有察覺力之前，我們對發生在身上的每件事所做的詮釋，幾乎全都是自動依循著根深柢固的模式。我們是根據自己對事件的理解來為周遭世界貼標籤，而不是根據事件真正的樣子。比如說，如果你感到痛苦，便容易將這個實相貼上「壞」的標籤。這麼做，你是在選擇如何去感受痛苦，例如覺得難過、憤怒、失落或不被愛，你的選擇反映的是你從小所受到的制約。

倘若你的世界觀是這個世界處處都有促使你轉變的潛在功課，你就不會再躲避各種體驗，反而會邀請它們前來，當你察覺到自己想要在靈性層次上獲得發展時，就會吸引這些人生功課前來。

當我說我們可能邀請所謂的「負面」體驗來到生命裡，人們經常會惱火地問：「你是說我的癌症是我自己造成的？我孩子遇到的意外是我造成的？難道我要為地震或經濟不景氣負責？我怎麼可能會引發這種一看就是隨機發生的事。」許多人都表示不解。

以我為例，當我了解到有兩種類型的事件——個人的事與非個人的事——困惑即一掃而空。個人事件包括婚姻、成為父母、工作、友誼，以及其他諸如此類的事情。藉著跟他人互動，我們共同創造了我們所體驗到的實相，這點是顯而易見的。個人事件也包括一些元素，比如飲食習慣、運動選擇、態度與動機等等。儘管我們可能活在事情就只是「發生了」這種假象之下，但是我們都是存在於隨時變化的動態之中，此一事實就意味著我們能夠參與創造實相。

非個人的事件，更容易讓我們感覺「事情就這樣發生」了。我想到的非個人的事件，包括人生中的一些面向，比如經濟、上司的壞心情、鄰居那隻吵死人的狗、錯不在我們的車禍、水災或龍捲風等等。這類事件經常看似隨機、無法預測，彷彿它們能在毫無預警的情況下朝我們迎面撲來，當然，更是在未經過我們准許的情況下發生的。

假如我們拒絕承認生命具有讓人捉摸不定的性質，想像出於某種原因，我們的抗拒竟然神奇地阻止事情發生在我們身上，這樣的妄想會讓我們一再受挫，甚至絕望。當這類出其不意的事件發生時，關鍵在於我們要如何回應，那是我們有權做選擇及行使同意權的時刻。

有時候，我們會感嘆人生欲振乏力且世事難料，使得我們往往會怨天尤人，甚至自暴自棄。但是，縱然人生實相充滿變數，卻不足以構成我們自暴自棄的理由。認命地假設我們對生命毫無掌控權，對我們沒有任何幫助。

人生變化無常，也不是造成我們多疑、擔心害怕被擊倒的原因。相反的，我們可以帶著全然接受的心態來面對，並更加珍惜及感謝每一刻。如實接受生命不代表不戰而降，而是更積極地去接受生命的本質，做法就是對眼前的事物保持覺知，然後選擇如何適當回應。唯有這樣做，我們才可能擁有意識影響處境的體驗。

帶著覺知過生活，意味著我們要在自主管理心理健康及能量空間這兩者之間拿捏得宜，同時明白一定會有一些讓我們措手不及的事發生。正是這種主導與臣服之間不斷的交互作用，構成了有覺知的生活。我們察覺到創傷事件發生了，但我們也知道不必然要讓它們來左右我們的反應。我們都清楚生命無常、有時近乎殘忍的本質，但是否要表現得像個受害者，卻是我們自己的選擇。

我們都想知道事情為何會發生在我們身上，甚至認為自己若知道原因，就會覺得比較安全。但是，每個人最後都必須苦澀地嚥下這個事實：我們不知道「為什麼」。我們可以假設事件之所以會發生，是因為過去的「業」聚集的結果，或將它歸因於偶然。事實上，該發生的事終究會發生，我們可能永遠都不知道原因為何（在許多例子裡，甚至沒有原因）。

雖然我們可能無法說出事情為何發生，卻有一些面向是我們可以處理的，那跟個人更有關係，也更有意義。例如，我們可以問：「現在我面臨的處境會如何促進我的成長？我在抗拒什麼？我需要臣服什麼，進而獲得成長？我人生的這個重大變化，能為我自己和他人帶來什麼樣的助益？」諸如此類的問題鏗鏘有力，可以將一個「壞」事件轉化為刺激成長的經驗，讓我們從表面看似負面的經驗裡挖掘出情緒寶藏。光是提出這類的問題就可能改變我們，讓我們從怨天尤人轉而能夠承擔與創造。這些問題能賦予我們力量，超越當一個人生受害者的感受。

提出什麼樣的問題，可以看出你會成為受害者或是倖存者。受害者會抱怨哭訴：「為什麼人生會有這些痛苦掙扎？」倖存者會問：「我該如何利用這些痛苦掙扎幫自己邁向進化？」重點是不要讓生活中的事件來定義我們是誰，反而必須了解決定我們命運的，是具有創造力的正面回應或負面的情緒化反應。

打破無覺識的狀態

有一個技巧對觀照自己的想法與情緒十分有幫助，那就是寫日記。寫日記能幫我們更加覺知到自己的內在，以及我們如何對事情做出沒有根據的詮釋，造成我們的「內在人格」與想法之間出現了一些落差。

要讓寫日記真正發揮功效，採用「自動」書寫的方式相當有用，也就是我們不要刻意地去想要寫些什麼，只是單純地記錄自己的意識之流。每天撥出一些時間，以自由聯想的形式來書寫。

這種形式的寫日記能鬆綁小我的掌控力，當我們看見想法躍然於紙上，就能讓自己的自我認同跟想法分開。我們會領悟到：「只不過是一些念頭罷了。」由於它們只是念頭，我們就再也不用覺得不堪負荷。透過日復一日積極的書寫練習，我們將學會容許自己的想法與隨之起舞的情緒單純的存在，不為它們加油添醋。透過這樣的練習，我們可以潛入埋藏在它們底下的寧靜之境，那也是我們真實人格的所在。

想要培養覺知力，也可以每天空出一段時間單獨靜坐，閉上眼睛，留意自己的呼吸。我們要做的就只是注意自己的吸氣、吐氣——氣息從我們的鼻孔進入、離開，或者是進入、離開我們胸腔的過程。覺知呼吸能帶領我們進入當下的此時此地。將焦點放在呼吸上，我們會觀察到，我們的念頭與情緒一如呼吸般來來去去，轉瞬即逝。我們會接受它們只是單純的念頭與情緒。念頭與情緒的本質是短暫無常的，因此我們沒有必要執著於它們，而是能夠放下它們，因為它們不是我們真正的身份。這個簡單的練習能在我們的念頭與情緒周圍騰出一些小空間，讓我們以不執著的態度體驗它們，繼而擺脫想要對它們做出情緒化反應的衝動。我們只是靜靜地與念頭和情緒安坐，不做任何情緒化反應，不需要將它們傾倒在外在的現實環境裡。這麼做，能讓自己和他人從以往被制約的情緒糾纏裡解脫。

那麼，這對我們的孩子有何影響呢？以父母的身份試想，你出現這樣的念頭：「我的孩子不聽話。」或你開始覺得：「我沒有受到尊重。」你不將這些念頭詮釋為「我的孩子太放肆了」或「我是個無能的父母」，反而靜靜地與這些念頭和情緒安坐。你問自己：「為什麼我會被觸動？」或許你會領悟到你在某個生活層面感到無能為力，而這跟教養子女沒有一點關係，你的孩子只是單純觸動了你的這種感受。或者你會領悟到，你的孩子觸動了一種你在童年時所感受到的無助感與無力感。藉由察覺這些感受，你就不會因為自己的念頭或感覺對孩子做出無意識的反應，而是能回歸到更切中核心的位置來做出適當回應。即使孩子需要糾正，你的表現方式也比較不會流於盲目，不會自動對號入座地詮釋成這是衝著你個人而來。

若能學著不對你的每個念頭與情緒做反應，你就為孩子示範了念頭與情緒不需要引爆情緒化反應，而是能讓你更認識自己。當孩子發現靜靜地與自己的念頭和感覺安坐能帶來力量時，他們個人的內在空間也將會開啟，進而創造出一個通往真實人格的連結。

透過觀照自己不斷生滅的念頭與情緒，我們進入了觀照周遭世界的狀態，這促使我們學會如實的接受現實狀況，繼而讓我們從一個更中立的立場來回應它。畢竟，現實就是中立的，它容許我們從自己選擇的任何角度來詮釋。

將注意力放在呼吸上時，我們可以問問自己：「我不願接受、不願臣服的觀照本狀（As-isness）❶到底是什麼？」如果我們能在付諸行動之前先檢查自己內在的溫度計，就能

❶觀照本狀是一種狀態，是在沒有任何扭曲或謊言的情況下去察看事物，而變更本狀（alter-isness）則是某事物的真實性被更改或改變。

讓自己更有力量，就能出於意識而行動。我們會容許現實自行開展，因為我們不再受制於強迫性的衝動，非要將「我」強加其上不可。在這樣的狀態下，我們可以自由地純粹去體驗。

假如我們不能面對生命原本的真實狀態，很可能會做出傷害他人的行為，例如控制欲或憤怒等等，要不就是做出自我欺騙的行為，例如暴飲暴食、變成工作狂、瘋狂運動、酗酒、濫用藥物或使用禁藥等等，然後一邊期待事情會變成它們「應該有」的狀態。

若能學習適當回應「如實」的生命，最平凡的時刻也能成為教導工具，為我們的孩子示範如何不執著於個人偏執的小我。比如說，我們不小心打破了一顆蛋，我們可以說：「啊，蛋破了。我發現我不專心。」如果我們塞在車陣裡，也可以不必抱怨，只是說：「有時候就是會這樣，讓我們料不到。不如好好享受這段時間吧，可以玩個遊戲、唱首歌，或趁機休息一會兒。」我們能以這種方式讓孩子學到不因人生低潮而覺得受到威脅。孩子會發現，靜靜坐在這樣一個空間裡不感到焦慮或情緒化，不僅是可以辦到的，這樣的小空間還可能成為一個令人享受的地方。

話雖如此，我還是要釐清一件事，如同我稍早曾提過的——我所談的不是以一種「我好快樂」的態度面對人生，那和做一個真實的人完全是兩回事。我要說的是「如其所如」或如實地接受一個處境，不誇大也不迴避，那麼我們就會發現如何善用這個處境，讓它對每個人都有所助益。事實是，人生不如意事十之八九。

這裡有一個貼切的例子：有一天我帶著三歲大的孩子到診所看醫生，趕赴早上七點半的預約掛號時間，但是我們卻足足等了兩個半小時才見到醫生。對一個三歲孩子來說這實在很難熬，於是我當面跟醫生直言，醫生跟我們再三道歉，保證不會再讓這種情況發生。這樣坦白說出內心的感受，對我女兒是一次難得的身教機會。

從中立心態做出回應，不見得表示我們的反應也會是中立的。相反的，我們的回應具有一種「如其所是」的品質，是根據「如其所是」的處境所量身打造的，不會受到過去的種種制約所汙染。正因如此，一旦我們在當下真正解決自己的情緒，很容易就可放下這件事。

我們要如何分辨何時是直言不諱的適當時機，何時又不是呢？其中的差別在於心態。你是出於無意識的自我中心狀態，好讓我們將過去的制約強加於當下的現實嗎？或者我們所做的是一個真實地只針對當下那一刻，切合眼前處境的回應呢？

我對醫生提出意見，不是基於無意識的過去經驗，而是針對一個顯然已經過度的不公平處境。我尊重自己的底線，我不是因為過去的經驗而讓情緒受到盲目的觸動，因此我可以溫和但堅定地表達我的抗議。我既不會覺得我個人受到傷害，也不會有想要傷害他人的衝動。一旦我如實地表達出感受之後，就能放下這件事。每當我們體驗到一股想改變對方想法的衝動，或被他人引爆情緒時，我們就會失去覺知，而處於小我之中。

學習抽離自己的念頭與情緒，並在最後抽離外在情境，可能會令人不安。我們會猜想：「這是否表示我無法再去愛了？我是不是再也不關心任何事了？我會變得冷漠、無感嗎？」發現自己不再有誇大的情緒化行為，一開始可能會讓你感到心慌，要對這種內在活動的新狀態感到舒坦自在、習慣過一個沒有情緒風暴的生活，我們必須度過一段「空虛」的過渡時期，這是因為我們覺得彷彿與真實世界失去了聯繫。但是不用多久，我們自然會領悟到自己並未喪失任何東西，反而強化了與整體現實的連結。

一旦孩子觀察到我們已經不再那麼情緒化，他們也會起而效法，他們會發現念頭與情緒單純就只是念頭與情緒罷了。

你的詮釋你做主

分享一個例子，以便說明我們建構經驗的方式如何讓世界變得截然不同。有一個患有自閉症相關疾病的十六歲孩子，他會突發陷入恐慌與偏執，在恐慌症發作時焦慮不安，完全不信任任何人，而這讓他不是動輒情緒爆發，就是退縮。因此，他在與同儕的社交生活上遇到了困難，甚至一出家門就出問題。帶他出門是一件折磨人的大事，因為他的恐慌症隨時隨地都可能爆發，而把他獨自留在家裡從來都不是選項。在安好的日子，他是個有趣、隨和、放鬆的孩子，但遺憾的是這樣的好日子少之又少。

這位年輕人的父母，為了兒子盡心盡力，甚至改變了他們的生活，把重心都放在兒子身上。他們幾乎每天二十四小時都跟兒子在一起，在他們做諮詢的兩年期間，從來沒有一次表現出不耐煩或感到挫折。我問父親：「你怎麼能這麼有耐心、慈愛又這麼樂於付出呢？你從來沒有想過要對全世界大喊：『這不公平』嗎？」

他看著我，一臉困惑。「有什麼不公平呢？」他問道。「因為我兒子那個樣子嗎？他是我的孩子，我完完全全地接受他。如果他難以相處，那表示我必須更有耐心；如果他受到驚嚇，我必須更溫和；如果他感到焦慮，我就必須為他帶來更多安慰。我會給他需要的東西，那就是我要做的事。」

這是一個選擇以心甘情願的方式履行個人命運的人，他完全不想扮演受害者的角色，他所做的決定不是只求勉強活著就好，而是在面對挑戰的同時依然能活得生氣勃發。他完全了解自己在親子互動中的責任與角色，他知道自己對兒子的態度擁有極大的影響力，能決定他們之間共同的實相。他是一個全心參與生命的人，無論遭遇到什麼樣的困難，他都能將自己的人生視為一場冒險。

在人生這場冒險裡，贏家不會將日光放在生命為何會如此開展，而是將焦點放在他們想要成長的渴望上。他們接受現實的如其所是的樣貌，了解生命就像海洋，有時平靜無波，有時則狂風巨浪，他們要做的是隨順生命之流前進。他們在評估過自己的能量之後，便將自己那既定的、認為生命「應該」如此的目標放下，以情緒上的靈活應變來回應個人的真實處境，而不是套用僵化的回應。他們摒棄理智化❷，從直覺出發，並有智慧地認知到一個人不可能永遠知道「為什麼」。他們不會一味地將個人意志強加於現實之上，反而會從中學習，將自己視為學生而非受害者，以學習的態度面對一切情況。他們知道，勇氣與希望的寶石往往是在現實不如我們所願時，才有機會閃耀光芒。他們知道，必須以一種將失敗視為人生最

❷ 理智化（intellectualization），是常見的一種自我防衛機制，指個人利用抽象理性的字眼來分析或描述情緒受到威脅的情境，使情境變得超然，來逃避該情境所帶來的焦慮。

偉大老師的哲學來詮釋個人經驗。當每件事都被視為自我成長的機會時，「好」與「壞」便共同形成了自我進化這枚錢幣的兩面。

若能在詮釋個人經驗時，容許自己從中推斷出更高的意義，我們便能將生命中所出現的一切視為明師。即使是最糟糕的狀況，也能成為敦促我們成為高我的呼喚，因此，即便是最脆弱的時刻也都有助於轉變。

倘若我們能將生命視為具有大智慧的導師，那麼每種情況都含藏著教導孩子如何給予、接受、謙虛、耐心、勇氣與愛的機會。但是我們必須願意去認出隱藏在塵埃裡的那些寶貴機會。在我們教導孩子去發現隱藏在每個經驗底下的情緒功課時，我們也是在教導他們帶著強烈的熱情活出自己的人生，他們不再需要將自己視為受害者，而是能夠擁有一種能力感。

當我們遭遇到最出乎意料、甚至是最不想要的情況時，我們就有機會激發自己開創意義及目標的能力，這通常需要信念上的大躍進：相信一切都是為了我們的利益而發生。每一種處境都隱藏著機會，讓我們去發現新的自己及新的世界，當然也有很多機會讓我們變得更有耐心、更謙遜，而且更慈悲。基於這個理由，我們就應該和孩子一起探索以下問題：

- 這個經驗如何打開了你的心？
- 要讓自己臣服於這個經驗，需要什麼助力？
- 你是否在抗拒或害怕什麼？
- 你會從這個經驗獲得什麼，讓你帶入下一個經驗？

當孩子看著我們處理自身的經驗與人生，彷彿生命具有豐富的意義與成長機會，他們也會如此面對自己所遭遇的挑戰。他們會學著與自身經驗做朋友，信任這些經驗的存在是為了帶領他們更接近真實。

若能基於這樣的哲學來教養子女，我們等於讓子女吃下一顆定心丸，讓他們知道人生不是用來抗拒、害怕的。人生所包含的無限智慧，會化為形形色色的各種樣貌呈現。我們要教導孩子全心接納各種處境，不對它們做出情緒化反應或對抗它們，如此孩子將學到如何平靜地成為自己人生的共同創造者，將人生視為與自己共同成長的夥伴，而不是一個等待被征服的敵人。

生命的角色是為了成為我們的老師、我們的指引，以及我們的靈性夥伴；而我們的角色是為了發掘我們的無意識並整合它。為了這個目的，我們的過去會在當下重現，而我們從無意識陰影解脫的能力，將決定我們的未來會有多自由。每一個出現在我們眼前的經驗，都是在教導我們更認識自己。當現實的發展不如我們預期時，與其做出情緒化反應，不如告訴自己：「臣服、放下、不執著，重新檢視我的期待。」我們的想法與情緒都是個人內在狀態的反映，它需要的是觀察，而不是做出情緒化反應。

我們一刻接著一刻不斷地在建造自己與內在人格的連結。若能無懼地獨處，我們將能召喚內在的寧靜，這讓我們能在貿然詮釋某件事或對它做出無意識反應之前先停下來。有時候，現實會以嚴厲、苛刻的方式教訓我們，但是我們可以平靜地、帶著信賴的態度來接納它們，心中明白這樣的時刻是為了教給我們成長所需要的功課。對於現實，我們不去選擇喜歡或不喜歡，而是應該感謝，感謝它們成為我們的一盞明燈，其中也包括所有的難關。

當我們能在他人身上看見我們在自己身上所看見的，我們會明白，所有人都是相互連結的，所有人也都渴望著更深刻的連結。因此，我們會在所有人面前變得更謙卑，深知我們既不比他人高等，也不比他人低等，當我們服務他人的時候，也是在服務自己的內在人格。確實，我們可以給予他人的最佳方式，就是進入自己的內在狀態，整合它。

你能教給孩子最寶貴的一課是：生命中最重要的事，就是讓意識自我能夠開展。你以身作則地為他們示範圓滿人生的關鍵，就在於去擁抱每個蘊藏智慧的人生處境。這是你送給孩子的最棒禮物。有了這種正確的觀點，他們將永遠能與生命為友，明白生命所尋求的永遠是他們的利益，雖然有時它的教訓表面上看來很嚴厲。隨著孩子漸漸明白自己能將每個經驗轉化為提升覺知及成長的機會，他們將學會把人生當成一個邁向自我覺知之路的親密夥伴。

CHAPTER
7

爸媽大挑戰——嬰兒期與「兩歲惡魔期」

這個帶養階段要求我們放棄對過去或未來的執著，在當下優先並即時回應寶寶的需求。想要跟寶寶一起進入共調的一體性狀態，必須放慢生活步調，讓自己沉澱、穩定下來。如此，寶寶才能以這種方式學習信任外在世界，並發展出安全感。

在父母與孩子共舞的過程裡，我們以極其複雜的方式影響著彼此、形塑著彼此，並將自己烙印在對方的靈魂深處。因此，孩子所經歷的每一個階段，都為親子雙方提供了充裕的進化空間，也給予我們管道來獲得一個更有覺知的教養經驗。

去小兒科看診，一般來說不會談到關於親子內在連結的話題，也不會將焦點擺在為人父母的首要之務——察覺無意識，以及覺知教養對孩子發展的重要性。其影響遠遠比教孩子讀寫或升學問題更為深遠，含藏在其中的事實是：覺知教養不僅對孩子身心及智力發展上都有里程碑般的成果，同時也能促進為人父母亟需的靈性成長。

在孩子的成長階段，情緒與靈性方面的重要性經常被某些我們視為更「實際」的顧慮模糊焦點，例如營養、睡眠模式及行為問題等。因此，要能夠辨認出這些里程碑，我們的眼睛必須受過訓練，才能超越肉體及一般認知，重新看待孩子的每個成長階段，從而直探問題核心——親子之間的靈性關係。

成為父母的轉變十分複雜，它要求我們臣服，並永遠放棄我們一直以來所熟悉的身份。我們要在內心創造出一個空間，推倒我們舊有的生活方式，全心去擁抱照顧一個新生心靈的責任。我們在成為父母之前的身份，將不會也無法再以同樣的強度存在了。孩子進入了我們的生命，他們的影響力無法抹滅，我們必須「自我改造」作為回應。

如果我們在孩子發展過程中的各階段，能不僅僅透過外在濾鏡（比如某種量表或跟其他孩子做對比）來評估孩子的進步，而是能將各階段視為一個親子雙方都能獲得靈性及情緒成長的機會，我們就會開始以靈性夥伴的身份與孩子一同踏上這趟教養之路，並在彼此的付出中找到親密感。

我們將會在本書持續探討教養孩子的靈性課題，首先在本章中，我們要檢視的是孩子正式就學前的那幾年時光；然後在下面一章，接著探討孩子上學後面臨的教養課題。

他脆弱無助，但不是什麼都不懂：嬰兒期的父母功課

新生兒呱呱落地後，我們的生活方式就馬上改變了。光是餵食時刻表，就嚴重干擾了我們的生理時鐘。我們從享有完整權利的個人，變成要隨時侍候著我們的小寶貝，我們的極限不斷被拉扯、被挑戰，程度超乎我們的想像。全心愛著另一個人、為另一個生命提供服務，這樣的體驗可以說令人又驚又喜。

在孩子無助的嬰兒階段，最主要的靈性計畫都與「一體性」（oneness）及「共同感」（togetherness）這兩個概念有關。這是個深刻結合的形成時期，孩子與父母為彼此灌注了活力，形成一種身心與對方同步的節奏。孩子的呼吸、哭泣與凝望，都跟父母原始的身心特徵融合在一起，創造出一個新的模式。父母的心態，包括幻想、恐懼、壓抑與勇氣，都被記錄在嬰兒身體的細胞層次裡。每一件事都被儲存了下來，讓血流更豐富、皮膚更光滑，肌肉更強健。

父母是開懷大笑或只是躊躇地微微一笑、會迎接臉上的淚水或逃離躲避、會擁抱恐懼或是覺得羞恥而退縮、會勇於接受挑戰或是屈服於懷疑，以及在寶寶哭泣時是否會恐慌或是平

靜地安撫——這所有一切，寶寶都會注意到並無條件吸收。於是，寶寶開始建構及形成自我感，而父母也開始建立自己的照護者及撫育者的身份。

在這個嬰兒時期，寶寶最需要的是心理的安全感及身體的安撫。寶寶學會了其靈性語言的第一個母音，並烙下了靈性特徵的第一個印記。父母或早期的照護者如何回應寶寶主要的身體需求，如何創造一體性的感受，都在為日後的親子互動打造一個舞臺。此階段的寶寶對身體的界限還沒有一個清楚的感受，他需要被摟近父母或照護者的身體，才能感到安全，覺得受到保護。他們以這種方式學習信任外在世界，並發展出安全感。

透過施與受，親子雙方學會了如何處於一種共生的結合狀態，各自為對方的成長做出貢獻。儘管從外在看來，這份關係多半是單向的，由父母為寶寶提供服務。但是，透過我們持續的服務，寶寶也同時為我們提供了潛入性靈深處的管道。照顧寶寶的要求，讓我們得以向內在靠攏沉澱，並發現自己確實擁有給予、服務及撫育的能力。因此，寶寶為我們顯示了超越個人自私心態，為另一個人活在當下的能力，他們以這種方式映照出我們更深層的人性。

在這個階段，彷彿我們的「存有」對孩子說：「我已經不知道你我的分界了。日夜融合為一片交織著興奮與疲累的模糊感受。我如橡膠和蠟般深具彈性，毫不抗拒地屈服於你的意志，沒有分界，透明如玻璃。即使你我不在一起，我也和你同在，想像著你。我沒有一刻是和你分離的。」

一段自我發現的旅程

無論我們對親子教養之路抱持著什麼樣的想像——寶寶的乳香味、懷抱著寶寶時無可否認的喜悅、創造一個家庭與自我延續的感受……諸如此類如夢似幻的每個瞬間——但是，一旦體認到為人父母的重責大任落在肩上時，我們會發現這樣的美夢一天天破滅。

寶寶需要一週七天、一天二十四小時無時無刻的照顧，因此新手父母早期勢必有段身心俱疲的日子，其程度不輸為人父母的喜悅。隨時滿足寶寶的需求，對於心理與情緒都是很大的挑戰，很可能會榨乾我們的精力與理智，特別是在我們缺乏幫手時。如果我們同時必須為了工作勞心勞力，那麼身心俱疲的程度將會難以想像，可能超越我們的極限，在心理上把我們逼至角落。當我們發現時間已經不再屬於我們自己時，將會深切領悟到我們的生命也不再屬於自己一個人了。有另一個人正坐在生命的駕駛座上，他的需要比起我們的更為迫切。

我們與寶寶共享的這段關係，只能形容為一場親密的能量之舞，兩個靈魂結合為一，命運與共。如果我們能敞開胸懷接納這個領悟，寶寶將會透過他們小小的步伐，一路跳著華爾滋，舞進我們生命的核心。我們將感受到一種全新的強度，混合了愛、內疚、恐懼、心痛、困惑、不安，以及難以置信的筋疲力竭。我們從不曾像這樣照顧另一個生命，我們被拋入一個不斷付出的循環軌道中，這讓我們遇見了最高層次的自己，也跟最低層次的自己奮戰。我們發現了自己從不知道的內在部分，這讓我們有能力去愛、去給予以及去服務；但同時，也讓我們渴望得到控制、權力、感激，以及做到最好。

我們的寶寶活在每個當下，他們沒有任何既定的計畫，也不懂得操弄，所以我們若想跟他們互動，就不能抱持著事情「應該」如何發生的幻想。對寶寶來說，每一刻都是新奇的，沒有日程，也無法預測。他們可能會在某個夜晚醒來，跟你耗上好幾個小時，隔天又沉沉入睡，或是在某一刻因腹痛而暴躁不安，但下一刻又開心得咯咯直笑。寶寶在六個月大以前，特別需要我們全心去面對隨時發生的變化與混亂，直到他們的作息固定下來為止。寶寶是真正的「如其所如」，該是什麼模樣就是什麼模樣，所有我們希望他改變的念頭都只是執念，不僅無法達成，也會消耗我們很多能量。他們雖然脆弱無助，對自己的時程與需求卻完全都在掌控中，對寶寶來說，我們的存在目的就只是為了提供服務而已。

然而，在照顧寶寶的過程中，我們也是在為自己服務。透過天天無微不至的照顧，我們發現了自己的心可以無限拓展，有能力可以無條件付出慈愛。身為大人的我們早已不習慣活在當下，也不曾跟另一個人的需求如此深切地保持同調，因此當我們為寶寶而需要重新活在當下時，確實是個很大的挑戰。一直以來，我們都是為了滿足自己的需求而活，現在要為寶寶改變可能會是一個令人畏懼、不堪負荷的任務。那些鼓起勇氣接受挑戰的人，會驚訝地發現透過這樣的付出，竟然讓他們鬆開了原本緊握住小我不放的手，提供他們一個活在忘我境界的機會。在孩子帶領我們超越了小我的狹隘需求之後，我們會更貼近自己的忘我潛能。

身為父母，擁有忘我、無私的能力，對孩子的成長特別重要。因為寶寶所有的內在體驗，只能靠父母的正確解讀及回應。想像一下，如果內心正在經驗負面情緒、需要媽媽給予安撫的寶寶，媽媽的回應卻是大笑或生氣，會是怎樣的情況？這樣一來，寶寶會因為嚴重的認知失調而感到困惑。反之，如果父母能透過令人安心的語氣或帶來安全感的擁抱，讓寶寶知道父母確實懂得他的情緒，還會跟他一起調節情緒，寶寶就會平靜下來，並以這種方式學會情感的統整。

當我們心不在焉時（比如正在擔心自己的問題，而無法與寶寶同處於當下），就無法如實映照出寶寶的需求而做出妥善回應。比如說，如果我們正因為某件事而悲傷，就可能無法如實映照出寶寶感受到的喜悅。在這樣的情況下，我們發現自己會疑惑：「我自己內心都在颳風打雷了，如何能好好安撫你？我內心都在哭泣了，我要如何以微笑回應你？我內心都在顫抖了，又如何能平息你的恐懼？當我自己已經迷失了，又如何讓你找到自己？」這樣的時刻當然不可避免。帶養寶寶時，經常會需要我們將自己的頭痛、難過或受傷的心擱在一旁，專注於寶寶的需求上。在這種時候，脫離痛苦的方法就是去體驗它，我們只需要單純地允許痛苦存在，盡可能地與它同在就可。

覺知教養的重點不在於無時無刻「把事情做對」，而是親子能夠一起提升。我們的孩子擁有無限的寬恕能力，不會在我們做得不盡理想時受到無法修補的傷害。相反的，他們會在看見我們接受自己的局限時，也學會接受自己的局限。

當我們以適當的一致態度為孩子提供所需，尊重他們，並將他們視為靈性夥伴與朋友時，我們也因而變得更謙卑、心懷感激，於是就能創造出一個促進親子關係及靈性重生的良性循環。

一個重新找回人生步調的好機會

一旦寶寶出生後，我們必須全天候待命，口渴了、餓了、哭了、需要換尿布了、想玩了、想睡了，這些時候我們都必須在場。這確實是個大挑戰，如果你有不易改變的固定生活作息，如果你一向靠言語及行為來溝通、重視理性，那就會更適應不良。因為多了寶寶的生活，會讓你的日子大翻轉。

寶寶不靠言語或智力來運作，而是遊走在睡眠與清醒之間，讓你捉摸不定，因此我們不能以傳統方式來跟他們溝通，那只會讓事情更加棘手。若要接受這個挑戰，我們必須暫停一切舊有的認識方式與互動方式，進入寶寶的純粹能量之中。

寶寶會讓我們重新接觸早已遺忘的生命步調。想要跟寶寶一起進入共調的一體性狀態，就必須在孩子成長的這個早期階段，放慢生活步調。我們必須在帶養寶寶、輕搖他入睡或每次換尿片時讓自己沉澱下來、穩定下來。

這是一個「不事生產」的時期，孩子的這個成長階段要求我們放棄對過去或未來的一切執著，它吶喊著要我們明白：這一刻，此時此地，才是唯一重要的時刻。寶寶如此邀請你：「我在這裡，與我同在吧！」

要想在當下即時因應寶寶的需求，我們必須調整其他要求的優先次序。唯有徹底臣服於我們目前已經改變的處境，才能擁抱當下的美好；而凡是能夠適當回應這個處境的人，會發現沒有什麼比這個更重要——嗜好、朋友、生活方式或職業生涯，沒有一樣比得上陪著孩子成長。

寶寶在這個階段的活動步調及成長都很緩慢，所以我們的挑戰是必須改變整個生活形態的速度、強度與方向來因應。我們很快就會領悟到，在跟寶寶一起生活的日子裡，衡量「成功」的基準大不相同。一件「大事」可能只是個微笑、小小腳丫子的一次搖晃，或是拿起一支手搖鈴。而這些對親子雙方都已經是值得大書特書的里程碑了！

對有些父母來說，重新理解何謂「大事」並細細品味微小而平凡的事物，可能已經是向前跨了一大步。然而，這種一步步去除小我對非凡、美好、戲劇性及誇大事物的執著，正是孩子為我們帶來的靈性功課。他們有能力吸引我們進入一種全然接受的專注狀態，對他們的打嗝、呼氣、毫無抵抗力的柔軟身軀、小小的腳丫子及睜大的眼睛而樂在其中，學著去享受這些簡單時刻裡的非凡體驗。

在孩子的成長階段中，沒有任何一個時期能像嬰兒期那樣給予我們機會，去學習如何一刻接一刻地活在當下。如此弱小的寶寶卻擁有無可匹敵的能力，甚至能帶領小我導向的父母進入靈魂的更深層次，即使有時只有短短的幾分鐘。不用特別做什麼，只是單純地跟寶寶在一起，就能在精神上獲得豐富多采的滿足體驗。這是一個機會，讓你能夠改變你的靈性振動頻率。

寶寶透過這種簡單的覺知方式投入這個世界，而他們這種能力也驅策著我們進入一種全心投入當下的存在狀態。我們的孩子要求我們輕聲細語，跟著他們做鬼臉，抱緊他們不需理由，只因為他們想要親近我們。如果他們聽得懂，我們可能會對孩子這麼說：「你要求我全心全意照顧你，將我的疲憊、擔憂與思緒都拋到一旁，身心靈都完全處於當下。我從來不知道，這竟然如此困難。」

如果你無法徹底接納孩子出生第一年所帶來的靈性課題，就會失去一個探觸自己不同面向的機會。如果你堅持捍衛熟悉的舊方式，不肯投入這場冒險，就會讓自己在原地踏步。就靈性意義來說，孩子的成長階段就像一個蘊藏豐富的寶庫，要想真正得到它，需要你深深吸口氣後縱情一躍，潛入這片汪洋。你能體驗到的內在轉變有多少，直接跟你投入的程度有多少息息相關。

一旦你能認知到孩子對你靈性發展的重要性，心存敬畏地走進這個教養聖地，必能收割豐美的果實。成長的，不只是你的孩子，還包括你。當你接觸到一種截然不同的存在方式，你透過它所連結的不只是你的孩子，更是你自己，你會發現原來自己跟一切生命都有深刻的連結。這樣的你，將能體會何謂真正地活在當下，不受過去的拖累，也不被未來所拘束。

學步期，一個小小的「外星人」

這是一場個體性與一體性、分離與共同感的融合之舞，一開場，孩子首先學到的是單純地躲在父母安全的保護殼裡。等孩子邁入兩歲的前後階段，他們會更偏向個體性與獨立性。接著在入學之後，他們會慢慢學習將整體性與個體性這兩種身份平衡地整合在一起。

一旦孩子開始有想要表達個人獨特性的欲望時，便預告了父母即將迎來一段令人頭痛的時期。兩歲的孩子很容易激怒我們，磨光我們的耐心，我們要他往東，他就偏偏要往西，我們要他起來，他會選擇坐下。我們說不可以，他會尖聲怪叫或賴著不走，逼得我們不得不去想一些如何把他們帶走的卑鄙手段。他們難以預測、魯莽衝動、善於操弄、喜歡引人注意，而且情緒陰晴不定、愛纏人、愛挑釁、愛耍賴、脾氣暴躁。我們花好幾個小時帶他們參加各種活動，安排時間讓他們跟朋友一起玩，用心準備他們的生日派對，但他們卻不知感激，盡情地剝削我們。他們如狼似虎般貪心，想從我們身上要東西時就愛死我們，下一刻卻又當我們不存在。

學步期的孩子住在他自己的星球上，很多反應都讓我們措手不及。他們的脾氣反覆無常，剛萌芽的獨立性又讓他們帶點惹人憐愛的困惑。他們的情緒化反應不知會從哪裡突然冒出來，可能像一陣風來得快去得也快，但也可能從午餐、遊戲時間一直到晚餐時間都在鬧脾氣。這一刻像個完美的天使，下一刻很可能變成聲嘶力竭的瘋子。原本好脾氣的小孩也可能轉瞬間就搖身一變，成為令人神經緊張的恐怖份子。

學步期的孩童不光是情緒不穩定，也經常難以安撫到令人抓狂的地步。雖然學步期孩童的恐懼感主要是想像而來，但他們感受起來卻非常真實。一個學步期孩童擁有最驚人的能力記得自己想要什麼，並堅持下去，直到他的要求獲得滿足為止。然而，他也有驚人的能力對他不感興趣的事情視而不見。學步期孩童的生活裡，每件事都是很「過分」的——挫折得過分、興奮得過分。學步階段是孩子人生中一個情緒與身體都混亂不堪的時期，他們會把自己弄得一團糟、模稜兩可、失序、變幻無常以及無法預測，在他們身上，你沒能找到一個乾淨整齊的答案，你也找不到一把夠大的掃把，可以把學步期的灰塵、砂礫跟邋遢一掃而光。

儘管這個階段經常會讓親子雙方都覺得無法忍受，但見證這個過程卻是一件精采的事。這是一個孩子的自我感開始萌發待放的階段，他會開始探索自己的創造力、好奇心與獨立性。學步期孩子的想像力驚人，潛力無窮，他們想要高高地飛向天際，航向五湖四海，探索這個世界。這時期的孩子會不肯睡覺，醒著到天明。

一旦孩子開始了解自己是個擁有獨一無二渴望並獨立存在的生命時，對父母和孩子來說都是個深具啟發性的時刻。你要懂得適時放開孩子的手，讓他脫離你的安全羽翼，這跟養成孩子的獨立個性息息相關。要讓學步期的孩子認知到自己既與你相連、但同時也是獨立於你之外的存在，這個過程的難易程度，就看你如何妥善拿捏「放手」與「依然處於當下」之間的微妙舞步。

隨著共生關係的逐漸鬆綁，親子之間會拉開距離，留下獨立但又互相交融的空間，好讓孩子獨一無二的身份認同開始漸漸茁壯。你可能會發現自己在思索著：「你的性情與氣質已經開始成形，這讓我驚慌又不安。你確實是個獨立的人，關於你是我所創造的那個假象正在破滅。」

如同嬰兒時期，這個成長階段也能為父母帶來靈性成長的機會。這個階段給你的第一道指令，就是認出你的孩子正在成長為什麼樣子的人，而這將和你預想中孩子該有的模樣可能出現落差。此時有件事至關緊要：你要從這個獨一無二的個體身上找出他特別的脾性，並跟它產生真正的連結。

學步期確實是個難搞的階段，這是孩子第一次能夠對他的世界做主。在他這段自我發現的旅途上，會碰見許許多多來自外在的障礙，但他最大的障礙卻是：他即將要面對，偽裝成父母期待的那些不切實際的希望。

在這趟邁向獨立的旅程上，一個學步期孩子能為自己做的一些小事經常被我們的強迫舉動所否定。我們很少允許年幼的孩子掌控自己的進展，不是老是逼迫他們，就是阻礙他們。當我們為了獲得自己認為重要的結果，而像直升機一樣在他們頭上盤旋、激勵他們、哄騙他們，例如要求孩子親吻一個他們不想親吻的人，或是要求他們表現得像我們的玩偶，好讓全世界都看見我們是多麼棒的父母，或是要他們在可能尚未準備好的時候就擔負起責任，這些都是在剝奪孩子的自發性。

想像一個學步期幼童置身在今天這樣複雜的世界，他面對的每件事都是如此快速又複雜。我們很容易會忘記，學步期的重點是給孩子一個開放的空間，以及幾個空盒子，讓他們能夠無拘無束的想像，以及沒有阻礙的玩耍。在我們急著看見孩子學會走路、說話、自己如廁時，我們錯過的是當下的喜悅。

學步期的孩子不會留給我們一個喘口氣的安全空間，因為他們將從黏人、吵鬧的習性轉變為撒野、挑釁。他們會不斷將我們捲入他們充斥著各種需求的世界裡，等滿足了他們需要的撫慰後，又會把我們拋到一邊。在此，他們教導我們的是：不執著於任何一套僵化的理想與期待。

學步期的幼童每天都有些小進步，因此身為父母的其中一個最大靈性挑戰，就是活在未知裡，那就像一個純粹的發現之旅，你不曉得旅途上會有哪些小驚喜與小發現，我們站在已知與未知的交界處，以舒坦自如的心想著孩子前面已有的進展，並期待著今天的新進展。如果我們夠明智，就要學會自在地活在未知裡，因為學步期孩子的生活就是不斷會邀請那自發性的、不明確的以及你想像不到的事物前來。

學步期的孩子會在每個瞬間靈敏地對當下做出回應，他們邀請我們勇敢地擁抱一個嶄新的世界，要我們接受挑戰，為自己創造一個更真實無偽的身份。當我們看著自己的孩子對生命懷抱著永不滿足的好奇心，這個景象提醒了我們，應該要跟著孩子一起盡情投入當下這一刻，帶著驚奇與敬畏的心樂在生活。

在學步期，播下克制力的種子

除了必須允許學步期的孩子展開無盡冒險的權利，我們也必須讓孩子理解種種的限制。這個時期的孩子介於嬰兒期與孩童之間，他們毫無邏輯和理性可言。每件事都在直覺層次上發生，這表示他們經常會衝動行事。要想在他們這種精力旺盛、好動的情況下對他們強加指示，當然是一大挑戰，但這正是我們必須在這個階段播下克制力種子的原因。

在孩子的這個成長階段，我們腦袋裡的想法可能像這樣：「你正在測試我的底線，我就看看你要囂張到什麼程度，我才會呵斥你；你能嘶吼到什麼程度，我才會阻止你；你要調皮到什麼程度，我才會噓你讓你安靜。你正在幫你自己的世界找出邊界，有時候，我會猶豫是否要讓你知道，你生來就是要有所限制的。我了解你渴望成為一個超級英雄，你也完全相信自己就是。我想讓你的想像力盡情馳騁，但我也必須阻止你，告訴你無論你相信什麼，你就是不能往窗外跳。」

當侵襲界限、克制力及協定的第一道攻擊出現時，學步期可能會像青春期一樣，你要面對的是一場意志力大作戰。倘若情況變得危險，我們該如何在不傷害孩子的好奇心之下，設定一個安全限制呢？該如何劃下那一道界限，過猶不及該如何判斷？

我們很快便會了解，學步期孩子的需求跟嬰兒期是天壤之別。當父母第一次對孩子說出「不」字，在孩子吸收之後，他們算是第一次認識這樣的概念：在可以接受的行為之外，還存在著無法接受的行為。這個「不」的概念是否能適切傳達並貫徹執行，將成為日後親子互動是否順暢的一個基礎。

不同於嬰兒期的是，我們身為父母的角色不再只是單純地帶養，有時也要態度堅定、貫徹始終地當個「壞人」（如果情況要求我們必須這麼做的話）。倘若我們無法在孩子學步期時就播下克制力的種子，等到他們十二歲時，要他們學會自制勢必更加棘手。

要養成克制力，需要鍛鍊覺知來相輔相成，這個概念我們會在下面章節探討。所謂紀律，說到底就是創造時時刻刻的察覺能力。只有在我們將這件事視為當務之急時，才能以促成靈性新生的方式為學步期的孩子設立界限，以一種有意識、全心投入且具滋養效果的方式行使父母的權威。

比如說，在學步期孩子鬧脾氣時，我們可以選擇走開（前提是孩子所在處是安全的），或者也可以全然處於當下、保持冷靜，只要靜靜觀照即可。哪一種方式能在特定處境下獲得最大效益，取決於學步期的孩子是否承受得起我們的做法，而這必須根據孩子的發展程度與人格特質而定。無論是哪種做法，都可以提醒孩子凡事都需要有個界限。敏銳的覺知能力，能引導我們採取最合適的做法。

回頭過來談談我所謂的「克制」是什麼意思？比如說，當學步期的孩子咬了不該咬的東西或鬧脾氣，我們必須將他們的注意力帶到當下，然後對他說：「不行，這是不可以的。」我們可能會發現自己一直在說「不可以」，你絕對要相信這麼做不是白費力氣。態度溫和雖然重要，但是在定下界限這個事上，我們必須態度堅定、貫徹執行。我們要覺知到學步期的孩子依然活在一種如夢似幻的狀態下，我們不願意他們因為受到太大的衝擊而脫離這種狀態，但是我們也必須開始打造一個有所限制的空間，讓他們能安全地活動。

有件很重要的事必須了解，學步期的孩子會對我們又踢又咬，是因為他們還不會表達：「我對你很生氣。」雖然他們舞動著身體哭鬧，彷彿我們好幾個月都沒有給他們吃東西似的，但是他真正想說的是：「幫幫我吧，我好慘！」

如果他們的情緒表現嚇到你，讓你焦慮，你就無法幫你的學步期孩子應付他的內在世界。這就意味著，你需要教導孩子如何在想要的東西遭到否決時處理內在生起的情緒。所幸的是，孩子的字彙庫正在急速擴張，只要你好好利用語言這座橋梁，結合角色扮演與說故事，就能邀請孩子進入想像的世界，幫助他理解現實世界。在此同時，學步期孩子也將會確信自己可以在無法承受的情緒來襲時安然度過，回歸到先前的平靜狀態。

雖然學步期的孩子相信自己能夠攀越高山、登上月球，然而真相是他們在面對浩瀚的生命時，也會感到徬徨無助。想要減輕孩子的這種感覺，就要在學步期時一步一步地建立規律的作息、設立更明確的界限。隨著孩子的成長，過了學步期後，孩子將學會走路、說話、自己吃東西（不再需要我們餵食）、自己如廁，以及睡在自己的床上。不用多久，當他們要上幼兒園時，就能克服分離焦慮，跟我們分開。

在孩子滿一歲之前，他們會經驗跟我們是一體的狀態（同調），接著在學步期開始探索自己的個體性。而現在，孩子已經準備好要進入下一段成長之路，學習在更廣闊的世界裡既保持獨立，又能與他人維持一定的關係，於是我們的孩子要進入學校就讀了。回顧帶養的這些年，也為身為父母的我們帶來全新的機會，讓我們能一方面陪伴孩子成長，一方面在精神層面上獲得成長。

CHAPTER

8

從主角變配角——求學階段的孩子，帶給我們的靈性成長機會

這是孩子自出生以來離你最遠的時刻，他們正在埋頭成長，所以需要空間。對孩子來說，這些年正是他們日後在扮演成人角色的實驗階段，身為明智的父母，此時要懂得往後退，孩子仍然需要你牽著他們的手，卻不需要你再為他們帶路了。

在就學階段的前幾年，孩子每天會學到大量的資訊，其中有些可能事後證明是難以負荷的，而其他方面卻是讓他們感到自由解放。

這個階段的孩子會經歷一些逆行階段，反覆表現緊黏著父母，以及只想要和同儕在一起的兩種現象。他們需要我們、緊抓著我們的程度，就跟他們想要獨立自主、心靈自由的程度一樣高；他們叛逆、挑釁的程度，也跟他們溫馴如天使般的程度一樣高。他們依然情緒化、喜怒無常，但在另一方面卻也展現出令我們感動的成熟度。

當我的女兒進入這個階段時，我發現自己會思忖：「突然之間，妳找到自己的朋友了。對妳來說，我沒有以前重要了，我既覺得如釋重負，同時也會懷念從前。現在，我們來看看彼此之間的連結，實際上有多堅固。」

在這個社會化的階段，我們的孩子將學習在沒有父母幫助的情況下跟朋友相處、遵守學校的規範、學習課業，以及管理情緒。透過跟朋友、老師的面對面相處，我們的孩子體認到自己是誰，同時也逐漸轉而依賴家庭之外的人來為他們反映出個人的身份認同。

這是一段試驗的時光，也是充斥著恐懼的時光——在這段時間裡，困惑就和熱情一樣多。孩子渴望明白是非對錯，更渴望連結感。這個階段對父母來說可能會十分煩人，因為我們會發現自己儼然跟孩子的學校、朋友和老師結婚了，而他們的生活可能跟我們自己的喜愛截然不同。然而，如果我們保持著覺知，也能在這個階段深刻地形塑孩子的行為，鼓勵他們展現出我們希望他們能保有的美德，例如慷慨、慈悲、同理心、察覺能力以及專注等。

身為明智的父母，此時要懂得往後退，稱職地扮演背景角色。當孩子需要認識真正的自己時，提供他們基本的觀點，因為對孩子來說，這些年正是他們日後在扮演成人角色的實驗階段。在你融入他們的喜怒哀樂之際，也要為他們的人格勾勒出一個朝向健全發展的輪廓，這是極其重要的。日後你不能因為現在沒教好的事而責怪他們。當你提供孩子所要求的支持時，他們所得到的除了個人的特質、能力感及價值感外，還有他們本身的局限。

由於這是孩子在成長階段第一次張開翅膀試著往外飛，你必須確保不會根據你自己的需求及偏見而刻意去修剪他們的翅膀。是的，你可以影響他們飛行的方向，甚至是他們飛行的速度，但一個不爭的事實是，孩子已經準備好要振翅高飛了。

中學階段：陪伴孩子迎接挑戰

中學階段是個重大的過渡期，在我們看來也經常是個充滿痛苦的變化過程。我們會目睹孩子的痛苦與迷惑，以及他們興奮的心情與充沛的精力。儘管我們試圖在孩子前進的路上為他們遮風擋雨，他們仍大膽地往前衝，想要嘗遍所有的滋味。

在中學階段的這些年，孩子對於自己是誰，將會經歷一次徹底的大翻轉。現在他們的身份認同還是流動不定的，這讓我們也同樣不得安寧。隨著他們努力掌握自己日益成熟的身體與逐漸萌芽的智能，我們會目睹他們的發展突然出現大轉彎。他們的身體不在乎心理的時間表，在心理還未準備好去應付日漸成熟的身體前，就一路往前走。由於荷爾蒙大量分泌，加上不安全感作祟，孩子充滿了迷惘，經常感到沒來由的焦慮。在這之前，他們的世界是清清楚楚地黑白分明，現在他們卻不確定他們的人生會塗上什麼色彩了。

這是你的孩子自出生以來離你最遠的時刻，他們正在埋頭成長，所以需要空間。因此，你必須從以往主導的位置退下，重建你的親子關係，不能也無法再當那個永遠權力在握的父母了。然而，孩子仍然需要你牽著他們的手，卻不需要你再為他們帶路。當他們不知所以地流淚哭泣時，還是需要你的陪伴。但是，即使他們黏著你，也需要你尊重他們的隱私；即使他們關上心門，也需要你的接納；即使他們失去理智，也需要你去了解他們。當他們在紛擾情緒的湍流裡奮力向前游時，需要你陪著他們一起游，雖然他們會一路丟掉救生圈。當他們讓你瀕臨抓狂邊緣時，他們需要你保持冷靜，即使是他們央求著你給他們意見，你也要保持安靜並凝神傾聽，只要單純地陪伴就可，不要只在意你自己的看法或詮釋。他們需要你寬恕他們的健忘與分神，並了解這全都是荷爾蒙在作祟。他們需要你的寬待包容，多給他們一點反抗的空間，並了解這是健康過程的一部分。他們需要你放開牽著的手，然後告訴他們：「不管你有多害怕，你都已經準備好要走自己的路了。」

在孩子人生的這個階段，他們會開始接觸到成黨結派、青澀的戀情，在一個社會政治的環境裡，他們也必須忍受背叛、拒絕及心碎的痛苦。每一段友誼都會在他們的人格留下印記，隨著他們過渡到為了適應環境而需要成為的那種人。這時，你的任務是靜靜地在一旁照看著他們，作為他們吐露煩惱的垃圾桶，抱持著希望，但絕對不要低估他們正在經歷的過程。當你的孩子泅泳在一波又一波洶湧的情緒浪潮裡，他們需要你的陪伴，需要你堅定的存在。最要緊的是，你不能試圖「修理」或調整他們的生活，只要去理解這些年的紛亂就好。

如此一來，你的孩子便能學會如何管理自己的情緒，自己想出應對的策略。這就像你在對他們說：「即使你覺得茫然無依，被身體拋棄，連靈魂也失去了，我也會在這裡跟你一起，像鏡子一樣映照出你的本質。」

相反的，一旦你也被捲入孩子起伏不定的情緒中，同樣也會受困在焦慮中，就無法幫助孩子度過這個階段將會遭遇到的種種困難。孩子需要你保持穩定，儘管你可能會對他們不斷變化的身份認同一再受挫而失去耐性，但你要牢記，這恰恰是孩子成長必經的過程。這段期間也不乏芝麻蒜皮的小事，比如孩子會很在意自己的外表，或在乎自己有多少朋友或敵人、老師是否讚美他們、他們有多聰明或有多不聰明、他們是否獲邀參加某人的生日派對或成為某人的舞伴等等。如果你告訴他們不要擔心這些膚淺的事情，你就是在把孩子往外推，而他們也會因此認定自己就是膚淺的人。換句話說，你的靈性責任只是將孩子所處的狀態像鏡子一樣如實映照出來，並不吝讚美他們過人的勇氣。

社會政治的另一個面向，就是「追星」或狂熱追隨者的整個概念。在渴望成為團體一份子的情況下，我們的孩子很可能會出賣靈魂。由於迫切渴望獲得認可，他們會放棄自己的真理，開始吸收他人的價值觀。當我們看著他們轉變為「美少女小組」的一員，費盡心機想成為校園風雲人物時，在他們精心打扮自己、耳中聽著音樂，表現得根本不符合他們真實的自己時，我們要先默默地退到一旁看著。

這時孩子可能會提出許多要求，要我們買給他們各種最新的配備與流行服飾。他們會爭辯說朋友們「都有這些東西」，如果他沒有就會被排擠。為了想讓自己的小孩融入團體中，我們可能會淪為他們無止盡要求的受害者。假如我們這麼做，就等於是在傳達給他們一個錯誤的訊息：身外物或那些風雲人物的意見，這些外在因素對維繫一個人的自我感很重要。因此，假如我們能夠抵抗孩子的需索，轉而教導他們要靠內在的價值感來取得團體內的立足之地，而不是身外物或盲從，如此一來，孩子就能學到不盲目從眾。

高中：明確接受的需要

過了中學階段的孩子日漸成熟，在他們身上，我們可以見到教養的影響。當我們認為絕不會發生或不可能發生的事降臨到我們頭上，我們會體驗到羞辱、防衛、罪疚及憤怒等等負面感受。我們為孩子犧牲這麼多，現在居然還要受制於他們！難怪有這麼多人會諮詢專家，請他們看看孩子到底有什麼毛病！

到了青春期後半段，我們不得不重新調整我們對孩子一直以來的期望，因為事實往往與預期有落差。你以為只會發生在別人家孩子身上的事，極可能也會發生在你的孩子身上，比如你需要把喝醉酒倒在廁所狂吐的孩子拖出來。確實，無論再怎麼看，你們先前良好的親子關係，怎麼會發展出孩子現今的怪異或荒謬行為。然而，其實無因不成果，無風不起浪，每當有父母質疑孩子在青春期為何會變成另一人時，我都會這樣回答：「他們還是同一個人，不會一夜之間就變了個樣。」

在這個階段，我們孩子的一切都會突飛猛進，發展出更明確的人格特質、更固定的行為舉止，以及更強烈的自我主張。但是，再怎麼難搞的青春期孩子也不會在一夜之間就突然抽芽成長，而是種子早在很久以前就一路撒下來了。在這個階段，我們的孩子注意到了自己未被滿足的需求，遺憾的是，假如他們一直以來都渴求一種真實的親子教養方式，現在，他們很可能會以一種不健康的方式開始追尋。

對孩子的管教失之嚴厲，青春期的他們就會衝破牢籠獲得自由。對孩子的教養失之放任，會導致孩子沒有學會如何自我克制，現在他們會變本加厲，更加放肆失控。而假如你過去長期忽略孩子或經常不在他們身邊，現在他們就會拒絕跟你建立連結。

以我接觸過的青春期親子問題關係的經驗來看，我可以向你保證，在這個成長階段療癒這段關係還不會太遲，只是完成難度較高，因為青春期的孩子會提防著你。在這樣的情況下，父母必須忍受青春期孩子帶給他們的痛苦，但是他們也要明白，這只是反映了多年來父母未能將孩子視為跟自己一樣都是有血有肉的人，繼而跟孩子建立關係的結果。身為父母必須願意承認：「過去我未能陪伴你，所以現在請問我該怎麼做才能修補我們的關係。」

另一方面，這個階段也是你多年帶養心血收割成果的時刻。如果你能傾聽孩子真實的需求並滋養他們的本質，他們會以相同的態度回報你，令你感到十分欣慰。我希望透過這本書，能讓無數的父母告訴他們青春期的孩子：「現在的你已經比我從前長得更高、更聰明，也更出色了。你跟自己的本質緊密相連，充滿了力量，我對你能成長為現在的樣子由衷感到驚嘆！」

這些年是你必須付出信任的時光。這確實是個考驗！進入青春期的孩子，正在經歷一場情緒的大混戰。他們持續以驚人的速度成長，開始與半成人的世界打交道、承擔工作、獨自前往異國旅行，然後進入大學就讀。戀愛、分手、被拋棄，測試各式各樣的身心極限，也是這場大混戰的一部分。這時候，他們需要你的全心接受更甚於以往。

放開孩子的手，不要受到控制的誘惑

青春期孩子在高中時期的行為，有時會讓我們想對他們施加更多控制，但這時候的我們應該做的是在孩子的翅膀上留個空間。現在是讓孩子展現我們過去教導的一切、所灌輸的道德觀及價值觀的好機會。他們需要展翅飛翔，至少能放他們在幾個街區逛逛，我們仍然可以溫柔地環抱他們，但要再稍微放鬆一點。他們需要知道自己隨時有家可以回，但更重要的是，他們擁有飛翔的自由。

日後當我女兒邁入青春期時，我知道我要抗拒內心那個小我想要介入的欲望。我已經可以聽到自己嘀咕著：「我有那麼多意見想跟妳分享、有那麼多見解想要教導妳，但是我明白，長篇大論的時刻已經過去了。現在是妳為自己寫演講稿的時刻了。」

我們的孩子在學校選修的課程、他們結交的朋友，還有他們追求的嗜好，這都是他們的私事，現在已經不是我們能一一過問了。當然，我們害怕的是他們會做出糟糕的選擇、受到有害的影響，風險一直都在，但是面對青少年的孩子，身為父母的我們能做的選擇已經有限了。如果我們的孩子在校功課不佳，或是缺乏學習動力，那是因為他們想要告訴我們有些事不對勁，而我們只能做出一種回應：接受。然後，我們可以採取適當的行動，例如孩子願意的話，為他們尋求額外的協助，但一定要給他們所需要的情感支持。

如果孩子在感情上或其他追求的事物做了很糟糕的選擇，在這場遊戲的這個時間點，你的策略就是接受。如果你所做的回應是嚴加控制或採取教條主義，那麼你會將這個青春期的孩子推得更遠。你對他們越少採取強硬、嚴格的手段，他們就越可能跟你建立一個良好的關係；反之，如果你態度專橫、占有欲強，只會引起孩子的反彈而做出負面行為。

父母很自然會提出這個問題：「妳是說我們該任由他們嗑藥、被踢出學校？」我的解釋如下：「孩子請求我們准許的階段已經過去了。我們的青少年會做他們想做的事，而這跟他們如何被教養長大有直接的關係。在這個時間點，我們必須移除自己能控制他們生活的此一假象。唯一能真正接觸孩子的方式，就是透過重建彼此之間失去的連結。」

在青春期這幾年裡，父母最關鍵的靈性課題就是要將彼此的關係導向真正的親屬關係及夥伴關係。我在此重申：關鍵在於「信任」。這不是一段讓我們害怕、焦慮的時光，而是必須沉著自信地告訴自己：「現在我總算可以安心地坐下來，享受你生活上的一切了。我們終於可以將彼此從舊有的角色裡釋放了，你是否已經準備好要和我一起創造一段新關係，一段讓我們成為夥伴的關係呢？」

如果你不尊重青春期孩子對隱私與空間的要求，他們會將你拒於門外。如果他們覺得你超出了界限，就會對你的智慧箴言充耳不聞。如果他們所聽到的一切就是警告或缺乏信任，他們便不會再來找你商量問題。因此，重要的是讓孩子真正知道，你不會也不想將個人的打算強加在他們身上。只有當孩子感受到你對他抱持著信心，無條件地相信他們有能力應付生活時，就會主動來找你。

對父母來說，沒有什麼能比孩子的安全更重要，尤其是青春期這個階段。這時期的孩子，最大的威脅之一就是同儕壓力，而且也可能會做出自毀的不成熟行為。雖然如此，我們也不能貿然闖入他們的生活，試圖去掌控。一旦我們這麼做，孩子會發揮詭計多端的本事，用盡各種辦法說謊、一意孤行，讓我們無可奈何或大動肝火。我們的侵犯性越強，青春期孩子就越是不會對我們吐露真話。在他們人生裡的這個階段，信任他們就是我們的靈性修練。

在我們主動限制自己對孩子生活的影響範圍之後，弔詭的是，我們依然能持續發揮極大的影響力。我們在日常互動與交談時，若能流露出完全無條件接受的態度，將能鼓勵孩子在需要時來找我們談一談。想要孩子能夠安全、獲得力量，最好的方式就是認可他們固有的那個真實的自己。

CHAPTER

9

為人父母的瘋狂面

教養子女是我們所能負荷的極限任務之一，既要任勞任怨，挑戰體能及耐心的極限，還可能懷疑自己的能力與價值，甚至懷疑生養小孩的意義。即便如此，倘若能認知到教養之路所帶來的靈性成長潛能，就能做好萬全的準備，不心生抗拒而全心擁抱教養的這些瘋狂面。

體會過當父母這趟旅程的美好面之後，覺知教養也包含了瘋狂的一面，它全然覺知到養育子女在心理、情緒及靈性層次上的投入與承諾有多麼深，也知道它有潛力永遠改變父母對自我的了解。

教養子女是最極端的人生旅程之一，它能讓我們呈現出自己最好的一面，也能呈現出最壞的一面。基於此，我們應當面對一個事實：對許多父母而言，這可能會是一個相當艱難的過程，尤其是母親。雖然我們知道並非所有父母都會面臨嚴峻的挑戰，但實際的情況是，所有父母都會經歷一場深刻的情緒與心理轉變。

如同我們在前兩章所見到的，沒有人真的對我們解釋過為人父母是一場翻轉人生的大事件。沒有人告訴過我們，親子之間的愛有可能會讓我們撕心裂肺，讓我們隨著孩子的命運載浮載沉。沒有人向我們解釋，倘若我們想要有意識地去教養孩子，我們固有的生活將不復存在，而曾經自以為的那個「我」也將在眼前消失。沒有人告訴過我們，我們必須忍受舊有之我的死去，然後茫無頭緒地不知如何發展出新的自我。

教養子女是我們所能負荷的極限任務之一。問問任何一位曾有以下經驗的母親就知道了：孩子半夜三點還不睡覺，胸前還趴著一個在喝奶，隔天早上九點要上班，更甭提老公還期待她在床上當個蕩婦，在外頭看起來像貴婦了。也可以問問任何一位曾有以下經驗的父親：要陪專注力不佳的孩子做功課，一再提醒他把注意力放在眼前的習題上，還要在另一個孩子足球練習結束後準時去接他，然後再處理帶回家做的公事。

父母的角色或許比其他任何角色都要讓我們懷疑自己。我們會質疑自己的能力、自己的價值，甚至自己是否神智正常，因為我們會問：「嗯，我那時到底為什麼想要生孩子？因為現在我只想讓他們好好上床睡覺，別來煩我。」

即便如此，倘若你能認知到教養之路所帶來的靈性成長潛能，就能做好萬全的準備，潛入它的最深處而不心生抗拒；或者不會在你努力想要掌控而感到不堪負荷、困惑不解時陷入泥沼。基於這個理由，在你養育子女一路走來的過程裡，根本不需要對自己所生起的各種感受懷著內疚感，反而必須全心擁抱教養的這些瘋狂面，讓孩子打開你的心胸，或者說將你舊有的身份認同撕成碎片，以一個更開闊的你取而代之。

母親這樣絕無僅有的角色

雖然父母雙方都會在教養上經歷一場身份認同的轉變，但對母親而言，教養之路在情緒與靈性上特別有深刻的意義。因為懷孕的九個月，孩子就安居在母親體內一天天成長。這段孕期使得母子關係變得獨一無二、特別親密，也形成了一種高度共生且具有私密性的複雜關係。這也是為何母親通常為孩子投注更多心力，而有時父親不會如此的原因之一。

在參與這個新心靈的誕生過程中，擴張的不只是媽媽的皮膚，還有媽媽的心靈。九個月的孕期，媽媽親眼見證了身體的神奇變化，對於自己是誰的認知也開始有了微妙的改變。隨著了解到自己的人生已經不再屬於自己一個人，而是多了孩子的參與，媽媽將會開始對自己的身份認同感到搖擺。她們會感覺到內心湧動著一股溫柔的呵護之情，如此豐沛卻又感覺如此陌生。

準媽媽們明白，這個懷孕的女子再也不是以前那個人了，但她們仍未能確定媽媽的這個新角色。於是，從懷孕到生產到帶養，她們為孩子付出了只有女人才會有的滿腔慈愛，並在付出的過程中，自我感逐漸淡化消失。她們發現自己離真正的自己越來越遠，彷彿置身在一個三不管地帶，哪裡都沒有歸屬感。

當然，她們覺得活得有目標，但多半只有在扮演母親這個角色時才會如此。當孩子漸漸長大，當另一半在公司步步高升，媽媽們會發現好像只有自己站在原地沒動，自己的人生似乎被按了暫停鍵。她們驚覺自己在周遭的世界裡找不到重心，也不再有什麼個人目標。時間一年一年過去，她們渴望在另一個獨立的身份認同裡尋得安全感，不再帶有「孩子的母親」這個身份，但卻往往不知該去哪裡找到這樣的身份認同。一部分的她們急切地想要重新找回自己，另一部分卻了解到過去的那個自己已經不存在了。這種情況難免令人恐慌，但這種身份感的喪失，其實也同時含藏著新生的潛力。

在帶養過程裡，許多媽媽照鏡子時幾乎不認得自己。細數眼周的皺紋，妳憶起了那次不買電玩，孩子當著我們的面大力甩門；妳憶起了那次孩子摔斷腿的可怕意外，以及孩子在博覽會走失的那一天。如果她們再看得更仔細點，也會在這些皺紋裡看見隨著母親身份而來的種種喜悅與驚奇。

我們可能會發現自己在洗碗時，忍不住一邊對孩子發牢騷，對我們的母親抱怨孩子的種種，為孩子的不當行為怪罪另一半，或為自己製造出這個全世界最「難搞」的孩子而哀嘆。

只有那些為人父母者才會了解這些翻白眼的嘆息所代表的真正含意，才能體會「誰知道帶小孩這麼辛苦」或是「太好了，現在屋裡終於可以空一陣子了」，也才會珍惜「我有幾個小時屬於自己的時間」。

對母親以及承擔起養育責任的父親而言，教養子女都是一件大量消耗情緒、心理、經濟及體力的工作，但卻很少人願意誠實地分享這到底有多麼艱辛磨人，以及這對情緒造成了多大的負擔。我們投注了大量的心力，努力當個「好」父母，以至於羞於對朋友與家人吐露自己的感受。因為我們害怕受到批評，因此經常會隱瞞自己為了滿足孩子的需求而感到支離破碎、身心俱疲的嚴重程度。結果就是，多數人都孤孤單單地走在這條教養之路上，而且真的相信自己那偶爾渴望回到為人父母之前的想法是不正常的。然而，假如我們願意將觸角伸向完美的表象之外，我們就能發現與其他父母之間有著「同道中人」的關係，也會明白自己會有這些感受絕非不正常，只不過是人性罷了。

沒有人能了解為人父母者那些交織著奉獻與煎熬的深刻感受，除非他們親身體會過。我們心中有滿滿的愛，但有時難免感覺疲累無力，而難掩憔悴面容。在某些時刻，我們對孩子的付出是如此徹底，甚至忘了自己的存在；而在另一些時刻，我們會渴望著能逃離現場，就讓他們穿一身髒衣服，在成堆的功課和亂七八糟的房間裡打混。當然，當我們開始想像自己悠閒地在沙灘上啜飲著瑪格麗特時，可能也會有幾分罪疚感。孩子霸占了母親（有時是扮演類似角色的父親）的全部心思，幾乎所有時間都在一起。我們若不是在照顧孩子、逗他們開心，就是在擔心著他們，難怪我們與另一半的關係會經歷急遽變化。我們的身體變成了一塊陌生的疆土，而當我們睡眠不足、經濟拮据、偶爾失控暴衝時，情緒失衡的狀態看起來就像個瘋子。

有一天，我們會無可避免地領悟到：「天哪！我好像我媽喔！」或者說，這句話可以翻譯為「我已經變成一個控制狂了」。當年母親吼我們的那句話：「你為什麼就不能聽話呢？」突然變得有道理了。此時的我們，終於能跟在飛機上對著哭鬧的孩子發飆的父母感同身受了。在我們為人父母之前，我們總是懷著優越感振振有詞地說：「如果我當父母，我的孩子絕不會做出那樣的行為！」而現在，我們會對那位家長寄予無限同情，想要抓起鬧脾氣的孩子塞到廁所裡關起來。

無論我們願不願意，都注定會在某些方面被孩子激怒，我們終究會在某個時間點「抓狂」。我們會咆哮怒吼，甚至尖叫，我們會以自己都不曾想過的方式責罵孩子。重要的是，我們必須接受這一點：被孩子激怒是很正常的。當我被孩子激怒時，我會告訴自己，我接受我自己那些令人不安的陰暗面，並且擁抱我的孩子教給我的有關我自己的功課。無論用哪種方式，每個人終將要面對自己身為父母的「陰影面」，以及難以抵抗的強大控制欲。

承認我們有時會做出情緒化反應，並一再以幼稚的方式發脾氣，是令人感到丟臉的事，對著孩子吼叫的感覺，自己其實也不好受。當我們瀕臨情緒失控的邊緣時，你會希望能擺脫這一切，逃得遠遠的。

但實際的做法是，你不僅需要在孩子鬧情緒時處於當下，與它同在，你也需要與你自己的情緒同處於當下，才能代謝掉自己的感受。唯有如此，你才能避免將自己的情緒投射至孩子身上。

在你覺得自己即將情緒崩潰時，你會很想返回傳統親子對立的階級式教養方式，但是如果你採取這種路線，很可能必須在孩子邁入青春期後付出高昂的代價。採取有意識的覺知教養或許一開始會很辛苦，但就長遠而言，顯然這是個最佳選擇。

良好的教養，你要臣服於另一種步調

學習跟孩子一同臣服於人生的本質，需要一點時間才能習慣。孩子對我們的耐心就是一個大考驗，這是教養過程不可避免的一部分。隨著我們的孩子步入青春期，對我們的耐心將會是更大的試煉，但挑戰有所不同。現在我們不是耐著性子等孩子吃完早餐麥片或教他們繫鞋帶，而是孩子會愛理不理地跟你回答「是」或「不是」，要找他們還得等他們有空檔，而且遠不及他們的朋友重要。

培養耐心是對孩子最必要的回應條件，也是一個讓你臣服於當下的機會。當孩子需要我們發揮耐心時，我們必須拋棄自己的既定想法、深呼吸，然後放下小我的各種要求，讓自己能夠全心全意珍惜當下這一刻。因此，培養耐心是一種靈性修練，我們的孩子是主控方，要求我們採取更緩慢、更有覺知的步調。

雖然如此，我也認知到有時我們就是沒時間發揮耐心，我們就是必須準時從一個地方趕到另一個地方。如果這變成我們慣常的生活方式，那我們真該感到羞愧了。孩子的生活步調緩慢，給予我們一個無價的珍寶，因為他們自然的節律比多數的成年人更接近靈魂的節律。因此，當我們匆匆忙忙時可以提醒自己，除了我們這一刻所在之處，我們其實並沒有別的地方可去。與其心浮氣躁，不如讓自己與孩子的靈魂一起處於當下。如果我們發現自己很焦慮、無法真正處於當下，那麼我們能為自己和孩子所做的好選擇，就是躲入一個安靜的空間，直到我們的心情恢復平靜為止。

當孩子不按照我們的「計畫」走，明智的做法是自我提醒孩子本來就沒必要這麼做，因為這並不是他們來到這個世界要做的事。在這種時候，我們可能需要考慮是否該改變我們的計畫，而不是總要求孩子遵照我們的願望行事。

如果孩子真的難以教導，你快失去耐心了，請傾聽你內心的低語：「不要把孩子當成你傾倒挫折感的垃圾桶。」當孩子惹惱了你，你必須有智慧地在內在與自己對話，問問自己：「我現在為什麼生氣？為什麼我會對孩子這麼不高興？我的孩子揭露了我什麼樣的內在狀態？」這時候，聰明的做法可能是深呼吸，然後離開那個房間。這麼做能讓你有機會進行重整，你可以提醒自己：「現在不是我的孩子需要幫助，而是我。」

如果你偶爾失去耐心，將自己的挫折感透過嚴厲的話語或咬緊牙關投射至孩子身上，那麼深呼吸一口氣，原諒你自己吧！放下它，然後重新開始。如果你發現自己經常失去耐心，那麼你就得徹底檢視這種情況了。你沒有理由天天失去耐心，除非你的生活已經繃得太緊、瀕臨極限了，那麼就該是評估你的情況，看看是否能讓生活恢復平衡的時候了。在這種關頭，重新建構自己的生活可能必須成為你的靈性焦點。

終結世代相傳的痛苦循環，是覺知教養裡一個很重要的面向，我們會在下一章更深入來探討這個問題。

CHAPTER 10

當父母前，先做個創傷終結者

由於父母缺乏覺知的教養，讓我們學會隱藏真正的自己。當我們為人父母後，在教養子女時就容易走上有樣學樣或過度補償等不適切的親子關係。這樣的惡性循環會在我們孩子的身上重演，孩子會戴上我們為他們準備的濾鏡看待世界，無法面對自己的真實人生。

當父母仍深陷在自己的痛苦裡，無法以每個孩子應獲得的對待方式來適當回應孩子的需求時，孩子在成長過程中不僅會感到空虛，也會覺得整個人分崩離析。這是因為他們最本質的自我並非曾經存在而後喪失，而是從來沒有發展過，因此他們在這個地球上到處尋找一面能反映他們真實稟性的鏡子，以及尋找允諾使他們變得完整的東西。

一旦親子關係無法提供這樣一面鏡子，要為我們的真實稟性打造一面內在的鏡子是相當困難的，因此我們可能不僅會感到迷失，甚至可能陷入嚴重的憂鬱。這樣的憂鬱狀態經常會以退縮的黑暗面，或透過對某種東西上癮來呈現。由於我們所選擇的上癮物質能暫時緩和內心的痛苦，因此可能會受到誘惑而相信它能給予我們那面失去的鏡子，覺得自己獲得了許久前已失去的認可。

這讓我想到莎曼珊的例子。她五十歲出頭，拿到博士學位，是個優秀的知識份子，目前在一間地方醫院擔任護士。找到合適的另一半及當母親是她一直以來的願望，但是這個願望一直沒實現。

莎曼珊來自破碎的家庭，從來不知道有個性情穩定、時常陪伴孩子的父母是什麼滋味。她的母親是工作忙碌的醫生，多半時間都無法陪伴她，而她從來都不知道自己的父親是誰。這意味著莎曼珊的童年是在自己照顧自己的情況下度過的。她甚至連告訴母親她參加第一次的戲劇表演或高中畢業典禮，都會覺得內疚，過了很久她才明白，對她母親來說，拯救全世界才是第一要務，女兒永遠不在第一順位。這樣的結果是，在莎曼珊眼裡，人生是靠不住的，她更相信要存活下來就必須努力壓抑自己的需求。

莎曼珊的母親再婚時嫁給了一個有暴力傾向的男人，她不敢相信，像母親這樣堅強又有能力的女性竟會允許自己受到這樣的羞辱。於是，高中一畢業，莎曼珊就離家跟一群嗑藥的朋友廝混、性濫交，多數日子都在街頭度過。

六年後，二十四歲的莎曼珊生活跌到谷底，因為出現嗑藥相關的心悸問題而被送進醫院。在急診室的燈光大亮之際，她突然領悟到自己就像母親一樣，情緒已經漠然癱瘓了。此後她找到工作、重新入學，由於天資聰慧，就這樣一路讀到大學畢業，繼而讀到碩士、博士。四十歲時，她完全擺脫了嗑藥惡習，經濟狀況也穩定了下來。

雖然莎曼珊表面上看似成功，但內在的她仍充滿痛苦。在工作上，她整天照顧別人，這是個讓她感到自在的角色，因為她覺得親密關係會讓她窒息。她無法信任任何男人，她預期著被背叛，最長的一段關係也只維持了五個月，這表示她多數時間都是孤獨寂寞的。她發覺自己陷入憂鬱，哀傷地說：「沒有什麼事能讓我期待，我已經盡一切力量從我的童年處境逃離，但我還是像五歲時一樣感到受傷而痛苦。內心裡，我仍是那個小女孩。這樣的痛苦難道沒有消失的一天嗎？」

令人難過的事實是，無論我們如何改變自己的外在世界，童年所受的苦依舊會在我們心中揮之不去，就像莎曼珊的例子，直到我們療癒了自己的內在，情況才會改變。無論我們是擁有珍貴的珠寶、獲得學位，或是受到另一半的崇拜，都沒能彌補一個孩子想從父母身上得到無條件接受的渴望。

我們多數人的內心都還是一個孩子，都尚未「達到」我們應該如是的那個人。比如說，如果在成長過程中，我們的父母是跟他們自己的真實自我脫節的，當我們仰望母親或父親的臉龐，想要看見我們自己的本質被映照出來時，所接收到的若不是空白狀態，就是一種與我們無關的情緒化反應。由於我們未能從照顧者眼中看見真實自我的映照，我們會從中學到自己比真正的自我更渺小。

那些帶著受創心靈來教養子女的父母，總是充斥著折磨自己的念頭與翻騰暗湧的情緒。他們會以各種方式在孩子身上劃下一輩子的傷痕。檢視這類教養的一些常見影響，對親子雙方都相當有幫助。

如果你從小就覺得自己不夠好……

強納森現在四十多歲，在他小時候從來不曾得到所需要的認可。結果就是，他雖然聰明、口才好，但工作從來沒能待超過一年。他所涉獵的職業十分廣泛，曾經任職大企業、私人公司及擔任老師，但沒有一份工作讓他感到滿意。在每個職場，他總是試著去找到一個敵對的人，最後導致離職。現在他已經走到了死胡同，因為沒有人願意再冒險聘用一位履歷如此不穩定的人。

他沉浸在痛苦裡，酗酒、菸不離手、跟老婆吵架，甚至對孩子惡言相向。「他總有一天會傷害自己，我早知道的。」他老婆在電話上對我說，「他不信任任何人，也疏遠我和孩子。他總是覺得全世界都將他拒於門外。」

如果強納森能往自己的內在看，他會發現是他自己將機會與別人拒於門外，因為就他記憶所及，他一直覺得這個世界上沒有人歡迎他。如同莎曼珊將人生視為不可靠，強納森對人生的看法是殘忍又不公平。他會有這種感受，是因為他不曾停下來好好檢視自己的期待，那些期待根據的全是他自己對遭到背叛的深刻恐懼。他期待著有一天會遭到背叛，因此一再為自己設下圈套讓自己被陷害。他根據自己那種比別人厲害的膨脹心態及浮誇的表現，將一些無法達成的標準強加在他的人生裡。由於這些高標準永遠達不到，他便拒絕來到他身上的種種機會，因此，失望的心情不斷循環，而他之所以會有這樣的處世態度，其實是來自於他內心的空虛感。因為內在如此空虛，他唯一能專注的就是能得到什麼或不能得到什麼，而非他能夠給予或付出什麼。

如果我們在成長的過程中老是覺得自己不夠好，就會將有所不足的感受轉移至周遭世界。我們會製造一個浮誇的面具人格來達到這個目的，如同強納森所做的，過度補償自認為不夠好的感受。結果就是，我們投射出一種態度，認為別人都不如自己，於是我們帶著傲慢的態度或裝腔作勢，彷彿自己比別人優秀，但真相是我們因為缺乏自我價值感而飽受折磨。

強納森也將這樣的能量帶進他為人父親的角色裡，逼迫孩子要在學業上名列前茅，要求他們參加一些他認為值得的活動，然後對他們的表現妄下定論。因為他只有在扮演「有權力」的父親角色時才會感到舒服自在，他的孩子畏懼他，結果，大兒子約書亞背棄了他。約書亞很少在家，課業成績不及格，還想要輟學，因為放棄自己比活在不斷害怕讓父親失望的情緒裡要輕鬆多了。

許多人所散發的能量會沉默地吶喊著：「人生最好是都能滿足我的需求！」我們受到這種能量的驅策，不斷從我們自認為必須擁有的生活裡強索快樂。由於我們沉浸在這種高要求的能量之中，任何不符我們期待的事物，我們都會覺得沒價值。即使有人給了我們非常珍貴的東西，我們也看不出價值。由於我們總是妄下評斷，因此抗拒的不只是生命的如實樣貌，還有我們孩子的如實樣貌。當然，我們的抗拒讓我們哪裡也到不了，因為生命依然忠於它的本質，以它自己的方式繼續流動。如果我們是有智慧的，便會認出這一點並開始隨順著它流動，而不是與它對抗。

隱藏在浮誇行為背後的缺乏自我價值感，有時是源自於父母對我們的接受度不夠，使我們一直渴望獲得更多。而在其他例子裡，它也可能是受到不當溺愛與讚美的結果。或者，我們可能會覺得自己更像是被父母操縱的玩偶，必須滿足他們的自我需求，而不是滿足我們自己的需求。

娜塔莎就是其中一個例子，她將本身對自我價值感的渴望轉移到周遭環境，她在一個人人稱羨的社區裡有一棟漂亮的房子，多年下來，不管是衣著行頭、珠寶首飾、交往的朋友、開的車子都是她能拿出來炫耀的東西。後來，她先生丟了工作，不到一年，他們就必須去跟公婆同住，而那是一個她認為配不上她的環境。娜塔莎變得情緒低落，沮喪到無法與孩子相處。她認定發生了一件「可怕」的事，把自己的不安全感投射到丈夫身上，因為他無法保住工作而輕視他。

不可否認的，娜塔莎的處境是糟糕的，但絕非她所認為的是一場劇烈的大變動。雖然她的新處境並非她所習慣的，但她依然能享有一個相當不錯、安全且穩定的生活，只是她對小我的執著讓她看不見這一點。

由於她深信自己的處境是悲慘的，也創造了一個忠心的追隨者——她的丈夫也開始變得悶悶不樂了。孩子在學校的成績開始下滑，她的健康也開始出問題。現在，她的處境真的每況愈下，丈夫已經放棄求職，他們還必須帶著兒子離開學校，因為他每門學科都不及格。這整個家庭完全一頭栽在娜塔莎的悲慘認知裡。

「告訴我，我對這些痛苦該怎麼反應？」她問我。「難道我該活蹦亂跳地辦一場派對嗎？告訴全宇宙我愛死了這一切，再多來一點折磨也沒關係嗎？」在她不斷恐懼、擔憂三餐沒著落的狀態下，她無法看清這一切讓她如此恐懼的災難都是她一手創造出來的。她從未想過可能有另一種回應這種處境的方式。

在娜塔莎的成長過程中，父母總是在憂心錢的問題。她父親工作一輩子，也省吃儉用了一輩子，而她母親也不斷在為錢煩惱。雖然她的家庭不到過不下去的窘境，但是娜塔莎卻承襲了這個訊息：個人的自我價值感與擁有的財物息息相關。她的雙親因為太執著於帳戶裡的數目，從來不曾追求過自己想要的生活。他們永遠都在錙銖必較，自我約束、漠視生命為他們帶來的豐厚贈禮，因為他們總是對未來憂心忡忡。在她父母的人生劇本裡，培植出娜塔莎對奢華生活的執迷，以及對平凡事物的恐懼。

等到娜塔莎終於領悟到這部劇本是她父母留下來的部分遺緒後，她選擇如實地接納現實狀態。抱持著這樣的心態，她重新做出了真實的情緒回應。她理解到自己對丈夫的拒絕心態，其實是她自己內在恐懼的映照，於是她重新接納了丈夫。他們一起創辦了一個非營利組織，專門協助單身女子重新振作起來，恢復正常生活。雖然他們無法再享有過去的經濟水準所帶來的富裕生活，卻因為能幫助他人扭轉生活而充滿了愉悅與滿足。

如果你習慣取悅他人來贏得贊同……

如果父母經常迴避真實的自我來掩飾真正的感受，以求融入團體，教養出來的孩子將會仿效這種虛假的生活方式。他們目睹父母為了獲得他人的贊同而改變自己，因此養成了善於取悅別人的習慣，為了尋求贊同而對他人投其所好。

倘若孩子見到父母將他人的需求置於自己的需求之上，他們也學會看重別人更甚於自己。由於他們會極度重視人際關係，也會基於自己的人際關係來形塑身份認同。然而，這種不真實的利他心態，底下卻隱藏著一種長期醞釀的怨恨情緒，因為沒有任何人能夠持續維持這種付出方式，除非他們先為自己付出。

當我們為了獲得贊同而取悅他人時，我們也可能會開始取悅孩子。為了獲得孩子的贊同，我們會投其所好，而不是教導他們管好自己的需求。我們過度遷就、溺愛孩子的結果，是向他們傳遞一個訊息：占我們便宜是沒關係的。因為我們自己低落的自我價值感，讓孩子認為自己是我們世界的中心，這是一種很不健康的情緒，是一種企圖減輕我們匱乏感的強迫性舉動。這種做法，無疑會養出一個以為全世界都繞著他們轉的自戀者。

假如我們無法為自己構築出一道健康的界限，孩子將學到不尊重他人的界限。他們觀察著我們的作為，發現我們無法為自己預留空間與要求，於是孩子相信他們自己的空間與要求比其他人更重要。我們不斷想辦法給予孩子一切，從來不懂得適時說「不」，孩子也就無從學習到去接受人生無法盡如人意的真相。缺乏這個重要的認知，導致孩子會發展出一種浮誇的性格。

艾尼塔是家中的老二，她的父親史丹利在她七歲時過世，艾尼塔的姊姊患有嚴重的心理與身體障礙，必須一直坐在輪椅上。她的母親露易莎把注意力全放在姊姊身上，永遠都在為女兒的殘疾耗費心神。面對這樣的處境，艾尼塔很快就認清自己的處境：她是次要的。無論她做什麼，都無法讓母親的注意力轉移到自己身上。她覺得自己就像一頭貪婪的野獸，無時無刻不在求取母親的注意。

只有在艾尼塔幫助姊姊、協助分攤照顧病人的沉重負擔時，母親才會注意到她，於是艾尼塔充分適應了這樣的角色，成為一個完美無瑕的照護者。結果是，她的母親越來越依賴她，同時更進一步要求她去完成姊姊無力辦到的事。艾尼塔滿足了母親的所有期望，成為一位成功的小兒科醫生，在財務上與情感上照顧著全家人。

她晚婚，婚後有了三個孩子，在她自己的家庭裡，艾尼塔繼續扮演著她最擅長的角色，心甘情願地為子女付出所有，她的孩子們也都個個能幹有成就。她熱切希望自己的孩子不要過得像她一樣，於是她會順從孩子的每個要求，允許他們利用自己，一如自己被母親所利用剝削。

艾尼塔的丈夫史蒂夫，對老婆的期待與要求也不遑多讓。他器量狹小、嫉妒心重、占有欲強，總是讓她心力交瘁。於是，艾尼塔成年後的生活都在為母親、姊姊、孩子與丈夫操心中度過，而她也看似能從容應付這樣的日子。直到有一天，她被診斷出罹患乳癌。

她毫無戰鬥意志，崩潰地陷入憂鬱狀態。就在她自己最需要堅強的時刻，她輕易放棄了。這個女人一生都在為他人付出，而當她必須為自己努力時，她卻沒有能力做到。她的自我價值感是如此低落，連為自己出面力爭的能力都沒有。

艾尼塔希望能依靠母親，但是卻激發了母親更大的焦慮感，使得母親不但不對女兒付出關懷，反而對她生氣，不斷數落她的不是，拒絕接受艾尼塔處於需要他人照顧的艱困狀態。艾尼塔的孩子也無法面對及處理母親的虛弱，他們也開始變得軟弱逃避。艾尼塔的丈夫不習慣在情感上當一個領導者，開始躲著不回家，他說家裡「太病態」了。就這樣，一如她童年時的處境，艾尼塔發現自己被遺棄了。

經過了幾個月的治療，艾尼塔終於清醒地領悟到一個事實：因為她許久以前被自己的父母遺棄，所以她也遺棄了自己。現在，她清楚見到了自己是如何吸引了一個與母親個性如出一轍的丈夫，自戀又忽視她。她領悟到自己不停地為孩子付出，反而造成他們在情緒上無能處理艱辛的一面。為了保護孩子，使他們不遭受自己童年所經歷的同樣痛苦，她縱容且溺愛孩子，導致他們缺乏同理心的同時，也變得冷酷無情。她深怕自己重蹈母親的覆轍，卻不知不覺地在教養過程中漠視了教導孩子責任感的重要性。

許多人都和艾尼塔一樣，發現自己不惜扭曲自己去贏取他人的贊同。在我們努力爭取獲得接受及認可的同時，卻變成了一個失去自我的人。我們由一對不准我們展露天性的父母養育長大，於是學到若要獲得父母的慈愛，就必須改變自己的欲望，躲在一個面具人格後面，也就是一個父母贊同下的虛假自己。那是特別為父母量身打造的，而不是為了我們自己，這個面具人格掩飾了我們真實的存在方式。

父母缺乏覺知的教養，會讓我們羞於表達出真正的自己，我們會因為想要成為獨一無二的自己而心生愧疚。如果在我們出於直覺回應而偏離慣常軌道後，卻覺得對父母有所內疚，我們將逐漸地不再相信自己，而對自己所做的人生抉擇搖擺不定。

內疚感是一種陰鬱的情緒，會凍結我們真實的聲音，留給我們一種不足感與不安全感。心中帶著這樣的印記長大，將不會再信任自己本具的智慧，導致一輩子因為強行套在自己身上的內疚感而覺得窒息，或是透過評斷身邊的人、讓他們心生愧疚等方式，將這種感受轉嫁到他人身上。

帶著這樣的印記，我們會反射性地根據以下的價值取向來看待這個世界：

- 我很壞，因為我想做真正的自己。
- 我不配擁有快樂的情緒，一旦我感到快樂，就等於拋棄了那些不快樂的人。
- 我不能讓情緒自由釋放，因為我不值得。
- 我是造成父母痛苦的原因。
- 我很「壞」，因為我讓父母感到不舒服。

帶著這類心理印記成長的孩子，成年後可能因為內疚感作祟而無法成為稱職的父母，因為他們會隱約覺得，追求自己真正想做的事可能會令他人失望。這樣的父母無法讓子女擁有自由，選擇自己想要的生活。由於這些父母不相信自己的能力，所以也會經常對管教孩子或為提供適當的界限而感到力有未逮。這種父母教養出來的孩子，通常是被慣壞的小孩，在測試人我分際時也會較具侵略性。

你能否做自己？

前面我們提過，由於父母太過自我中心，導致孩子為了爭取父母的注意力而被傷害。這樣的孩子無法做自己，無法滿足自己真正的需求，必須一味地滿足父母的小我。他們不會直接說出心裡真正的想法，而是採取迂迴的手段間接表達，好讓自己的需求能獲得滿足。他們會將自己視為受害者，把自己之所以受罪的責任轉嫁到他人身上。因為怪罪他人能為自己開脫，免除所有的責任，讓自己站在「我好可憐」的這種立場。

當這些孩子日後為人父母後，他們也無法放手讓自己的孩子做自己。如果孩子敢追求自我，這類型的父母會認為自己是受害者或扮演犧牲者的角色，迫使孩子因為試圖做自己而感到內疚。

瑪莎的故事就是一個典型的例子。她一共有七個兄弟姊妹，家裡孩子多，所以她很早就知道父母的注意力必須分配給眾多孩子，她心想自己若想要多獲得父母的注意，就必須在某方面變得很特別。因此，有時她會故意做出誇張的戲劇化表現，比其他兄弟姊妹更喧鬧，甚至也打扮得更亮麗。有些時候，她轉而扮演憂鬱症患者，謊稱這裡疼那裡痛。但無論她多麼努力，令人難過的事實是，父母的注意力還是有限，同樣必須稀釋給八個孩子。

瑪莎覺得自己一定有什麼地方做錯了，長大後，她成了一個滿腹牢騷的女人。她嫁給了一個對賺錢比對她更感興趣的男人，後來她丈夫在外面拈花惹草，她驚覺自己必須獨力撫養兒子長大。由於她的情緒沒有其他出口，兒子奈特遂成了她整個宇宙的中心。兒子讓她感覺到自己是全世界最特別的人，那是她一直以來渴望獲得的感覺，因此她盡力滿足他的願望，將他培養成一個像她當初會想要嫁的男人。

奈特的朋友都很羨慕他母親對他照顧得無微不至，但很少人能了解他其實活在無法想像的巨大壓力之下，一點也不覺得自己是個幸運兒。母親期望他能成為她無法在父親或丈夫身上看到的理想模樣，每當他想要掙脫母親的掌控，主導自己的人生時，心中的內疚感便會不斷滋長。

瑪莎將自己所扮演的犧牲者角色發揮到了極限，如果奈特不同意她的話，她就會提醒兒子自己為他所做的一切、為他所做的犧牲，以及她如何全心全意地將自己的人生奉獻給他，藉由眼淚和博取同情來控制他。奈特的父親甚至責怪兒子搶走了老婆，只是他的指控說得十分隱晦。

奈特覺得對母親有虧欠，彷彿他有責任帶給母親無法從父母或丈夫身上得到的快樂，他覺得自己陷入了動彈不得的困境裡。雖然他想要到國外念書，但是仍然留在了離住家只有兩個街區的學校就讀，也只和他認為母親會喜歡的女孩約會。他發覺若搬離這個地方，簡直就跟殺死母親沒兩樣。他相信自己是母親的唯一救贖，結果反而成了母親掌控下的受害者，成為母親烈士主義下的犧牲品。

後來，奈特墜入了愛河，對方是一個和母親一樣控制欲很強、有能力和母親一樣激發他產生強烈內疚感的女子。妻子和母親形成競爭角色，交相爭奪他的注意力。他當了父親後，他的母親甚至覺得受到更大的威脅，對他使出童年時候爭取父母注意的種種手段，例如假裝不舒服等等。瑪莎用盡一切手段來爭取兒子的注意，由於她太以自我為中心，加上奈特沒有能力用健康的方式讓彼此獨立，終於導致他的婚姻出現了危機。

一般來說，女性更容易在受害者的氛圍下成長，我們會無意識地吸收應該照顧他人的信念，並從中獲得人生的意義。而當這件事終於無法讓我們感到滿足時，我們就會誇大不滿足感，並轉化為個人的優勢，以此來箝制受到自己照顧的人。面對自己的情緒狀態並為它負起責任，有時會令人畏懼，於是我們選擇透過間接的表達方式來達到目的，例如宣稱自己在照顧他人，但其實是在利用他們來幫助自己感到被需要、有價值。換句話說，我們的利他行為，其實是為了滿足自己填補內心空虛的渴望。

我見過許多在無覺知教養中受到傷害的孩子，因此我建議父母親要從評判的寶座上退位下來，每天都這麼告訴自己：「我要擺脫自認為有權評判孩子的想法。我要讓孩子能從獲得我贊同的需要以及害怕我不贊同的恐懼中釋放出來。我將會無條件地認同孩子，因為他早已擁有這個權利。但願我有足夠的智慧，能看出孩子在平凡裡閃耀的光芒。但願我有足夠的能力，可以不根據孩子的表現來評斷他。但願我得此恩典，能在每一天靜靜地跟孩子在一起，單純地享受孩子的存在。但願有人能隨時提醒我，我自己也是平凡的，並有能力沉浸在這份美好裡。我存在的目的，不是為了評斷或贊同孩子的原本狀態；也不是為了決定孩子的人生道路該怎麼走，而是作為孩子的靈性夥伴。我的孩子，擁有美好、智慧的心靈，它會以其該有的方式展現。從我孩子的心靈，將會反映出我應該如何去回應我個人的本質。」

「壞」行為，是為了尋找善良的天性

湯尼是我的一位好友，他是個內省能力強、富有創造力且非常入世的人，他也是個飽受折磨的靈魂。他是孿生子，十歲時被送去跟祖父母同住。他回憶：「他們突然把我送走，前一天我還照常去上學，隔天母親就幫我整理好了行李。她告訴我說，我會對我的雙胞胎弟弟造成不良影響，因為我太強了，讓他產生了自卑感。」

湯尼的母親向他保證，他只是離開幾個月，只要他的弟弟恢復正常，他就可以回來。「你一向都是比較強壯的，」她告訴他，「所以你會沒事的。」結果，幾個月變成了一年半的時間。

湯尼說道：「我一個月只見到父母親一次。他們老是告訴我，你弟弟已經不再內向膽怯了，現在已經可以獨立，比以前好多了。然後他們就離開了，一直到下次見面才會有他們的消息。雖然他們說我比較堅強，說我會沒事，但我從來就不是如此。為什麼我是被送走的那一個？從那時起，我就暗自決定絕不再當『堅強的、沒事的』人。」

湯尼開始發洩情緒，沉溺在負面行為裡以吸引他人注意，認為這會讓父母注意到他，就像他們對他的雙胞胎弟弟所做的一樣。然而，他的行為反而激怒了父母，他們還威脅他說永遠不帶他回家，試圖以此控制他。「我只有變本加厲，」他嘆息著說，「我染上毒癮、酒癮，被退學。」儘管如此，湯尼的雙親仍一味地守護弟弟，對湯尼不聞不問。「因此，我從那個『沒事』的小孩變成了『壞』小孩，至今依然被貼上這樣的標籤。」湯尼曾經試著跟父母解釋，他不是天生叛逆，而是因為要贏得他們的注意，但是卻遭到父母的惡意嘲弄。他們告訴湯尼，會送他離開就是因為他一直都是個壞孩子。「也許他們是對的，我從一出生就是個壞胚子。」湯尼自嘲地說。

有些叛逆小孩可能肇因於家庭的互動方式，而最根本的原因就是「接受」的問題。最典型的情形包括：父母管教太嚴格、過度保護，或是太專橫。孩子覺得自己無法真實表達自我，覺得父母的期待是個沉重的負擔。事實上，許多的「壞」行為，都是孩子對外尋求幫助的方式。孩子想要藉此傳達的訊息，是他的需求未能從正常管道獲得滿足，因此他必須訴諸極端的行為來達到目的。另一種可能的反應是孩子會屈服於父母的種種要求，「善於取悅」他人。

由於「壞」行為會激發為人父母的恐懼，因此我們會告誡孩子，讓他們覺得內疚，或甚至不理他們，逼他們改過自新，但事情往往不會如此發展。這麼做反而會激化孩子的行為，讓他們繼續做壞事，終至讓情況惡化到不可收拾。當孩子因為壞行為而受到負面關注時，他們所學到的是，如果他們夠壞，父母終究會注意到他們。

有些人小時候曾遭家人排斥，他會吸收家裡所有的痛苦與失敗。治療師將這樣的「問題小孩」稱為家庭裡的代罪羔羊（identified patient）。當父母不願意接受自己的陰暗面，不可避免地就會將這個陰暗面投射到他們其中一個孩子身上，而這個孩子就成為家中的情緒垃圾桶，所有未能表達的、分裂的情緒都往他身上去。偶爾，這種情緒不只會投射在一個孩子身上，也可能更多個。這類的孩子將會帶著強烈的內疚感，以及覺得自己是個「天生的壞胚子」長大成人。

當他們當上父母之後，可能會將自己是個「壞份子」的感受投射到孩子或配偶身上，繼續將自己塑造成「壞人」。倘若他們對自己的叛逆高度敏感，可能會對孩子的叛逆跡象過度警覺，這會導致兩種結果：其一是太放任，其二就是過度控制。這樣的父母並不了解，這兩種教養方式都會製造出叛逆的孩子。

人人都有一個充盈的本我

你的痛苦或缺憾，無論以什麼形式出現，都不是真正的你。它們都無法碰觸到你真正的內在人格，因此無論你過去的遭遇如何，都無法決定現在的你是什麼樣子的人。

人生縱然有許多痛苦，但你良善的真實本性從未消失過，只是因為它受到層層覆蓋而無法順利發展，讓你看不見摸不著。幸運的是，透過親子關係，可以發掘出你真正的內在人格，將你心中尚未整合的部分重整起來，這對於親子雙方都是很有助益的進展。

能夠在充滿喜樂的家庭裡長大，由有覺知的父母教養成人，這樣的福分不是人人都能擁有的。這種有福氣的孩子將能擁有輕盈的心靈，直覺地信任生命是良善的、有智慧的。他們知道，不該害怕生命，而是該擁抱生命。這些孩子看著父母建立起超越物質的內在連結，也從中學會了與自己的內在本源建立獨一無二的連結。

CHAPTER

11

本真生活，內外一致

每個人的生命之旅都是獨一無二的，都要我們親自去承擔與體驗。因此我們的內心害怕臣服於這種「應當如是」的人生，這樣的恐懼會將我們禁錮在情緒化的反應模式裡，讓我們帶著焦慮、挫折、憤怒及詛咒去回應生活中那些令人不適的經驗。

成年之後，我們的生活裡充塞著各式各樣的活動，很多人總是想用活動把每分鐘都填滿。我們自尊的基礎就建立在做了多少事、賺了多少錢、外表有多出色，以及人際關係有多好等因素上面。

我們的孩子原本並非以這種瘋狂的狀態在運作的，直到我們教導了他們這種生活方式。因此，若想有意識有覺知地教養孩子，就必須從一個有別於傳統社會規範的體制來運作。孩子的成功與否，要用不同的標準來衡量，不要讓孩子在各種活動中疲於奔命，為了達到成人世界的標準而飽受壓力，我們的孩子應該被允許活在當下，僅僅因為他們的存在就值得被禮讚。在這種教養方式下，課業成績或是外在的成就，都只是人生全局裡的一個小面向。

鼓勵孩子單純地享受生命，所以父母要避免把孩子的行程排得太滿，允許他們在童年時能盡情地跟其他孩子一同玩耍，度過悠閒的時光。如果孩子從早到晚都被各種活動填滿，甚至在五歲前就已經開始過這種生活，我們又怎能期待跟孩子建立真正的連結呢？

真相是，許多孩子之所以忙著趕行程，都是因為父母自己坐不住、心神不定，而不是因為孩子需要做這麼多的事。我們從小所接受的教養就是要持續「做」些什麼，不只是身體上的活動，例如工作、運動或跑腿等讓我們保持忙碌的活動，也包括在腦袋裡忙著為人事物貼標籤、分類、評估、推理。現代人的大腦就像跑馬燈，以至於失去了不帶好惡立場去認識一個人或處境的能力，通常我們都會立即就冠上我們預設的念頭，評判是非對錯、好或不好。

你可以看看父母如何帶著焦慮、挫折、憤怒及詛咒來回應生活中令人不適的面向，如何評判他們的經驗並貼上標籤。例如塞車時，他們無法冷靜地覺知到自己困在車陣裡的這個處境，平靜接受事實，在這樣的「難關」中他們常會失去自己，只注意到這樣的處境感覺起來很糟糕。這種父母傳承給孩子的是一種態度：所有的生命經驗都應該被評判、貼上標籤，特別是那些「不好」的經驗。如果我們無法從一種如實存在的狀態來面對孩子的真實面，孩子也會對人生採取同樣的態度，拒絕如實去體驗。

這一切的「強加作為」，都只是試圖減輕我們不完整的感覺，我們可以在有些母親身上看到這樣的典型表現：為了孩子放棄自己的生活，總是以「為孩子好」為由，安排許多活動。表面上看來，她是個盡心盡力的母親，總是接送孩子上芭蕾舞課、參加籃球比賽、為他們準備三餐、清潔打掃……然而，由於她的自我感是透過她為孩子所做的一切而定的，她的付出是有條件的。孩子馬不停蹄的行程表，是為了安撫母親本身的焦慮，所以她無法對孩子當下的需求做出有意識的回應，反而是利用孩子作為替代品，來滿足她無法實現的夢想。如果孩子無法按照她的要求去扭曲自己，她會無法忍受，繼而演變成操弄孩子、設法讓他們變「好」這種更不健康的互動。

我曾在一個母親和她兩個孩子身上見過這種情形。那是一位決定放棄職業生涯，成為全職母親的服裝設計師，這位媽媽將全部的注意力都放在孩子身上，到了整天繞著他們團團轉的地步。她的孩子一直處於過度熱中、過度投入的狀態，每晚都有活動，這表示她必須天天開車來回接送孩子，而孩子在學業與活動上的出色表現也成了她最重要的事。由於女兒是明星游泳選手，兒子也是個出色的鋼琴家，讓身為母親的她引以為傲，從頭到尾參與了孩子的光榮時刻。對於孩子的活動，她總是第一個抵達現場的家長，這些場合讓她感受到了為人母與身為一個人的價值。

直至有一天，學校的輔導人員打電話給她，說她女兒透露自己有暴食症狀。這個小女孩情緒崩潰，聲稱自己非常害怕母親會發現這件事，一直不斷說著：「請不要告訴我媽媽，她會恨死我。她會對我感到很失望。」小女孩才八歲就已經因為想要穿泳裝更好看而承受了巨大的壓力，導致了暴食症狀。

這個時候，母親在生活上趕緊踩了煞車，這是她頭一次驚覺到無止盡的活動對孩子的情緒健康帶來了什麼樣的傷害。在這之前，她一直以為自己一心為孩子打算，從未想過壓力可能會導致反效果。她怎麼會知道？當她自己也是個孩子時，她從未有機會參加那麼多活動，也從未得到父母的太多關注，父母總是在各地旅行，將她丟給保母照顧。她想要藉著去做母親從未替她做過的事，讓自己成為一個為孩子全心奉獻的媽媽。諷刺的是，她想要讓孩子擁有她曾被剝奪的童年，這樣的願望反而讓她的孩子感到孤單、感到被忽略，一如她曾有過的感受。不同的是，她孩子的情況是將感受埋藏在緊張忙碌的作息底下，因為他們覺得自己必須為了母親而持續有所表現。

這個例子帶給我們的心得是：如果我們教導孩子他們的身份認同是根據他們「做」了什麼而定，那麼一旦事情不如所願時，他們就會很不快樂。

焦慮也是一種「作為」？

我們用來掩飾自己無法如實「存在」的最常見做法之一，就是焦慮。

倘若父母以懷疑、猶豫、悲觀或不信任的態度對現實環境做出情緒化反應，無法冷靜下來，與當下的現實一起安處，而是焦慮地尋求答案，那麼孩子也會對人生採取同樣的態度。這樣的父母無法將生活中的困境視為磨練自己內在韌性的邀請，反而發展出一種「我真不幸」的心態，孩子也將容易對自己遇到的困難做出同樣的情緒化反應。一旦孩子承襲了焦慮的情緒印記之後，便會製造出自己是受害者的感受，以及想要扮演犧牲者的欲望。

同樣的，若父母習慣將焦點放在自己覺得不足之處，他們的小孩在看待這個世界時就會戴上「匱乏」的鏡片。這是因為空虛感所致，當我們望向周遭世界時，會將焦點放在自己熟悉的事物上，那也是我們自覺匱乏的事物。我們不習慣用富足感來看待世界，以至於辨認不出宇宙如此充盈豐盛。

有些人的焦慮感是因為追求「完美」而起，這會讓他們不由自主地一再想要自我調整修正，其背後的驅動力是渴望獲得每個人贊同的心態。還有些人的焦慮感則會成為另一種燃料：他們也渴望獲得認同，但表現出來的行為卻是相反的，焦慮感讓他們更叛逆、不守規矩。他們依然覺得自己應該要完美，依然渴望修正自己，依然想要獲得認同，但是這些願望都因為實際行為而蒙上陰影。

相較於其他情緒，焦慮更容易表現出對控制的需求。當我們無法與本當如是的真實自我共處時，便放棄了與真實自我建立連結。為了取代真實的自我，我們不是屈就於他人意志而獲得某種「自我控制良好」的感受，就是試圖去掌控他人（特別是我們的孩子），好讓自己感覺控制權在握。為了減輕焦慮，我們會不由自主地操控人生的各種境況、支配結果，並且統理跟自己生活在一起的人。

煩惱或擔憂，能讓我們產生一種自己正在「做」某件事的感覺，欺騙自己還握有一些控制權。這種心理「作為」，會讓我們覺得自己正在採取行動。然而，由於煩惱或擔憂都將焦點擺在未來，擺在根本尚未發展的事物上，因此反而讓我們從當下的情況轉移，而無法採取正面行動。真相是，煩惱或擔憂只是用來掩飾害怕處在當下的一副面具。

弔詭的是，每當我們困在焦慮裡，我們害怕的是為目前的處境負起責任，做些可以改善現狀的努力。事實上，當我們仔細檢視焦慮，它其實是一種被動狀態——一種使人分心，讓我們的腦袋塞進一堆想法的狀態。這些轉個不停的念頭看似是針對我們處境的積極回應，但其實發揮不了任何力量。雖然我們在某個問題上會透過個人立場（例如想法或強加一己意志於他人身上）企圖強行控制，卻鮮少採取能改變現狀的必要行動。

由屈服於現實狀態的念頭所產生的焦慮，會以各種形式呈現，其中有一些是值得探究的。比如說，每當生活不如我們所願時，我們會產生一種凌駕於生命之上的強烈感受，覺得這樣的事情只能發生在別人身上，而不該發生在像我們這樣「特別」的人身上。我們會告訴自己：「這不應該發生在我身上，這不可能發生在這個家裡。我不相信，全世界有那麼多人，為什麼偏偏是我要經歷這一切。命運應該待我更好，這不是我所預期的，這不該是我這麼努力工作所獲得的結果！」

當事情發展的結果不如我們預期時，有些人會耽溺在受害者的心態，甚至是犧牲者的殉難心態。我們認為自己倒楣透頂，「這種事總是發生在我身上，」我們可能會這麼說，「我最後總是輸，我永遠不會贏。」我們甚至可能相信每個人都在等著撂倒我們。若再更進一步，我們可能會開始相信這個世界不僅不公平，也是不安全的。我們的內在對話類似這樣：「每個人都只在乎他們自己，這是個充滿競爭的世界。我痛恨活在一個總是圍繞著金錢打轉，而不是愛的世界。人們會做一些卑鄙、殘酷、報復的事。你信不過任何人，因為人類本來就不值得信任。這個世界真是一個如地獄般的居住環境。」

有些人會因為自己的不幸而自責，這只能讓他們更悲慘。「都是我的錯，」我們這麼告訴自己，「我總是引來不幸，我活該遭受這樣的命運。」或者，我們可能會將受害者心態的矛頭朝外，告訴自己：「他們從來就沒愛過我，他們應該更關心我一些。如果他們肯這樣做就好了。他們只會落井下石，為什麼就是不肯多聽我的話？」

若是帶有這些心態，我們在遇到人生挑戰時，將會時時把自己繃得緊緊的，往內縮而不是向外開展。這種心態所引發的焦慮會催生沮喪感，使我們更心煩意亂，從而導致失敗，接著造成動機低落，然後往下墜至更焦慮的狀態，以及隨著焦慮而來的束手無策。我們因為害怕失敗而懼怕全心投入生活，於是我們為自己製造出一個又一個的障礙，面對艱難的處境時，我們眼中所見皆是問題，而非解答。

許多人會製造一些情境，靠著自我破壞來餵養自己的「我不能」心態。例如，我們會在考試前臨時抱佛腳，然後當我們因為拖延心態而成績不佳，我們便將這個事實詮釋為我們「沒有能力」。或者，我們會展開一項計畫卻不完成它，因為我們不僅忙著處理各種令人分心的雜務，還為自己設置障礙，讓自己更加相信自己沒有能力。即便我們在人生的某個時間點做出了正面的改變，也會覺得這樣的改變太過陌生、不適合自己而變得更焦慮，從而放棄改變，恢復到被動狀態。我們深信自己必須先確知結果才會投入，於是讓我們不能主動去冒險，若情況不明朗，我們會覺得自己太脆弱、毫無保護。

假如在成長過程中，你的父母對生活的回應主要是焦慮，那麼你也會將這種回應模式傳遞給你的孩子，除非你能仔細觀照自己，有意識地解除這種反應模式。如果你做不到，孩子會從你身上學到人生暗藏風險，充滿威脅。他們會對上天賦予他們去面對及戰勝人生風險的能力產生畏懼，而這種自信原本是他們與生俱來且奠基於內在的一種真知灼見。他們在懷疑自己的同時，也會受騙於這樣的幻覺：「我如果不為生活中的某事擔心，未雨綢繆，總有一天會出問題。」

如此代代相傳的循環，唯有在我們意識到「擔憂只是用來掩飾害怕活在當下的面具」時才能打破。藉著有意識地活在當下，我們才能幫孩子培養他們對生命的信任，相信生命本有的智慧。

你害怕活在當下，根本原因是……

許多人害怕跟自己安靜獨處，無法真真切切地去體驗孤獨的感受，面對這件事會讓我們心生恐慌，於是我們每天排滿了各種計畫與活動，用盡一切方法干涉孩子的生活。

當然，這樣的恐懼源自於我們對死亡的恐懼，那是我們尚未準備好要接受的事實，因此我們才會假裝死亡躲著我們，並帶著這樣的心態過日子。除非我們與自己終將一死的命運達成和解，否則我們將一再以噪音和誇大的情緒反應填滿自己的生活，因為那能帶給我們「活著」的感覺。我們會控制孩子、與另一半吵架，也會基於同樣的理由在工作場合製造不愉快。我們會透過各種活動的動態性質確信自己是「活著」的，倘若沒有這些活動，我們就會驚恐不已，認為自己不但什麼都沒有了，也什麼都不是了。空寂，是我們最大的恐懼。

如果我們相信生與死分據於光譜的兩端，那麼對死亡的恐懼就會加倍放大，引發焦慮，讓我們覺得要不計一切代價用忙碌來塞滿這一生。然而，如果我們能全心接受生與死只是一個連續體的一個點，領悟生命是持續不斷的，就能消融對今世的「這個」身份認同、「這個」生命及「這個」角色的瘋狂執著。於是，緊抓住小我不放的執取態度將會鬆綁，得以瞥見個人的真實內在人格。

無論我們如何努力去壓下終將一死的事實，我們都知道生命真的很脆弱。儘管我們試圖否認，內心深處卻清楚地知道這一點。要面對這個事實背後的意義，我們可能會心痛難過，但是，知道真相不是更好的選擇嗎？接受我們的存在是如此薄弱、變化無常，終究能帶給我們力量。我們不需要製造誇大的情緒反應來躲避，我們可以明智地選擇跟生命如實地安坐同在。

對死亡的恐懼讓我們執著於小我，導致感覺起來「我」就像個孤立無援的單細胞生物。反之，一旦我們坦然接受生命的無常特質，我們將會覺醒並發現它與萬事萬物息息相關，也會發現日常生活充滿了驚奇。這也是教養之路會越來越生氣煥發的原因。我們將珍惜孩子存在的每一分鐘，享受著每一個經驗，特別是那些看似再普通不過的經驗。我們不會再把時間與精力浪費在無法喚起喜樂之情的行為上，也會停止揮霍自己的生命，不再投注在與個人無關的物質上。此外，我們會領悟到，真正重要的，是我們自己與內在的連結，以及出現在我們生命中的各種關係。

要接受這趟生命旅程終究只有我們自己獨行，不是件容易的事。我們會憂慮，如果我們真的接受這樣獨一無二的人生之路，就會感到孤立無援、感到寂寞。但事實上，我們之所以如此，是因為我們對自己的認識還不夠深，覺得自己不是一切具足，還不足滋養自己。我們不曾了解到，唯有走過自己那條無一獨二的道路，我們才能領受到專屬於個人的滿足，以及與所有存在合一的感受。

我們的孩子能帶領我們走進本真（內外一致性），因為他們本能地知道要如實地存在著。他們直覺地知道如何待在狀態中，隨時對心靈做出回應。他們完全覺知到必須面對我們眼前的現實，並以我們大人經常無法做到的方式來回應。這就是為什麼我們可以從孩子身上學會如何真正「活著」。

基本上，我們都害怕臣服於「應當如是」的生命，這樣的恐懼將我們禁錮在情緒化的反應模式裡。然而，如果我們想要在帶養孩子時傾聽他們真實的聲音，臣服於孩子的心靈是必要的。為了做到這一點，我們可以潛入自己的反應、智識及能力底下，單純地以存在對存在的方式跟孩子的如實樣貌相會。

不「作為」的生活

現代社會的最大不安，就是我們嚴重缺乏與自己獨處的能力。我們總是如此焦慮、迷惑、不平靜，為什麼？因為我們與自己的本質失去了聯繫，如果我們與內在人格有連結，就不會為了瘋狂追逐權力而毀滅彼此，現在更在毀滅地球。當我們只是如其本然的存在時，想要掌控一切的需求將會被一種合一感及個人充權❶所消融。若能將注意力放在我們的內在人格上，自然而然就能對生命懷抱著敬畏，對所有生命慈悲對待。

一旦我們領悟到，解決孩子的焦慮問題，答案不在外面世界，而必須往孩子的內在尋找時，就不會鼓勵孩子透過外在的滿足來緩解焦慮，反而能教導他們善加利用自己的想像力。想要成為有意識、察覺力的覺醒父母，就要保持耐心，不要急著塞給孩子各種活動及知識。

❶充權（Empowerment）這個概念，也可以稱為培力或賦權，就是指賦予權力的意思。充權的定義是指增加個人對環境的控制，以及提升追求理想的能力，在面對不利於自己的環境及條件下，有信心不被任意擺布。

所謂「強摘的果子不會甜」，揠苗助長只會錯失播種的好時機。我們也將會了解到，要灌溉哪些種子必須由孩子自己做選擇，我們也信任孩子的個人智慧、直覺及天命的牽引。此外，覺知教養看重的是過程而不是結果，強調的不是盡善盡美，而是有勇氣從錯誤中學習。每個當下才是唯一的重要時刻，要全然相信生命本身就是充滿智慧的老師。

想要生活在一種「如其所如」的安適狀態中，就必須與自己內在的脈動連上線。在這種安適狀態下，所有活動都會為了你人生更深層次的目標而顯現。基於此，你會停止向外追逐，轉而將能量投注於內在靜默的覺知上，讓你學會處於當下、活在當下，而這就是覺醒父母的一個主要特徵。

身為父母，不在於我們有多少作為（doing），而是看我們能否安止於當下的每個狀態（being），傾聽我們內在的聲音而不受外在因素所驅策，否則教養之路將會因為焦慮及放大的情緒化反應而塵埃四起。成為這樣的覺醒父母後，我們會發現自己不再將目光放在需求上，不再感到空虛，也不再覺得自己像頭困獸，反而會覺得富足、水到渠成，揮別過去而活在當下。

這些都是投入覺知教養的父母所必須做的改變，但我要提醒你的是：這並不容易。我們之所以對於「做些什麼」這麼投入，是因為我們發現比起認同孩子的如實存在，對孩子的外在表現點頭稱「是」會更容易一些。然而，一旦我們能將主軸轉移至單純的存在本質，我們自然就會發現並尊重孩子那些無法量化卻很重要的特質，例如本真、敬畏、喜樂、平和、勇氣及信任。

當我們一心為孩子的將來打算而投注許多心力時，我們也灌輸了孩子一個「時間就是金錢」的概念，而不是教導他們只要能活在每個當下，時間是無限延伸的。有覺察力的父母，自然會教出有覺察力的孩子，讓他們能順著自己的內在意義而活，而不是為了金錢或形象而活。對年幼的孩子來說，不管晚餐是吃水果或吃肉，他們都能感到同樣的滿足；他們需要的是放手，而不是執著。他們不想用意志去改變生命，而是隨順著生命之河而流動。生命是他們的靈性夥伴，外在世界豐富了他們的內在生命，反之亦然。

所謂對的時刻，就是現在

我們的孩子不會永遠待在我們身邊，很快的，他們就會展開自己的人生。我們能跟孩子朝夕相處的時間不過短短十幾年，這也是我們能喚醒及圓滿他們內在的時間。等到他們日後獨自在外面求學或處於壓力下，或投入一段親密關係或遭遇人生難關時，我們幫他們關建的這個內在空間，就能讓他們在此療傷止痛。為了協助孩子做好準備，他們的心靈必須從小就開始接受滋養。

許多家庭會靠著一起去餐廳用餐或一起度假等方式，來建立家人之間的凝聚感，但事實上，日常的那些平凡時刻，才是最能建立起豐富的情感連結的，比如幫孩子洗澡、坐在桌子前等待吃晚餐、等公車、開車、排隊的等候時刻等等。除非我們能夠了解每天每刻的連結潛力，否則我們將會錯過無數次跟孩子互動的美好機會。

當孩子找你說話時，盡可能放下手邊的工作，將你的全副注意力都放在他們身上，注視著他們的眼睛。一早起床時，互相問候一聲，在忙碌的一天開始之前，花個幾分鐘跟孩子互動一下。當你趕著出門時，可以先和孩子一起唱首歌、說個笑話或玩個小遊戲。

一天當中，你都可以透過各式各樣的小方法與孩子建立親密連結。比如說，跟孩子擦身而過時可以碰碰他，或者握一握他的小手。在不經意的時刻，走到孩子面前告訴他你有多愛他。當你接送孩子上下課時，也要心甘情願地帶著愉悅的心，並趁著這個相處的機會，邀請孩子分享今天發生的事。排隊結帳或等紅綠燈時，你也可以搔搔他的小手，等孩子年紀較大時，可以問問今天他過得如何。當孩子白天不在家時，你可以寫封短信或字條給他，告訴孩子你現在很想他。

好好享受孩子的幽默感，並確保自己一天至少一次陪著孩子一起笑，這是非常重要的事。抓緊一些小空檔說說話，讓每一天都能認識彼此多一點。晚上就寢前要預留一段神聖的交心時間，容許孩子放鬆地賴在你的身上閒聊，如此一來，睡前的這段時光就會變成一場令人期待的儀式。

我們都是獨一無二的個體，因此與孩子建立連結的方式也會因人而異，關鍵在於自我調整，找出你跟孩子的自然節奏。當我們能配合孩子自然的存在方式，就會發現自己也更能夠活在當下，心態更開放也更投入。

即便是嬰兒或學步期的孩子，都具有敏銳的覺察力。因為他們天生就有能力去回應生命的「如實」樣貌，不會被恐懼、內疚、執著或控制欲等等自我意識所困住。如果我們在無意識下養大他們，就是將他們帶離這種自然的生命狀態，造成他們對未來感到沉重的壓力。因為我們逼使他們離開了當下，以可預測的習慣去交換他們的本能。

越是年幼的孩子越能活在當下，不懼怕以一種流動的方式來面對生命，這也使得他們能夠敞開雙手擁抱改變。他們看見一朵花時，可以不遲疑地停下來看，發現到一朵雲時，能夠丟下手中在做的事，專心去欣賞它的形狀。擁有無窮想像力的他們，可以在沙灘上一玩就是好幾個小時，不需要任何小玩具就能樂在其中。他們餓了就吃，睏了就睡，永遠都能尊重且順應身體的需求而不會覺得不好意思。

去回應每個當下，可能會讓我們覺得害怕，因為我們再也不能用過去的經驗來詮釋這一刻，我們需要像個孩子一樣，去看出當下每個處境裡的新意。我們習慣用一些精明的方式來掩飾對過去的執著、對未來的憂心。惋惜、懊悔、內疚、沉湎等心情只會讓昨日種種盤踞不去。同樣的，擔憂、胡思亂想，或是過度未雨綢繆只會讓我們對未來更沒有信心。

一旦我們的目光被過去遮蔽，或過度地把希望寄託於未來，就會錯失許多智者能看見，但被我們擁擠、過度分析的腦袋漠視忽略的寶貴機會。於是不自覺的，我們就失去了與真實自己的連結，從而也失去了親子之間的親密連結。要培養出一個有覺知、有覺察力的孩子，我們現在就要開始活在「當下」這個時區。無論當下這一刻有多麼混亂失序，或痛苦得令人想要逃離，都是根據你的評判，讓你看不出當下這一刻的中性立場。

無論過去發生什麼、未來將會發生什麼，至少在當下這一刻，你可以好好看著你的孩子。就在這裡，就在此刻，你可以停駐在一個意識狀態裡。即使你每天只有幾分鐘做到活在當下的要求，這短短幾分鐘也能發揮力量來影響你孩子未來的命運。覺知不是一個「不盡得，則一無可取」的現象，在你發揮覺知的每一刻，都能產生巨大的力量。你與孩子建立連結的每個時刻，都能讓今天比昨天更好一點。

CHAPTER 12

平凡的美妙

身為父母，我們要認知到每個孩子都是最特別的存在。因此，我們要無條件接受他們的真實、欣賞他們的平凡，以及容許他們自由做自己。你能給孩子的最好禮物是，讓他們過一個「本當如是」的人生，而不是一個「應該如是」的人生。

我們都想要孩子成為特別的人，因為那也會讓我們自己感到特別，但是孩子必須付出什麼樣的代價呢？有些人焦急地想要培養出下一個愛因斯坦、麥可・菲爾普斯（Michael Phelps）❶或明星茱莉亞・羅勃茲，不斷督促孩子在一些活動取得優異成績。我們不只要他們在某方面有好表現，更要有「傑出」的表現。當我們向全世界宣告自己的孩子是個學業優異的學生、游泳明星、獲獎演員、傑出網球選手，或是「獲准進入哈佛大學就讀」等，我們都很清楚自己心中會湧現何等驕傲的滋味。尤其在孩子仍年幼的時候，他們會配合著這一切演出，逼迫他們自己來緩解我們私心的飢渴。

我們如此渴望孩子成功，其中的一個理由是：我們比較容易透過孩子尋求認同。我們會拿他們跟同儕較量——他們表現得比我朋友的孩子更好或更差？他們在閱讀方面的表現，比別的孩子更好或更差？在寫作方面的表現，比別的孩子更好或更差？在體育方面或球場上的表現，比別的孩子更好或更差？我們迫不及待地要孩子發揮出最大的潛能。

我們的孩子出生時不沾染這些世俗煩惱，但他們很早就會知道自己是這個競爭世界的一份子。在這樣的世界裡，優秀者與平庸者之間是壁壘分明的。他們會學到，別人會透過外在的標準來評量自己，比如成績、老師的評語、同儕對自己的看法等等。遺憾的是，他們也將學到各種標籤：過動症、自閉症、學習障礙、躁鬱症等，以及光譜另一端的天賦佳、資優生等等。他們知道自己的行為無時無刻都會受到檢視，要是自己無法達到某些廣被社會所接受的標準，自己就要懂得羞愧。

我們教導孩子成功的人生取決於個人表現，因此老早在童年時就開始磨刀霍霍地為未來做準備，害怕輸在起跑點上，無法單純地去體驗童年。孩子從我們身上學到，真正做自己對大人來說顯然是不夠的，難怪許多人的童年都貧乏得擠不出半點油水，甚至十一歲的孩子被貼上躁鬱症的標籤、十四歲的孩子出現暴食或厭食症、企圖自殺，甚至早早就成為身負重任的小爸媽。

我周遭的焦慮感無所不在，幾乎每個人都行色匆匆地奔向未來，來不及品味當下，沒有時間細細咀嚼平凡裡的不凡滋味。

你會為孩子的平凡而真心歡喜嗎？

不把平凡經驗當一回事的父母，當然無法忍受孩子的平凡，他們的孩子必須承受保持傑出的巨大壓力，而代價就是犧牲孩子的本真。與其將如此沉重的壓力加諸於孩子，我們能否樂見孩子的平凡呢？我們能否在他們的平凡裡發現一些特別之處呢？

經常有父母對我說：「我們想讓孩子接觸一切最好的，這有錯嗎？為什麼我們不能送他們去學芭蕾舞、上網球課和學游泳？」我的意思，不是要父母去壓抑孩子探索的渴望，反而是鼓勵孩子盡情去探索，才是對孩子生命的尊重，我所要強調的重點，在於父母應該幫助孩

❶ 美國奧運金牌游泳明星，有飛魚、水怪之稱，在二〇〇四年的雅典奧運上一人獨得游泳項目的六面金牌，成為雅典奧運會上得到金牌數最多的運動員。

子去了解，他們的自我價值感不是由成就高低來決定的。

想要孩子比別人強是每個父母最自然的反應，但永遠都不要因為孩子的平凡而感到丟臉，無法心生歡喜。一旦我們否定孩子的平凡，就會讓他們無法安於平凡，轉而去追求浮誇的經驗，相信只有夠好夠耀眼的事物才值得注意、值得讚美，以致不斷去追逐「更大」、「更好」或更有價值的東西。

相反的，孩子若能學會欣賞並珍惜平凡，就能對於生命本來的樣子泰然處之，安之若素。他們欣賞自己的身體、自己的心智、分享一個微笑的快樂，會因為能與他人建立關係而感到榮幸。這一切，都從為人父母的我們的教導開始。以下是你可以跟孩子一起共度的每個最平凡的瞬間：

- 手牽手，留意肌膚的接觸。
- 剛睡醒時，安靜的晨光。
- 淋浴時，從蓮蓬頭流瀉而下的溫暖水流。
- 摺衣服時，衣物洗曬好的味道。
- 全家人一起吃飯的團聚時光。
- 落日餘暉。
- 關燈就寢時的靜謐月光。
- 孩子寫字時，鉛筆握在手上的感覺。

- 開始閱讀一本新書的興奮心情。
- 最喜歡的食物滋味。
- 大自然裡令人驚奇的元素。
- 朋友來家裡過夜的激動。
- 夏天吃到第一口冰淇淋的小確幸。
- 秋天踩在落葉上發出的聲音。
- 冬天肅殺的寒氣。
- 經過披薩店聞到的烤麵團香味。
- 圖書館一排排書架間不為人知的祕密。
- 找到一塊錢時的欣喜。

如果孩子能夠珍視這些平凡時刻，那麼不斷追逐更多、更絢爛、更大的瘋狂心態將會消失。長大之後，他們就能將注意力放在眼前，不會好高騖遠，也不會短視近利。於是，你不會被別人的期待套住，自由的心靈讓他們能享受自己的平凡，並達成那些萌生自他們自己心中的目標。

過度生產的人生謬論

當我們不是扎根在自己的本質上，就很容易因為補償作用而建立一個小題大作的外在生活。這是因為對自己與生俱來的價值缺乏充分的認同感，覺得有必要事事誇大、矯枉過正及過度分析。

經常反應過度是這類父母的特徵：孩子長頭蝨了，我們誇張的反應好像海嘯來襲；孩子身上瘀青了，我們立刻衝過去擦藥；孩子拿到「丙」的成績，我們立刻去找家教；孩子挨揍了，我們就準備跟對方家長法院見；孩子撒謊了，我們氣急敗壞；孩子無聊了，我們就趕緊買更多玩具。他們十三歲了，我們便大張旗鼓辦了一個婚禮規格的慶祝派對。

現代社會有許多人相信越多越好、越大越棒、越貴越有價值，於是變得沒有能力在不將生活變成一齣大戲的情況下對它做出適當回應。結果是，我們的孩子在成長過程中漸漸相信，生活應該過得節奏迅速、猛烈激情。在他們的日常生活裡，誇大的激情勝過了簡單，刺激打敗了寧靜。他們在成長過程中已經對大起大落的生活上了癮，無法在平凡裡安歇，更不知道如何從平淡的世俗生活中蒐集點點滴滴的樂趣。

如果我們容許孩子單純地與自己安坐，他們就能認識自己是誰、認識自己真正享受的事物。在活動氾濫成災、一堂課接著一堂課的情況下，我們怎能期望孩子能在這種種「作為」的喧鬧聲中認出自己真實的聲音呢？

有一天，我的四歲女兒躁動不安，一直說自己很無聊，沒事可做。我的第一個直覺反應是幫她逃出這個無聊的困境，但在這個過程中，我要幫的其實是我自己！難道身為「好」父母不該好好安排子女的時間嗎?就在我思忖著是否該打開電視，是否該帶她去公園玩的時候，有一個洞見突然浮現：「如果我每次都這樣幫她，她要如何學習自己度過無聊的時光呢？」

當我們的孩子在沒有外在援助的情況下去處理本身的情緒時，他們自然會發展出一種情緒上的堅毅特質。因此，我告訴她：「無聊沒關係啊，覺得無聊並沒有什麼不對。妳就繼續無聊吧！」

她看著我，神情極度失望，還覺得我不正常。離開我房間之後，她喃喃自語了好一陣子。幾分鐘後，我發現她的抱怨似乎沉寂下來了。我走進她的房間，發現她正滿足地對著洋娃娃哼著歌。

孩子天生想像力豐富，能夠以全副的身心靈回應如實的當下。我們的孩子只需要一間空房間、自己的想像力，以及一個自願當「共犯」的好兄弟或好姊妹就行了。他們不需要昂貴的配備或一間塞滿玩具的房間，從他們內在的寧靜所在會冒出令人驚喜的創造力。一旦他們與自己的內在搭上了線，他們將學會隨遇而安，了解到滿足並非來自於外在，而是由內在生起的。

只要觀察任何一個年幼的孩子，你就會對他們無中生有、天馬行空的能力感到驚訝不已。他們可以將空蕩蕩的房間變成揮灑想像力的畫布，將最平凡的時刻蛻變為最神奇的時光。我經常和女兒一起等公車，不消一眨眼的工夫，她已經玩起商店遊戲，在賣東西給她想像中的顧客了。而我呢，我焦躁不安、氣得直跺腳，納悶著何時公車才會來，除了我自己焦慮不已的狀態外，實在想像不出其他任何情況。我帶著女兒去超市買菜，匆匆忙忙地逛了一圈，迫不及待地想趕快買完，而她卻高高興興地每種蔬菜都要摸一摸。「這顆番茄跟我的臉頰一樣圓圓的，」她尖叫著，「這條茄子的形狀像我的眼淚。」我不可思議地望著她。為何她眼中所見全是潛在的可能性，而我只見到了疲憊與煩擾呢？

我們的孩子在這個階段都是真正的雕塑家、歌唱家、演員、劇作家、髮型設計師、服裝設計師、賽車選手！他們也是陶藝家、廚師、園藝家、畫家與科學家！他們的內在住著一整個世界。但是，這種創造力的潛能為何一到中學就都消失不見了？那些無拘無束、隨處迸發的神奇時刻去哪兒了？我們又該為它的消失負起多少責任？

我們以無數微妙及不怎麼微妙的方式一點一滴地剷除孩子天馬行空的想像力，將他們圈限在一個讓我們自己感到舒服的小框框裡。我們告訴自己這是為他們好，但事實上，這只是為了平息我們自己的焦慮罷了。我們穩定地侵蝕他們對生命的神奇感受，一切向「現實」看齊。聽聽看我們是如何對他們說的：

- 你不可能成為賽車手，那太危險了。
- 先學會安安靜靜坐著，再來談怎麼當個科學家。
- 你的音感不好，怎麼能當歌手？
- 演戲是那些愛做夢的人做的事。

- 我們家的人不會當園丁。
- 我想你應該當老師。
- 我想你會是一個很棒的醫生。

當孩子自信滿滿，眼中只見到富足、機會、開展與冒險時，他們對宇宙的良善，擁有的是似海洋般深廣無邊的信心。容許孩子去培養、滋育內在的能力，這是我們的靈性職責。我們不該太早就戳破孩子的希望泡泡，就讓他們先盡情跳著，不必擔憂最後的結果！就讓他們盡情畫畫，不必擔心作品有多棒或多糟！讓他們去上學，不必對分數感到焦慮！我們該明白，當我們過度探究孩子的表現成果時，不管是課業或某項嗜好，孩子就會開始對學習失去興趣，轉而把焦點放在結果上面。所以，就讓孩子在想像的天空裡任意翱翔，不要急著告訴他們這麼做不切實際，只是浪費時間。

有越來越多的證據顯示，孩子早在胎兒時期就能感受到外界的動靜，而這會影響到孩子將來的行為、性情及擁抱生活的能力。此外，不是所有的孕婦都滿心喜悅地迎接寶寶的到來，這對孩子日後的發展也有深遠的影響。懷孕期間，母體所製造的化學物質都會經由血液影響到腹中胎兒，其中也包括負面的壓力荷爾蒙，因此儘早開始對孩子施以覺知教養就變得很重要。但話又說回來，遲到總比不到好，任何時刻只要朝向覺知教養踏出一小步，這一小步遲早會在孩子的某個成長階段發生作用。

一有機會就鼓勵孩子傾聽他們自己內在的聲音、喜愛學習過程、享受精通一項技巧的感覺、對冒險感到雀躍，並在失敗時能夠自我解嘲，這就是在教他們如何發揮真正的創造潛能。除此之外，從孩子身上，你也能學到如何釋放自己的潛能！

放棄想要「做」什麼的迫切感

缺乏安排空閒時間的能力，其實是後天學習而來的，不是天生的。因為我們讓孩子習慣及依賴忙碌的生活，潛移默化後，對於閒下來的空檔就會產生坐立難安的躁動情緒。等到孩子長大成人之後，他們就變得無法跟自己獨處，無法享受一個人的時光，總是要跑到夜店、和朋友廝混或找個事做來打發時間。

我們的孩子原本有能力在各種動靜狀態之間優遊，不需要特殊的配備或其他令人分心的外界事物就能辦到，只要我們停止干涉他們，他們其實非常容易適應從一種存在狀態轉移至另一種狀態。事實是，如果我們用數不清的活動或人造的小玩意將孩子的生活填滿，我們就等於奪走了他們的想像力，從而奪走了他們為自己製造樂趣的能力。

清空生活裡的雜物、噪音與令人分心的事物，挪出空間重新安排行程的優先順序，會為重要的生命經驗開啟一扇門，讓它們有機會進入你的人生。比如說，你現在終於有時間可以停下來好好看看美麗的夕陽，發現它真的美到讓人屏氣凝神；你的視線無法從彩虹變幻莫測的色彩移開，你赫然發現自己詞窮了。我們完全與當下的經驗同在，徹底拋開了迫切想要「做」什麼的衝動，取而代之的是敬畏之情，以及一種對萬事萬物連結的超然覺知。

在這些時刻，你根本沒有空間去容納仇恨、敵意或批判的態度，因為它們已經被我們眼前這片廣闊無垠的寧靜完全吞沒了。我們全然融入身體，同時處於一種提升的覺知狀態，我們所享受的是品嘗真正進入一場經驗裡的美妙滋味。

回到教養的基本面

要幫助孩子回歸他們天生的流動能力，其中一個最簡單的方式就是減少看電視的時間，或其他盯著各種螢幕的時間。我的意思不是電視或電腦對孩子不好，只是在質疑它們在孩子日常生活中所扮演的角色。允許孩子在休閒時間享受看卡通、節目或玩電玩（特別是週末時），不同於它們成為讓你分心、安撫自己、用來逃避跟自己獨處的工具，這兩者的差異有如天壤之別。如果螢幕只是用來安撫焦躁不安或無聊的情緒，孩子學會的就是依賴外來幫助來平息自己的焦慮。

電視與電腦的用途，通常不只是作為孩子無聊與煩躁時救急的ＯＫ繃，一不小心還會成了親子關係的替代品。於是，它們奪走的將會是孩子學習如何跟自己情緒安坐、引導自己感受流動的機會。當孩子被淹沒在電視節目或電玩的喧嘩聲裡，他們的感受會變得越來越遲鈍，電視與電腦很快會讓孩子入迷而想要整天都窩在螢幕前。在麻木無感的狀態下，孩子的感受會很奇怪地藉由螢幕的存在獲得安撫。

另一個我們可以採取的步驟是以經驗來代替購買。與其買什麼東西給我們的孩子，不如帶他們走一趟動物園；與其買電玩給孩子，不如陪他們騎一趟腳踏車。與其在他們十八歲生日買一部跑車送他們，不若買張機票送他們來一趟第三世界國家的體驗之旅，在那些地方的多數孩子，必須自己賺錢養活自己，買車是奢侈的夢想。

我們的孩子最需要我們幫他做的，是給予他們真正的關心，而不是給他們金錢。我們的關心是一份無價的禮物，比任何金錢能買到的東西都更寶貴。如果孩子從小就被教導要重視親子關係，更甚於我們用錢買到的東西，那麼我們已經為他們建造起一座舞臺，讓他們日後能依靠自己的內在人格而不是外在物質。如果我們尚未侵蝕掉孩子天生的直覺，他永遠都會在關係與物質之間選擇前者。

週末與週日時，我會允許女兒看一個小時的電視或玩一個小時的電腦。週日因為我和先生都在家，我們三個人會一起玩桌遊。有一次遊戲還未結束，但我發現遊戲時間比我預期的還要久，這表示當女兒要享受她的電腦時間時，已經要上床睡覺了。「我們把遊戲結束吧！」我如此建議。「因為我答應讓妳今天玩一個小時的電腦。」我以為她會馬上衝出房間，跑去玩她的電玩。

但她的回答令我驚訝，而且為我上了一課，她說：「我不想玩電腦，我想和你們一起玩這個遊戲。」所以，我才會說是我們自己奪走了孩子天生就想要親近我們的渴望，然後我們卻又唉聲嘆氣地責備青春期的孩子不理睬我們。

與其急著幫孩子買最新的電玩遊戲、電腦或昂貴的禮物，不如鼓勵他們過一個簡單的生活，這才是對他們最有益的事，特別是孩子未滿十二歲前。如果當孩子抱怨沒有某個玩具時，我們就慌慌張張地答應要買給他們，他們就會相信這些東西很重要。反之，假如我們不馬上做出任何情緒化的反應，孩子將會學習珍惜已經擁有的東西。

我們在各種場合所展現的從容態度，也能幫孩子培養韌性。在他們的成長過程中，一定會生病、會跌得鼻青臉腫、會在學校打架，或是帶著一張寫了「丙」的成績單回家（所幸不是「丁」），還經常把事情搞得亂七八糟。他們一定會吃太多糖果、會忘記刷牙，還會把衣服穿反、把手機弄丟、弄壞我們的電視遙控器、不遵守我們的規定，但所有這些，就是童年最理所當然的本質。如果我們對孩子的各種荒唐蠢事做出誇大的情緒化反應，他們也終將跟我們一樣，放大所有的情緒化反應，而在青春期的這段時間，這樣的反應有可能包括自殘，甚至自殺。

不可否認的，現實中的確有很多父母會把巨大的壓力加諸在孩子身上，但也有不少父母試圖要將孩子從壓力中拯救出來。但真相是，我們的孩子的確需要壓力才能成長。我們必須學著眼睜睜地看著他們處理壓力的痛苦，允許他們與自己的不完美所帶來的不安同在，在他們被迫在兩個同樣渴望或同樣討厭的選擇中做決定時，要耐下性子不去干涉——這些都對孩子的成長很重要。

在壓力與沮喪來襲時，跳脫小框框思考的能力也可能會因為教養不當而萎縮、凋零。這就是為什麼我們必須教導孩子順應內在深處的真實召喚，而不是去滿足那個不知饜飽的小我需求。一旦孩子的內在擁有了轉化困難的力量，他們永遠都不會覺得自己陷入彈盡援絕的困境，因為他們會知道，解決問題的源頭都在他們自己的內在。他們將能夠點石成金，從一片廢墟中淬鍊出寶石，這都是因為他們目睹了你就是這麼做的。

你若能在日常生活中隨時培養孩子的創造力，如同你供給他們身體所需要的養分一般，那就是你給孩子一生最讚的座右銘：你的內在擁有解決問題的力量。我們的孩子生來就擁有跳脫小框框思考的能力，只是因為大人的焦慮而導致他們開始懷疑自己的內在聲音。

真實的生活，讓孩子能夠做自己

孩子的生活必須能反映出他們真正的自己，那是表達他們獨特本性的一部分。房間就像主人，衣櫃也要有個人特色，穿著品味、髮型也是個人化的表現。很多家長都不明白是自己局限了孩子的眼光，他們迫不及待為孩子做主，急著告訴孩子遵循老路線要比打造一條新路好。因此，有智慧的父母在涉及到孩子的私領域時，會徵求孩子的意見再做決定。

很多父母會害怕孩子可能做出不明智的決定。這裡我要釐清的是，我並不是說我們應該讓孩子去決定要住在哪個城市，或是他們應該就讀哪一所學校，儘管他們可能也會對這些問題提出意見。我們不需要假裝孩子是迷你版的成年人，有能力根據理性和智慧來行動，這一點相當重要。身為父母，我們有責任從正確的角度來看待事情，因此我們提供給孩子的選擇，必須適合他們的年紀，而且是在他們能清楚分辨的能力範圍之內。比如說，我們允許孩子在大多數時候可以自由決定自己的衣著打扮，當然，除非他們要在冷死了的冬天穿著比基尼跑來跑去，那就另當別論了。此外，他們也可以對自己參與的活動提出意見，包括全家人要去什麼餐廳用餐等等。當孩子有不同看法時，我們也要給予他們投反對票的權利與自由，如此一來，他們便能學會生活就是一個發揮創意的過程，永遠都處於流動狀態，不僵化、不滯留。

如果每個家長都能向孩子傳達這樣的訊息，那該有多棒！「孩子，你充滿了創意，請自由揮灑你的想像力吧！請帶領我走進你的想像世界，讓我造訪它並與它同歡。勇敢想像著你想要的一切，無懼地表達自己，否則你如何能知道自己的極限到哪裡？你有能力在宇宙間留下自己獨一無二的印記，同時，你也能感受到自己的存在與其他生命息息相關。因此，不要太早就自我設限，認定自己只有一種自我表達的方式。你唯一要做的就是『你』，在成長過程中，你可以用任何方式表達出真正的你。別太擔心計畫合不合理，如果你相信它，就去做吧！人生的意義不在於你賺了多少錢，而是你能為單純的喜樂去完成一些事。」

或許最重要的是，當身為父母的我們能夠由內而外發送喜樂，我們的孩子會過得更幸福。當孩子看見我們能遵循著本真過日子，滿足於如實地做自己，他們也會在自己內在找到這種能力。他們會了解，最後他們都要為自己的人生負責，要自己去學習如何從內在汲取喜樂，無論他們處於什麼樣子的境遇，內在的喜樂都將在人生旅途一路陪伴著他們前行。

一旦孩子了解只是單純地跟自己在一起、單純地跟你在一起，在內在層次相互連結，不用借助外在事物就能覺得富足，那麼他們就已經穩穩地走在通往覺知的道路上了。甘於簡單的生活，等孩子長大後就會對生命抱持著感恩與敬畏。他們將能欣賞「本當如是」的生命，而不是「應該如是」的生命，也能欣賞自己與他人的平凡，如此，生命本身自會散發其絢麗的光彩。

CHAPTER
13

將那些偉大的期望擺一邊吧！

沒有人能像孩子這樣，被我們理所當然地喚作「我們的」，因此很多父母會把孩子當成所有物，打理規畫孩子的生活及未來。事實上，身為父母的責任只是當一面不扭曲的鏡子，如實映照出孩子與生俱來的完整性，讓孩子一步步去體現。如實做自己，就已經是孩子最大的成就了。

經常有人問我：「妳想要孩子長大後成為什麼樣子的人？」這個問題總是讓我疑惑，因為我根本不知道孩子應該成為什麼樣子的人。

我的回答是：「她就是她這個樣子，一個完整的人，什麼都不缺。一旦她通曉了這個道理，就能擁有全世界。」

孩子如其所是地來到我們的生命中，這就是他，不是別人。如果我們在看待現實時只看見所有的「不是」，我們教給孩子的將會是匱乏的心態。如果我們看待孩子時，只看見他們尚未成為那個我們理想中的人，而認不出他們就是這個樣子，孩子就會覺得自己是不完整的、是有所欠缺的。當孩子在我們眼中見到了失望，就如同在他們心中播下了焦慮、自我懷疑、猶豫不決與不真實的種子，於是他們會開始相信自己應該要更漂亮、更能幹、更聰明或更有才華。如此一來，他們會畏懼去表現這個當下如實的自己。

前幾天晚上，我送女兒上床睡覺時對她說：「我真的以妳為榮。」她問我為什麼，我回答：「因為妳敢於做自己。」

當我們因為孩子有能力做自己而歡喜，就會鼓勵他們去信任我們，進而放心地跟隨著自己的洞察力，相信在自己摔倒時會獲得扶持。於是他們知道，他們不用為自己打造一個安全網，因為安全網早就在他們的存在中就定位了。我們要教導孩子的是鼓勵他們去體驗生活，就只是如此，而這正是教養出一個有勇氣、有韌性孩子的方法。

換言之，身為父母的責任就像一面鏡子一般，如實映照出孩子與生俱來的完整性，讓孩子一步步去體現。透過這面鏡子，你幫孩子了解到，此時此刻如實做自己的他們，已經是最大的成就了。

你就是你，無可取代

身為父母，我們很容易就對孩子寄予厚望，而這些期望往往和孩子真實的自己無關。這些期待幾乎都是出自我們自己的制約，我們甚至不知道自己的潛意識中抱持著這些期待。

如果我們知道如何禮敬生命及所有感受，一如它們本來如是的樣子，我們就會自然而然地禮敬孩子的生命與情緒，我們必須一再地給予孩子機會去見識他們個人本性的自然狀態。遺憾的是，很多父母不但沒有這麼做，反而帶給孩子許多壓力，讓他們覺得自己無法達成父母的期待。這麼一來，身為父母不僅沒能創造出讓孩子發揮才能的機會，反而設計了讓他們失敗的陷阱。

如果我們一心一意追求「成功」，無論是財務狀況或成就，我們自然會將這種沉重壓力、充滿焦慮的生活方式傳達給了孩子。我們會逼迫他們，彷彿他們是我們那個飢渴自我的延伸，我們告訴他們這是「為了你們好」，長大以後才會有更好的未來。

有越來越多的人在孩子學齡前就讓他們接受學前教育，滿心希望他們能贏在起跑點。由於我們深知社交圈的重要，於是甚至開始監督孩子跟誰做朋友。許多父母還一頭栽進陷阱裡，在為孩子挑選課後活動時不是考慮孩子的興趣，而是根據日後申請大學時哪個更有利來決定。

我們的孩子從來沒有機會去學習如何獨自安坐，珍惜並感激自己與生俱來的本性，被父母寄予厚望的孩子將會迫切渴望獲得自我價值感。這些父母可能在孩子還不到七歲時，就已經將各大名校的大學申請書準備妥當，擺在抽屜裡，然後督促孩子朝著他們已經決定好的方向發展，而不去傾聽這是否真的符合孩子的意願與天性。

當孩子日常生活的活動重心都是為了進入名校而做準備，他們哪裡還有空檔讓自己的本質獲得充分發展。在內心裡，他們腳步踉蹌，失去目標，完全根據那把評估成就的量尺來決定自己的價值。如果他們獲得成就的能力無法持續保持，可能會開始質疑自己的價值、才華及人生意義。

年幼的孩子尤其需要空間去探索自己的天性，並練習將他們的發現表達出來，而我們的任務是帶著愉悅的心情回應他們，透過眼神及微笑讓孩子知道，當他們隨順本性行動時，有多麼令人喜愛。

當你想透過超載的活動來讓孩子變得更強大時，可以問問自己：「我的動機是否真的能讓孩子成為他們真正的自己，或者我只是渴望與有榮焉的感受，自我陶醉在孩子帶來的榮光裡？」倘若孩子表現得不盡完美，你是否會覺得自己能力不足？若是如此，你極可能會想藉著讓自己看起來像個全心奉獻的父母來掩飾這種感覺，但這永遠無法解決你的匱乏感。結果就是，孩子成年後會依據外在的條件來評斷自己的價值，例如成績、外表、同儕團體、擁有物、事業、財富或者配偶等等。

如何為孩子設定目標？

身為父母，我們可能相信自己的責任就是為孩子訂定目標，於是許多人在孩子才九歲時就為他們製作了一個「願景板」，上面貼滿了象徵我們想要他們過的大學生活或從事職業的相關圖片。我們相信，對他們寄予厚望是我們的職責所在，因為如此他們才能學會對自己寄予厚望。我們對自己說，如果我們在孩子的內在植入有潛力達成的目標，他們就能獲得啟發而按照我們的願望去做。

如果我們在給予孩子種種的「幫助」之後，孩子依然跌跌撞撞，我們會開始納悶到底為什麼。在這樣的時刻，我們通常不會探索自己的內在來尋找答案，而是開始更用力地逼迫孩子，認為他們之所以失敗是因為我們的要求還不夠多。我們會讓他們參加更多的課程、請家教、送他們去做治療。

將目標訂得太高、太早會大大削弱孩子的潛能。在成長過程中，孩子如果全盤接受了我們的期盼：當個律師、醫生或科學家，會覺得自己能力不足，永遠都在追趕著目標。目標是如此之高，孩子除了覺得自己永遠就像個搆不到標竿的侏儒之外，還能有其他感覺嗎？

我猜想父母可能會如此抗議：「所以，我們不該期待孩子有好成就嗎？我們不該鼓勵他們盡力爭取進入優秀學府嗎？」

倘若在你所垂涎並為孩子所選擇的名校裡，你的孩子無法獲得任何一間學校的入學許可，又該怎麼辦？他們是否會因此相信，就讀州立大學是次等的？萬一你的孩子想休學一年，加入「和平工作隊」（Peace Corps）、到世界各地旅行、攻讀服裝設計、出家成為一名僧人，或想要去住在蒙大拿的農場學習畜牧業的經營呢？

正因為沒有人像我們的孩子這般，能被我們喚作「我們的」，因此他們也比任何人都更能讓我們那個內在的小我發動攻擊。比如說，有一次我坐在溜冰場，看見一個漂亮的七歲花式溜冰選手，接著我注意到她的母親亦步亦趨地緊跟著她。我不禁心想：「天哪，為什麼我就不能像這位媽媽一樣，日復一日地陪孩子在這裡練習呢？」不過我立刻明白自己永遠做不到。因為我碰巧透過朋友得知，這位母親之所以會如此督促女兒，其實是因為她自己私心渴望家裡會出一個花式滑冰「明星」。

我為這位母親的嚴格紀律感到不可思議，但也同樣知道，她在某個層次上其實是迷失的，她迷失了自己，同時也失去了孩子。她將自己未獲滿足的需求全部都投射到孩子身上。

身為父母最重要的認知之一是，不該渴望孩子為你療癒內心的傷痛，而且你有你自己的生活要過，不需要將每一分鐘都奉獻給小孩。如果你對「如其所是」的狀態感到知足——知足地讓嗜好就只是嗜好，讓孩子能夠全心享受這些活動，讓他們在過程中有充分的自由，那麼你就不再需要年幼的孩子為你奪得獎牌或贏得冠冕。

我想到了一位哭倒在我懷裡的母親，只是因為女兒未能如願進入某所大學。她告訴我：「所有她參加的活動、她贏得的所有獎牌，都沒有用了！還不如當初什麼都不要做！」這位母親竟一筆抹殺了女兒的所有努力與成就，僅僅就因為它們未能實際化為她所明確期盼的光明前景！

平均智商一〇一的孩子被哈佛大學拒絕，SAT❶二二〇〇分的孩子一再重考，只為了獲得完美的二四〇〇分。有那麼多的孩子在我面前哭泣，哀嘆著他們在某項考試只拿到九十三分。至於父母呢，他們對自己的教條可是絲毫沒有退讓的意思，他們不顧背後哭泣的孩子，辯稱：「你不懂成為名校校友是一件多麼重要的事！」然後一臉高傲的表情看著我。

這樣的父母不明白，當我們為孩子的教育、戀愛或事業鋪設好預定的軌跡，我們就立刻設下了限制，局限了孩子將來可能成長為什麼樣子的人。他們擁有我們甚至想像不到的能力，可以為自己實現夢想，不需要我們替他們決定當醫生比當演員好、二十歲結婚好過三十歲結婚，或甚至到底要不要結婚！

許多聰明的父母都知道如何將命令偽裝成「引導」，他們所說的話都隱藏著既定想法。孩子不是傻瓜，甚至在父母一個字都還沒說出口之前，就已經知道他們想要的是什麼了。父母嘴上說的可能是：「就去追逐你的夢想吧！」但是孩子明白，父母的隱藏版意思通常是「聽我的」。

讓孩子自己自發性地想要進入某所優秀學府，然後努力去爭取，而不是由你在後面一路趕鴨子上架。確實，放手讓孩子處於這種「不受干涉」的狀態，你可能會覺得惶恐，你或許相信，這種「管太少」的方式最後會證明對孩子是有害的。但情況正好相反。

話說回來，的確有一些領域是為人父母可以為孩子設定目標的：

---

❶美國的學術能力測驗，是申請大學的重要依據。

- 設定說出真實心聲的目標
- 設定和你每天對話的目標
- 設定投入服務活動的目標
- 設定每天練習靜坐的目標
- 設定展現想像力、創造力及靈魂的目標
- 設定和善對待自己和他人的目標
- 設定樂於學習的目標
- 設定以直接方式表達情緒的目標
- 設定展現好奇心及開放態度的目標

一旦你能按照孩子如實的樣子去設定目標，懂得制止自己私心的期望，你同時也在教導孩子信任他們自己內在的價值與能力。在這樣的基礎上，孩子將能制定出屬於自己的目標，一個能反映出他們內在狀態的目標，並自動自發地努力達成。

你能對孩子抱持什麼切合實際的期待？

我們有權利對孩子抱持什麼樣子的期待呢？我列出以下三個要素：尊重他們自己、尊重他人，以及注意安全。除了這些基本要素之外，你的孩子擁有權利去決定他想成為什麼樣子的人，即使那不是你所希望的。任何逾越以上三條要求的，都是擅自在假設孩子應該成為什麼樣子的人。你的期待應該保留給自己知道就好，不該認為孩子是你生的，就該承擔這樣的期待。那麼，你可以對孩子抱持哪些期待呢？容我提供一些建議：

- 不要期待他們是個出色的成功者，而是期待他們是優秀的學習者。
- 不要期待他們會服從你，而是期待他們尊重你。
- 不要期待他們會盲目遵照你的命令行事，而是期待他們會找你商量。
- 不要期待他們會成為閃耀的明星，而是期待他們能夠掌握存在的真諦。
- 不要期待他們會追隨你的願景，而是期待他們創造自己的願景。
- 不要期待他們功成名就，而是期待他們能夠過一個有意義的人生。
- 不要期待他們會找到方向，而是期待他們會找到意義。
- 不要期待他們成為你的玩偶，而是期待他們成為你的靈性夥伴。
- 不要期待他們不會經歷痛苦，而是期待他們會找到方法成為完整的人。
- 不要期待他們不要失敗，而是期待他們能鼓起勇氣重新開始。
- 不要期待他們不傷害別人，而是期待他們有勇氣釋出善意請求原諒。

再次強調，要讓孩子從你那不切實際的圈套解套，第一步就是你自己要先解套。要記住，你先是身為一個人，然後才是為人父母，察覺到這一點，你便是走上了靈性成長的追尋之路。為人父母的你依然還有許多要學習，其中也包括你尚未發現到自己的情緒盲點。你不是完美的，而且如果你夠明智，你也不該去追求完美。完美是一個浮濫的用語，與其渴望那些華麗精采的事物，不如對一些平凡的事物心生歡喜。

能對自己的獨特習性自我解嘲很重要，這能幫你擺脫對孩子的掌控，容許他們找到自己的重心，那是獨立於你之外而存在的。你不需要依靠孩子來讓自己感覺更好，因為你明白這是一趟必須獨自走過的旅程。你有能力做到無我無私，一如你有能力自私。同樣的，你有能力付出，但也有必要去接受。

注重過程，而不是結果

我們都很清楚，如果從事的是一般性質的工作，總有一天會被科技取代。因此放眼未來，我們會擔心孩子長大後要如何生存。我們會告訴自己，除非孩子將來獲得如明星般亮眼的成就，否則人生中必有許多考驗等待著他們。

如果我們很早就要求孩子必須努力朝著某個目標前進，那麼求學只會成了爭取分數的一種填鴨式教育，而孩子參加活動也不再是單純的為了樂趣，而是多才多藝的養成手段。總之，我們把焦點放在孩子將要到達的那個目標，而不是他們目前的位置。

只有當我們把眼光從未來收回到現在，放下「然後呢？」的問題，才能讓孩子從擔心自己看起來怎麼樣、表現如何的恐懼中解脫，毫無罣礙地去學習。就是因為我們不斷將焦點放在成果上，孩子才無法學會去包容平凡、挫折或失敗。

在我女兒六歲時，學校辦了一次家長懇談會，所有的父母都要事先登記訪談時間，那時我們夫婦兩人的時間都無法配合學校提供的幾個時段。剛開始我會想：「我女兒的導師會不會認為我是個不稱職的媽媽。」但是後來我領悟到自己根本無需執著於老師對我的看法，或老師會怎麼說我的女兒。我的意思不是說老師對孩子的評語不重要，畢竟第三者的觀點多少都可提供我們參考，尤其孩子在校時間這麼長。但是，我不在意孩子是否是老師眼中的好學生，我更在意的是，她在人生道路上是不是一個好學生。所以我不擔心她的數學、閱讀或寫作學得好不好，我比較想知道的是，她在生活這方面的進展。我最感興趣的是，她是否具有慈悲心、是否待人友善、做事是否靈活有彈性、是否擅於表達自己、是否能享受嬉戲、是否表現得心口如一……。以我對我女兒的了解，她肯定能以自己的方式自我表達，依照自己的步調照顧好學習的其他面向。不過，後來我們夫婦兩人還是跟老師碰了面，只是時間往後推延了一些。

在我的工作上，曾經有個母親吐露了自己的擔憂，她說她的四歲女兒發展遲緩，雖然她已經努力在教孩子使用幼兒便盆，但小女孩晚上還是會尿褲子。我要這位母親放下心，不要去操心女兒發展到底正不正常，反而她首先要做到的是：接受女兒的與眾不同。過了還不到兩個星期，這位母親就打了電話過來，說她女兒的情況已經好多了，她也不會再對這個問題感到憂心了。

電話那頭傳來興奮的聲音，她問我買個禮物獎勵女兒是不是個好主意？我回答她：「當然很好。」但是我也提醒她，不要只是讚美女兒達成目標，更值得慶祝的是親子雙方在這一場經驗裡對彼此都有了更深入的認識。她還說，回過頭看，當初實在不用那麼擔心，她現在很後悔對女兒的不信任。

一旦我們把焦點放在完成目標，而不是學習過程時，孩子會失去許多培養自尊的機會。與其告訴孩子：「做得好，這是你的禮物。」更重要的是，要強調孩子在性格上的變化，要告訴孩子：「你展現了耐心、決心及勇敢，我很以你為榮。」我們也可以稱讚孩子輕易就可放鬆下來，全然信任他們自己的身體及節奏，因為那是緊繃、被壓力壓得喘不過氣的我們辦不到的。如此一來，孩子將會在學習過程裡發掘出喜悅，這跟一味追求目標是截然不同的。

有個五歲孩子白天用便盆，晚上用尿布。孩子的父親明白要耐下性子讓孩子自己去調節，因此他什麼話都沒說。開始上幼兒園的前一天晚上，這位父親拿出一塊尿布準備給孩子睡覺時使用，但兒子卻說：「我不再需要尿布了。我現在是個大男孩了，我明天要上學了！」從此之後，孩子再也沒有尿過床，這就是我所強調的——孩子的自主能力。

倘若孩子來找我們，透露出對考試的焦慮心情，覺醒父母的處理方式不是為孩子加油打氣，說他們一定可以考得很好等等……而是幫孩子處理他們焦慮的狀態。比如說，要孩子放心，考試成績不是那麼重要，重要的是他們是否能從這些學習內容獲得樂趣。當我們把焦點放在孩子探究學問上面，學著尊重孩子的意願，就等於發給了孩子一張許可證，允許他們盡情享受拓展理解力的過程。相反的，如果我們的焦點是考試成績，誇獎孩子考得好，就等於發送出一個信號，告訴孩子說他們獨一無二的學習過程，只有在他們獲得「成果」時才有意義。我們嘴上都會說不想讓孩子對失敗心存恐懼，但我們所做的卻是另一回事：我們注重的是，孩子是否達到某個目標，而不是他們學到了什麼；我們所傳達的就是恐懼。

當我們為孩子報名新課程或檢查他們的成績單時，必須記住，我們回應他們時的身體語言、聲音，以及高興或不高興的跡象，都在傳達出我們對孩子的期待。難道只有考高分，才能獲得我們的正面回應嗎？難道拿到A、得到第一名，才是評量孩子價值的依據嗎？

在我十二歲時，有一次全部科目的成績都是A。我很滿意自己的成績，一路飛奔回家，直接投入母親的懷抱。我母親是個充滿活力的女人，她知道了我的好成績，也跟我一樣激動得又跳又笑。我以為父親也會如此，但他只是笑笑地說：「成績很不錯喔，但更重要的是妳覺得自己盡力了。」

我頓時感到有些喪氣，母親對父親抱怨：「你就不能說你也很高興嗎？然後把你開心的心情表現出來？」我當時不懂父親為什麼一定要這樣潑我冷水。

一直到青春期過後，我才明白父親話裡的道理。你看，不管我的成績如何，他的回應都會一樣，即使我拿了個「丙」，他也會說：「拿到丙沒關係，更重要的是妳覺得自己盡力了。」當然，萬一我哪天真的拿到丙，他能夠脾氣溫和地如此回應，是真的會令我鬆口氣啦！我父親以一種微妙的方式在教導我不要執著於成績，而是把焦點放在學習過程上。

同時，我也從父親身上學習到，要聽從自己內在的聲音來制定成功的標竿，而不是依賴外在的標準。我發現，擁抱學習這件事才是真正重要的。情況再清楚不過了，我父親對我的認同，不會受到我帶回家的成績單所影響，也因此我每次收到成績單時都不會感到害怕。父親對我的成績不會抱太大的期待，讓我心中不會恐懼，進而更能單純享受學習的樂趣，而結果往往超過我自己的期待。

一般父母對這種教養方式一定會焦慮不安，擔心只要自己一鬆懈，沒有為孩子設下目標，孩子就會缺乏學習動力，而養出一個不求上進的懶散孩子。然而，嚴苛的目標，卻只會徒增孩子的焦慮。

倘若我們可以將焦點放在過程而不是結果，孩子自然會發展出他們與生俱來的好奇心，主動對學習產生興趣及渴望，這遠遠超越了他們爭取成績換來我們認同所帶來的短暫快樂。這樣的孩子能夠主動回應個人天命的召喚，為自己點燃追求有意義人生的渴望。

我們必須教導孩子，面對人生時不能只看見會接收到多少讚美或獎勵，而是要把焦點放在投入的程度。我們在不在狀態中，我們的人生都會反映出來。我們必須讓孩子知道，他們內在的品質將會顯現為外在的境遇。

使用正確的讚美方式

當結果不如孩子預期時，不要把精神浪費在失望與氣憤上，以覺知教養的角度來看，我們要著重的是這個過程中所展現出的品質。「你看，你對自己有了更深的認識。」我們可以對孩子這麼說，或是：「你能挺身而出，真的好勇敢！」或是「你發現了嗎？唯有失敗才有機會發揮不屈不撓的精神！」接著我們可以問孩子：「現在你已經克服恐懼了，有什麼感覺？」類似這樣的處理方式，我們將能塑造出一個不畏懼人生考驗、不怕面對結果的成熟人格。我們的孩子會歡喜地接受每個經驗，因為其中蘊藏著自我學習及提升覺知的機會。

如果我們能教導孩子不要太在意成績，並理解每個人都有極限，這樣的小孩會更堅韌，更勇於冒險，更能在困境中堅持不懈。

如果我們能教給孩子這些價值觀，他們長大成人後就不會害怕在新領域開疆闢土，面對未知不會畏懼。由於他們已經能自在地面對失敗的可能性，因此將會為自己找到繼續前進的動力，攀上自己選擇的高度。

為了幫孩子理解他們本身已經一切具足，你可以對他們這麼說：

- 你鼓舞了我。
- 我佩服這樣子的你。
- 我覺得你的精神太棒了，永遠沒有極限。
- 你讓我驚喜得說不出話來。
- 你和善待人的能力是一流的。
- 你是一個實在的人。
- 你的想像力與創造力真了不起。
- 你是個有福氣的人，擁有這麼多才華。
- 你的內在是富有的。

●你有好多東西可以教我。
●我從你身上學到如何當一個更好的人。

生活。

孩子會模仿，以身作則很重要

對孩子的未來感到憂心，其實只是身為父母的恐懼，不是孩子的原因。一旦我們承認這一點，就沒有必要把恐懼投射至下一代身上，如此一來，就能鼓勵孩子依照自己的真實本性生活。

我想要強調的是，我們教導孩子取用他們內在的豐富資源、力量及意圖，最有效的方式就是要先以身作則。為此，處於當下就成了我們最有效力的教養工具。

當我們不再漫無目的生活，孩子自然會察覺到，反之亦然。當我們隨時能夠持盈保泰，也會散發出這樣的能量，確保孩子不會被我們利用來填補空虛，或以某種方式讓我們自覺變得更完整。潛移默化的力量，會讓孩子承襲一種與我們相似的存在方式。他們會跟我們一起處於當下，模仿我們對待自己及人生的能力與態度。因此，僅僅是在日常生活中展現出我們真實的本質，就能幫孩子找到路回歸圓滿，從而在任何處境下都有富足感。

身為父母的自我犧牲，往往讓我們覺得把自己的需求看得太重，會對子女有愧疚感。當我們提出要求，想留給自己一些獨處的時間與空間時，可能也會有對不起子女的感覺。但如果孩子看到我們一味地漠視自己，為了家人朋友而犧牲自己的需求，他們也會開始貶抑自己的價值來迎合他人。如果孩子看見我們躊躇不前，迴避生命呈現的不同面貌，他們也會模仿我們這種優柔寡斷的態度。正因如此，父母自我圓滿的能力以及能夠照顧好自己的情緒，才是對孩子的靈性成長有助益的做法。

當我們不用靠孩子來讓自己快樂，就能釋放他們，讓他們忠於真正的自己。如此一來，孩子才能安適地跟著我們一起快樂，不必背負著要討好父母情緒的沉重負擔。找一些自己喜歡的事情來做，給自己獨處的時間探觸內在，尊重、照顧好自己的身體（例如注重營養、定期運動），以及對自己的外貌泰然處之等等，都能在不經意間教育孩子自尊自重。

有個朋友曾對我提過，她的母親一直都很渴望成為別人眼中「最棒的」主婦與母親，只要知道有客人要來訪，她會花很長時間把家裡打掃一遍，用鮮花布置，再特別去做個頭髮，最後再準備一桌子豐盛精美的餐點；跟平常的不在意，形成明顯對比。這兩種截然不同的態度，導致我的朋友開始相信取悅外人比自己開心重要。當時她只有六、七歲，但是她依然清楚記得那時的感覺：「如果媽咪拚命討好這些人，那麼他們一定很重要，因為每次她都把自己累得半死。」

你必須教育孩子，不要害怕發出自己的聲音，不要羞於提出自己的需求，不要壓縮自己應有的空間。當他們覺得能夠自由地為自己挺身而出、劃下界限，以及毫不猶豫地捍衛自己的權利時，他們的人生才能蓬勃發展。但在此同時，他們也必須能夠為他人付出。我所指的「付出」是真正的付出，不是為了填補自己的空虛而給予，因為後者只是另一種形式的需索罷了。能夠真正付出的人，內在必然湧動著一座源源不絕的泉源。

建立親子之間的內在連結，鼓勵孩子追隨自己的稟性。讓他們從你的幻想、期待及控制欲交織而成的羅網裡解脫，自由地活出他們自己的人生、走他們該走的路。不要妄想將他們塑造成第二個你，你只要在孩子獨一無二的生命開展時在一旁觀照即可，因為你也在觀照著自己獨一無二的生命逐漸開展。

隨著你越來越重視真實的自我，先前支撐著你虛偽自我的元素將會從你的生命裡淡出。現在，新的元素開始進入你的生命，支持著你的真實自我，這是因為外在總會跟隨著內在走。一旦你跟本具的內在人格建立起無形的連結後，你會發現自己也擁有了支持孩子展現他們真實本性的能力。你學會了如何依循真實本性而活，因此當孩子說實話、做真實的自己時，你再也不會感到受到威脅。

CHAPTER

14

為孩子留下
無所事事的獨處時間

六歲後的孩子會開始步入心智發展階段，隨著自我想法的逐漸介入，他們的生活也會變得更複雜。此時，我們能為孩子提供的最好幫助，就是在生活裡留下一段讓他們安靜獨處的時段與空間，讓他們能夠釐清並認識自己的經驗、感受與處境。

從出生到六歲這個階段，孩子不需要去擔心如何飛上生命的枝頭，而是需要大量悠閒的時光在遊戲與探索中練習拍動他們的翅膀，並擁有充分的空間讓他們休息，單純地什麼事都不做。

在這幾年的時間裡，我們該容許孩子從認識自我中找到喜悅。這是一段熟練小事、達成小小目標的成長期，而其中最重要的，還包括探索並喜歡自己的身體與心靈。他們必須有時間任意玩耍、與同伴在一起、去公園散步，或只是沿著海灘兜風。他們需要一段不受打擾的時間來玩自己的手指頭、塗鴉、揉捏麵團、玩沙子、撕碎紙張，以及在玩具箱裡東翻西找。他們需要打扮成各種模樣，假裝自己是國王、女王或恐龍。我們必須容許他們犯錯，或是關在房間裡捶胸頓足好幾個小時。六歲前的孩子需要充分的時間、自由及我們的完全容許，來跟隨自己的心。

在孩子的一生當中，這段時間需要用來播下各式各樣的種子、看看哪些種子會往下扎根，在最後結成甜美的果實。對孩子來說，這比父母為他種下一棵樹，然後施打類固醇讓它結出食之無味的滿滿果實要充實多了。

過了六歲以後，尤其是在七歲與八歲的年齡，孩子會開始步入心智發展階段，從過去多年來放鬆的遊戲階段大幅轉向。他們慢慢有了自己的想法，生活也因此變得更複雜了。當這個階段來臨，我們能給孩子的最大幫助，就是在日常生活裡安插一段安靜的時間，帶領他們釐清、辨識自己的經驗、感受與處境。

孩子的時間表裡需要留白

一旦孩子的心智日漸發展，他們獨處的機會就會變多。問題是，除非我們訓練孩子能夠自在地安靜獨處，否則他們在獨自面對自己時會感到陌生與疏離，覺得渾身不自在而難以忍受。一旦少了背景噪音及令人分心的事物來填補空白，孩子就會發現自己要被迫面對絕對的靜默，這對向來不習慣安住於靈性本質的孩子來說，會是個很可怕的經驗。

鼓勵孩子學習如何靜下心來安坐，對他們會有很大的助益，他們可以從中學到安止及保持靜默。親子一起在車上的時間是創造這種靜默空間的好機會，所以不要為了安撫孩子而在車上放置小玩具或影片。如果你每天都要接送小孩，更要珍惜這個可以製造靜默環境的機會。如果孩子要待在車上好幾個小時，那麼讓他們看影片、玩玩具或遊戲當然無可厚非。但是，如果只是日常的短途行程，那麼開車時最好別打開收音機，不要讓孩子玩玩具，也不要進行無意義的對話，如此才能創造出一個能夠安靜觀察的空間。

當我們一直處於活動不斷的分心狀態時，我們的內在之眼就無法觀察到真實的內在人格。這種自我覺察的能力，只能透過安靜獨處的方式培養。但這不表示我們要刻意製造許多獨處的機會，放下我們及孩子各自該做的事。相反的，孩子的覺察力，唯有在做與不做之間、活動與不活動之間、投入與抽離之間取得平衡，才能大幅增進。

獨處的寧靜時光看似無所事事，但並不空虛。反之，它們是一段充實的時光，我們能夠在其中體驗到內在人格那個沉默的存在。每個這樣的時刻，都會為我們帶來沉思及反省的機會。身為有覺知的父母在孩子學習獨處的時間裡也沒有閒著，因為他們會自我調整至能跟孩子本性狀態相契合的那種教養模式。

我最近開始教我女兒如何靜心，八歲是個很適合孩子開始學習深化自我意識的年紀，不過這也要視每個孩子的興趣及能力而定。我女兒就對學習靜心很有興趣，我向她介紹修習方法，並訂為家庭活動，一週一次，通常在週末進行，我和我先生、女兒會一起靜坐十分鐘，讓自己進入靜默狀態。

我們首先會閉上眼睛，適應黑暗的感覺。過了幾分鐘我才開始說話，一步步教導小朋友靜心的技巧。我將她的注意力引至她呼吸時胸腔起伏的過程，因為對一個年幼的孩子來說，要學習有意識的呼吸（注意氣息進入及離開鼻孔的過程）可能會太過細微，而留意胸腔的起伏會容易一些，因為相對於鼻孔來說，胸腔的範圍要大多了。接下來幾分鐘，我們持續觀察氣息進入及離開胸腔的過程：胸腔升高、降低，然後再升高、降低。接著，我向小朋友說明靜默的狀態，然後保持靜默一、兩分鐘。接著我跟她說，她什麼事都不必做，只要坐著、呼吸即可，然後我讓小朋友在沒有我聲音的引導下，跟自己的思緒安坐。在最後的幾分鐘，我教導她修習慈悲心，學會如何透過慈悲及感恩的念頭，把一切祝福迴向給周圍的世界。

事實上，在我女兒的年紀大到足以學習靜心之前，我已用其他方式在日常生活中讓她認識何謂靜默。我會靜靜地跟她一起坐在房間裡，甚至在她忙著其他活動時也會這樣靜靜待著。我會帶她到戶外散步，讓她全然地沉浸在寧靜的氛圍之中。此外，我每天都會撥出一整段時間關掉所有的電子設備，只是單純地與我女兒待在一起。我引導她去傾聽靜默，而不要害怕靜默。

如果有適當的引導，孩子很容易就能接觸到他們的內在人格，甚至青少年也如此！不過，一旦孩子邁入叛逆的青春期，我們很容易會在彼此的針鋒相對之間感到無助無奈，而失去跟孩子相處的耐心，結果就是孩子又退回到他們的科技世界。青春期的孩子更需要我們引導他們回到靜默狀態，做這件事永不嫌遲，問題在於要怎樣做才能成功？

我們可以要求孩子在一週裡撥出一小時做些對靜默有益的修習，比如練瑜伽、太極或靜心。我們可以要求他們一週起碼抽出一小時，自己一個人去戶外走走；我們也可以要求他們一週撥出一小時關掉所有的電子設備，專心跟我們聊聊，或是安靜地寫寫週記、畫畫，或其他能夠靜靜一個人做的活動。

我們的孩子值得去辨識他們的內心世界，前提是他們要有機會去跟內在人格建立起連結。這是身為父母的我們能給孩子的一個難得的機會。畢竟到頭來，親子關係的品質，才是孩子能夠接納自己、喜歡自己的關鍵。

人生就是一個又一個故事的堆疊

所有的人都在追求過一個和諧而有意義的生活，我們希望自己的經驗是有意義的，而我們的孩子也仰賴我們去理解他們的現實世界。我們的任務就是教導他們如何從人生中萃取意義及目標。

所有的生活片段都是有意義的，但往往因為太過平凡無奇而被我們忽略。所以，我們要為孩子的經驗創作出一個故事，而重點在於我們要花時間跟孩子相處，因為我們的存在會帶來連續感。我們不僅要在他們的重要時刻「在場」，也要在一些小小的時刻跟他們「同在當下」，孩子所做的每個冒險都有我們的陪伴，這種情感上的連結及身體的陪伴，會帶給孩子同調、有序及完整的正面感受。

每個經驗都各有意義，當我們提醒孩子：「記得你八歲時，我們一起去動物園嗎？你跌倒了，然後……」跟著孩子一起回憶，那是親子之愛最自然的體現，也能幫助孩子完整他們的故事。

說故事也能為孩子的生活提供一個詮釋的架構。我指的不只是讀故事書，也包括故事本身所具有的力量。比如說，艾利斯・哈利（Alex Haley）的著作《根》（*Roots*，曾被改編為電視影集）。我們可以跟孩子分享他們成長的過程、他們帶給我們的感受、他們有多麼勇敢、多麼善良等等，讓孩子在故事裡聽聽自己的事，比起耳提面命的教導，孩子更容易接受我們要傳達的訊息。孩子都喜歡聽跟他們自己有關的事，因為他們渴望去創作專屬於他們自己的成長故事。透過這樣的說故事方式，我們可以幫孩子完整他們在家裡或世界所扮演的每個角色。

鼓勵孩子在日記裡寫下每天的想法及感受，是另一個能幫他們理解經驗、為每個經驗賦予意義的好方法。全家一起靜坐半個小時也是個好主意，時間可以定在週日下午。靜坐能讓每個人反思這一週所發生的事，然後再將感受記錄下來。全家一起安靜坐著，打開內在之眼，這是一件多美好的事啊！

設定這樣一個有凝聚意義的儀式，對於加強親子的連結感十分重要。無論是規定全家要一起吃晚餐，或是週末一起外出用餐，或是在每個週日早上全家人膩在一起，這些儀式都像是一種定期提醒，提醒我們全家人在一起有多麼重要。孩子若能學會依靠這樣的儀式，個性就能更穩定，成人之後回憶起這些儀式，也能從中找到支持的力量。當然，全家人一起慶祝重大事件也很重要，這些回憶都將在孩子的心智中發揮連結及凝聚的力量。

在餐桌及家庭聚會上充滿精采故事的家庭，所教養出來的孩子會因為凝聚感與連貫性而更加穩定，尤其在面對壓力時更顯得有價值。聽著阿祖阿嬤故事長大的孩子，更能培養出堅毅、充滿韌性及勇氣的性格。

請記得跟孩子說謝謝

在這裡，我要跟身為父母的你們說的是：「表達感謝，是你們能用在孩子身上一個最具力量的技巧。」

敬重及感謝生命，是所有孩子要學習的最重要課題之一。對生命心存感恩能提醒孩子，他們不是孤單一人，而是永遠都跟生命本身保有聯繫。感恩的心態，強化了生命是仁慈的、有智慧的，也是慷慨的此一事實。

我們可以設定一個每天或每週進行的餐桌儀式，讓每個家人都有機會對一些事表達感謝，這將有助於孩子發展出自我反思的能力，培養他們從生活中汲取美好事物的能力。同時，這樣的練習也能提醒孩子，雖然生命不吝給予也不求回報，但他們必須懂得回饋。確實，這個方法能教導孩子認清回饋不是只能以物質方式表達，情感和能量形式上的回饋更為重要。

光是存在本身就值得我們感恩，這樣的心態會引領我們去反思，孩子也會效法我們的做法。生活大小事都有值得感激之處，擁有這種能力的孩子自然會放慢腳步，留意起自己的生活，學會不將所經驗到的事情都視之為理所當然，而是敬重及感謝一切存在，由此培養出他們全心對待生命的珍視態度。

對孩子表達我們的感謝，只因他們就是他們，這點十分重要。我們極少感謝如實存在的孩子，卻總是要他們不忘感謝如實存在的我們。如果身為父母的我們能花上片刻的時間直視孩子的眼睛，然後由衷說出：「謝謝你，孩子。」孩子的自我價值感就會大幅提升。我們也藉此傳達出一個訊息：如實做自己的他們，不是一無價值的。

我有一個女性友人，三十歲，個性活潑，但是與家人一起時卻變了一個人，尤其是跟父親一起時，對什麼事都無動於衷。最近我終於知道問題出在哪裡。她邀請家人到她住的地方，打算宣布結婚的消息，並將未婚夫介紹給家人認識。由於對方信仰不同，她預料到時會出現火爆的難堪場面。我看著她籌備聚會時一直靜不下來，也注意到她在聚會前吞了兩顆鎮定劑，又喝了一杯威士忌。一個耶魯大學畢業的大律師，竟然會焦慮到恨不得能馬上消失，實在讓我無法相信。

果然在她向家人介紹完自己的未婚夫後，她的父親立刻臉色丕變。他把她拉到一旁，大聲責罵：「妳不能嫁給這個人，妳這麼做根本是在當眾羞辱我。如果妳堅持要結婚，我就跟妳斷絕父女關係。」

追求自己的幸福，勇敢去愛一個異教徒，對於女兒的做法，當父親的人不但沒有心懷感激，反而躲避著她。他無法坦然接受這個新關係帶來的課題，反而因為自己僵化的制約而拒絕女兒。

許多人無法放手讓孩子過自由的生活，我們寧可孩子犧牲真實的自我，也不願放棄讓自己覺得舒坦的機會。我們不了解的是，孩子沒有虧欠我們，也沒有義務要一輩子效忠我們。孩子就是上天給我們的恩典，值得我們為此而心存感激。

習慣性地感謝孩子跟我們分享他們的人生，這相當重要。我們要感謝他們讓我們的人生充滿意義，也要感謝他們的智慧、友好、熱情、不造作及充滿活力。我們也可以教導他們心存感謝，感謝有個遮風避雨的住家、有食物可以溫飽、有健康的身體、有父母和朋友可依靠，還有美妙的大自然可供徜徉。此外，我們還可以鼓勵孩子，對自己所具有的特質（比如勇氣）、所遇到的好玩的事，以及有機會回饋付出等等表達感謝。很重要的一點是，不要忘了感謝生命每一天的教誨，讓我們更加認識自己，並能以更有意義的方式充實人生。

當我們教導孩子在日常生活上找到可以說謝謝的小事時，就是在告訴他們，現在他們已經很富足了，不用再需求外物。這樣一來，就能激發孩子利益他人的渴望。換言之，體認到自己的豐足能夠點燃我們渴望服務他人的本能。

培養孩子感謝的能力，另一個用意是激發孩子本具的聖潔，也是在禮讚孩子神聖的本質。話說回來，除非我們自己做到上述的要求，孩子才能有機會擁有這樣的美好心態。在此，還要特別提醒的是，孩子不必要顯現出任何「了不起」的特質，他們天生自然、不加雕琢的質樸本性就已經值得我們禮讚了。只有身為父母的我們不懂得尊重自己良善的天性時，才會逼迫孩子成為某種我們視為「了不起」的人。孩子不必成就任何一件事，才能辨認及禮敬他們本具的神性，這也是身為父母的人碰觸自己內在神性的一個機會；更精確來說，神性本來就存在於每個生命之中。

如果我們不是心懷感恩，而是把需求跟貪婪視為動力，為了尋求滿足而不斷追逐，這樣的生活態度會在潛移默化中過渡給子女。反之，如果我們能好好享受呼吸的空氣、供我們乘涼的那片樹蔭，在萬事萬物中體驗到神性的存在，我們的孩子也會對現有的一切感到滿足。不執著、心存感激，滿足自適的心態將會帶來更多美好的體驗。

CHAPTER

15

跟孩子一起處於當下，強化親子關係的紐帶

父母的角色不是指揮官，而是幫助孩子發展本真的支持者。如果我們希望孩子不論在任何年紀，都能跟我們有所連結，就必須具備同理心。同理心要求我們讓孩子有權保有任何感受，觀照而不干涉，包容而不評斷。

許多人都將教養的「日常事務」，例如煮飯、做家事、接送孩子等，跟有意識地當下體察孩子的需求混為一談。雖然我們可能當下體察到孩子在物質、身體，甚至是智識上的需求，但這不表示我們也能當下體察到他們在情緒或靈性上的需求。

滿足孩子需要連結的需求，有賴於特定的一套技巧。這意味著我們必須傾聽孩子的心聲，真正聽見他們想要說的話，而不是一味地忙著處理、糾正或說教。為此，我們必須觀察孩子的狀況，包括姿勢、情感，以及能量。我們必須打開警醒的觸角察覺到這些徵兆。

許多人無法做到當下體察到孩子的真正需求。在不自覺的情況下，我們通常會要求孩子配合我們當下的狀態。雖然我們自以為是在融入孩子，但其實是在強迫孩子融入我們。若能認出我們其實是以微妙的方式將注意力轉移到自己身上，而不是孩子身上，將能大大地改變孩子的人生。

常有父母會抱怨青春期的孩子不想跟他們說話，我詢問這些父母是怎麼知道的，他們會說一些類似這樣的話：「他老是在看電視，不願關掉電視和我講話。」父母通常會抱怨：「她永遠掛在電話上，根本不肯花時間和我在一起。」或是：「他只想玩電玩。我實在受不了，能怎麼辦呢？」也有一些父母會唉聲嘆氣地說：「她老是想要討論她最喜愛的歌手，我對這個一竅不通。」

在上述的每一種情況裡，父母都想要青春期的孩子停止做一些父母不在身旁時學會做的事，轉而去做那些父母想要他們做的事。父母從來沒想過要改變自己的計畫，主動參與那些讓青春期孩子樂在其中的活動。無論什麼活動都好，因為你未必要真心喜歡某個活動，你要的是找回親子之間的連結感。

父母的角色不是指揮官，而是孩子內在人格發展的支持者。因此，如果我們希望孩子不論在什麼年紀，都能與我們有所連結，就必須想辦法配合孩子的情緒能量。一旦我們彼此的情緒能量能夠配合時，孩子就能安心，不會覺得我們虎視眈眈地想剝奪他們的本真，或企圖改變他們，這能提高孩子的接受度。

無論孩子是六歲或十六歲，都渴望跟父母建立有意義的關係。如果這段關係變成了控制、批評、訓斥、說教及壓力，孩子將會養成對你的話充耳不聞的態度。反之，當這段關係強調的是自主、賦權、親子關係、情緒自由及本真，孩子又怎會離父母越來越遠呢？

帶著自覺融入孩子的生活，如同發出一張公開的邀請函，如此一來孩子只會感到真正的自己被看見了，不再動輒受到責罵批評。重點在於，我們要單純地向孩子傳遞出一個訊息：「我就在這兒，等著你看見我。」

全心投入當下，是教養一個情緒健全的孩子所要做的，有些父母可能會因此誤以為這表示他們幾乎隨時隨地都要跟孩子在一起。實則不然，稱職的覺醒父母也可能很忙碌，孩子必須要接受這一點。但是，在不忙的時候，我們是否能讓自己全神貫注地融入孩子的生活呢？當我們能做到這一點時，孩子會明白：「我是個重要的人，所以我的父母關掉他們的手機、放下工作，撥出一段完全不受打擾的時間陪我。」

以我自己的生活來說，為了能夠有覺知地在每個當下融入女兒的生活，我決定不去改變她的存在狀態，而是加入她。我會想辦法讓自己的情緒能量與她的一致，而非要求孩子配合我的情緒能量。女兒跟我說話時，我會全心全意聽她說話。我會對她的發言和心靈表示敬意，對她的意見表示尊重，即使我不同意她的說法，也會保持開放的態度。

我會小心翼翼地記住，自己之所以在當下跟孩子同在，不是為了證明我多麼有智慧或多麼優越，而是單純地想跟孩子建立起連結。因此，我非常珍惜每天有這麼一小段彼此交心的對話時間，無論如何每天都會騰出至少一小時的時間跟孩子在一起。對於如實存在的她，我給予的是發自真心的愛與讚美，告訴她，我自己從她身上學到了許多東西。在這段相處的時間裡，我們不做功課也不做家事，只是單純地待在一起吃東西、玩耍、讀書或聊天。這樣簡簡單單的一個小時，便足以發揮力量，讓孩子因為接觸到那個靜默的內在世界而感到充實與滿足。

找出破壞親子關係的原因

孩子試著找我們談的時候，我們通常會立刻提出建議、批評、告誡，我們也傾向於為他們的經驗貼上標籤。為何我們會覺得非得不斷為孩子提供建言，總是想要傳授他們一些智慧，什麼事都要給點意見呢？我認為原因出在我們自己身上，而不是我們的孩子需要什麼。我們就是無法安住於現狀及順其自然，無法如實接受當下的處境。

既然孩子不主動尋求我們的意見，也未邀請我們主導討論，那麼他們會迴避我們，開始對我們隱瞞，又有什麼好奇怪的呢？

大量以心理學為基礎的書刊、教導及諮商都在強調不要試圖去「擺平」事情，於是有些人似乎開竅了，他們開始在孩子身上練習同理心。或許你也曾對孩子使用過以下這些鏡像式陳述（mirroring statement），如同我的經驗：

- 我看得出來你很沮喪。
- 我注意到你現在很生氣。
- 我只想讓你知道，此刻的你看起來很焦躁。
- 你覺得好像沒人能了解你。
- 我了解你今天覺得很孤單。
- 我看得出來你現在沒有心情和我說話。
- 我看得出來你現在覺得很沮喪。
- 我看得出來你快受不了了。
- 我看得出來你對明天的考試很焦慮。

我們必須覺知到一件很重要的事，這些鏡像式陳述滿滿都是我們自以為是的小我及控制欲。要如實映照出某個人的感受及想法，而且不受到我們本身的汙染，不是件容易的事。事實上，如果我們再回看上述的句子，會發現有些句子聽起來似乎我們高高在上，或是充滿了評斷。

例如，有人對我們說：「我注意到你現在很生氣。」我們應該會覺得他不是妄下評斷，就是一副居高臨下的施惠態度，因此我們可能會討厭這樣的優越感而不說話，或可能因為他們說了這樣的話而勃然大怒。在回答例如「我看得出來你很沮喪」或「我只想讓你知道，現在的你看起來很焦躁」，諸如此類的句子時，我們或許也同樣會覺得自己受到鄙視，或成為別人同情的對象，然後做出類似以下的回答：「你他媽的說對了，我就是這樣。」

要對孩子做鏡像式陳述之前，我們必須先察覺到自己的焦慮和私心，否則，我們不但無法讓孩子坦然去接受每個體驗，反而我們還會不自覺地表現出居高臨下的施惠態度或是評斷他們，從而導致孩子隔絕了自己的感受。換言之，當我們使用鏡像式陳述時，重要的是先覺知到我們是出自什麼心態說出這些話。我們的用意是否想在孩子經驗到這些事時，跟他們感同身受？又或者，在我們的無意識下，我們想讓孩子隔絕自己的經驗，不讓他們去體驗正在經歷的事？

當你跟孩子感同身受時，經常是不需要言語的；相反的，言語只會破壞孩子與他本身經驗到的情緒建立連結。因此，你所要做的，就只是跟孩子一起處於當下。全心融入當下的意思，就是面對孩子的經驗，單純當個觀照者，容許他們與自己的感受安坐，不做任何暗示去要求孩子盡快度過這種狀態。

千萬別跟你的孩子玩心理戰，只要體諒。體諒加上觀照，能讓你的孩子學會自我反思，而不是加重對你的依賴。

你是愛孩子本人，還是愛孩子的表現？

我們都知道這兩者的差異在哪裡。我們習慣說「我了解」來表達對他人的同理心，然而真實的狀況往往是我們「不了解」。即便我們曾經歷過類似的處境，但只是類似而不是一模一樣，你也無法完全體會他人獨一無二的心理狀態及情緒特質。我要強調的是，說出「我了解」這句話，其背後的意圖才是最重要的。當我們說「我了解」時，是因為我們想干涉對方的體驗？或者這是「我永遠支持你」的另一種說法？或是「無論你現在正在經歷什麼，我都全盤接受」的意思？其中的關鍵差異，就在於我們的出發點是自己的私心，還是真的與對方感同身受，並認同他們的本質。

這裡我們所要談的是「同理心」。同理心的核心關鍵，就是有能力去包容他人以自己的方式去體驗所有經歷，而我們只是在一旁單純觀照。因此，要教養出一個具有同理心的孩子，首先就在於包容孩子去體驗他的所有經歷，讓孩子能徹底擁抱每個經驗，不被我們所左右或控制。換句話說，同理心跟認可孩子的存在感有關，這也表示我們必須向孩子傳達一個訊息：他們有權保有任何感受，不需我們的同意或反對。為人父母，不要把精力放在否認、塑造或改變孩子的感受上，而是要讓孩子知道，不僅他們的聲音被聽見了，我們也注意到了他們話裡的真正意思。

要發揮同理心，我們必須願意暫時放下自己的感受，讓自己能與孩子的感受共鳴。這可能很難做到，如果孩子正在經歷某種煎熬的情緒化時刻，尤其是嫉妒、暴怒、內疚或怨恨等等黑暗情緒，更是父母難以消化的。

有一天，我接女兒放學回家的路上，她要求去公園玩，我說不行，然後她又問我可不可以去圖書館，我又說不行。最後，她問我是不是可以去找其他小朋友玩，我再次給了她否定的回答。每一次我都跟她解釋原因：我要準備晚餐，爹地快回來了，我們還有好多事要做……她不高興地嘟著嘴巴，然後開始鬧脾氣：「妳是壞媽咪，每次都不讓我做我想做的事。我討厭今天，爛透了。」那一刻，我沒有靜靜地當個觀照者，包容孩子的感受，反而介入了我的感受。我先斥責她「自私」，然後又說她的行為「任性」，接著又想對她說要「心存感謝」一類的事。正當我準備說教時，心裡突然生起一股愧疚感，我越是斥責她，就越感內疚，然後就越想要讓孩子也覺得內疚。

當我終於清醒過來時，我問自己：「她的話為什麼讓我覺得受到威脅？我是否太過執著於要她心懷感謝，以至於剝奪了孩子真實的失望感覺？我本來可以在她冷靜下來後，教給她這些很棒的課題，但是我沒給她機會冷靜下來，反而選擇讓她覺得內疚，以減輕她叫我『壞媽咪』時被激起的無力感。」

我們慣常的做法就是在孩子被強烈情緒掌控時斥責他們，希望我們的介入，能讓孩子的負面情緒神奇消失，我們就不必處理他們那原始的，甚至醜陋的一面，我們會勸告孩子「不能生氣」、「不應該嫉妒」，或者「打起精神」、「不要沮喪」……

透過這些話語，我們希望孩子能將黑暗情緒驅趕到心裡的隱蔽角落。但結果卻是孩子長大後不再跟自己的情緒連結，他們會活在否認中。這些深埋的情緒會在青春期或多年之後，因為某個事件或某段關係而復活，屆時我們那已經成年的孩子會發現自己不堪負荷這樣的情緒，因為他們欠缺安然度過這些情緒的能力。

缺乏同理心，無法包容孩子的所有情緒，等於是教導孩子在生活中畏懼及躲避這些情緒。舉例來說，我第一次帶女兒去水上樂園，她看見有些遊樂設施的坡道很陡後說：「我會怕。」我注意到自己的第一個反應是想著如何掃除她的恐懼：「別傻了，妳沒看見有那麼多小朋友都在玩嗎？」然後向她保證：「不會發生什麼事的，因為我會跟妳在一起。」我也聽見好多父母都是這樣告訴孩子的：「別怕，沒什麼好怕的。」

經過反思後，我克制了這樣的反應，我很清楚，孩子不會因為我告訴她不要怕就真的勇敢起來。於是我告訴她：「當然妳會覺得害怕，我也會。事實上，我怕死了，但重點就在這裡，即便怕得發抖也要去冒險。」她懂了。於是我們兩人都去排隊等著玩，然後對自己說：「我好怕呀！我好怕呀！」我們不畏懼害怕的感覺，反而對這樣的感覺興致勃勃。我們滑下坡道，平安地從另一頭出來，我也成功向孩子說明縱使害怕也要勇於冒險的重要性。

當然，我們必須教導孩子不要害怕、不要生氣，或者不要悲傷，但是為什麼孩子不該害怕、不該悲傷、不該真實地表達出他們的感受呢？為什麼我們會要求孩子忽視自己的感受？驅趕情緒不是幫助孩子最好的方法，反而是培養孩子安然度過這些情緒的能力，才能真正幫到孩子。

在親子一起體驗的經歷裡，無論多麼平凡無奇，我們都要鼓勵孩子坦白地為自己真正的感覺發聲，例如「我很難過，我的朋友不能來」、「我怕黑」，或是「這裡很吵」等等。

孩子，我就在這裡

很多人發現自己在孩子鬧脾氣時，感到壓力很大。我們不了解的是，孩子會鬧脾氣，多半是因為他們的情緒未能獲得適當表達。鼓勵孩子擁有及接受自己的情緒，並找到適當的抒發管道，才是有智慧的做法。我會強調「適當」這個詞，是因為我們當然也有權利不喜歡孩子某些表達情緒的方式，因此我們可以協助孩子調整表達方式。不能因為我們了解孩子在生氣，就縱容他們打人或摔東西。

我知道，這個觀照孩子情緒狀態的簡單習慣，對父母是一個莫大的挑戰。畢竟我們已經為孩子投注了這麼多的心力，不僅希望他們不搞砸，還希望他們能成功。所以在我們想當個「好」父母的渴望之中，實在很難讓孩子處於「如實」的狀態，讓所有事情自然發展。

想像你正在和你的好友談起你人生的某個時刻，每次你正要開口分享自己的意見、想法或感覺時，你的朋友就會插進來發表評論。雖然他是出於好意，但是當他不斷地說「我想……」、「我覺得……」、「我認為……」，或是「你應該……」時，我們卻越來越沮喪。你一定想大叫：「你可不可以閉嘴，聽我說？」這就是我們孩子的真實感受，也是青春期孩子不想理我們、寧可看電視或用力甩門時的內心獨白。除非我們能擺脫無意識狀態，並以開放包容的心進入孩子真實的意識狀態，才能再次跟孩子對上頻率。

當我們只在一旁觀照著孩子體驗他們的情緒狀態，並克制自己想要去分析、歸納的衝動，我們就是在教孩子學習如何當個觀照者。不貿然介入、不急著告訴孩子答案，才能為孩子創造出一個空間，讓他們自己去獲得這些洞見。我們藉此給孩子機會去傾聽自己的聲音，那是能夠進行自我轉變的唯一方法，比起連篇說教都來得有用。

一旦我們能夠克制干涉的衝動，孩子可能會主動問我們：「媽咪，為什麼我會這麼生氣？」而我們可以回答：「你想要一起討論這件事嗎？」接著我們就可以引導孩子去探索自己的內在人格，看看發生了什麼變化。我們可以鼓勵孩子學著跟自己的感覺安靜共處，而不急著回答他們的問題，靜心等待幾分鐘，孩子所尋找的洞見就會自己浮現。

很多父母習慣在孩子一有疑問時，就提供他們一個條理分明、打包精美的答案，但如果我們只是單純地回答：「我也不知道呢。」倘若我們習慣有問必答的模式，這種公式化的一問一答，就是在教導孩子被動地接受我們所傳授的知識。反之，當我們坦誠不諱地表示自己不知道答案，就是在邀請孩子主動去探索及發掘這個宇宙所埋藏的答案。

每個父母都曾經見過孩子在答對一個連爸媽都不會的答案時有多麼興奮，這種強烈的感覺是滋養孩子主動與隨機應變的養分。簡單一句「我不知道，但是我們可以一起找出答案」，就有足夠的力量喚起生命最深邃的品質。前提是為人父母者願意走下「我知道」的寶座，開始學著說「我不知道」。

以下是一些進入「我不知道」狀態的方法：

- 孩子提出問題時，不要立刻給意見或回答。
- 即使知道答案，也要說「讓我們一起找出答案吧！」

●告訴孩子：「你先想想，然後告訴我你的發現。」

●說明自己不可能什麼都知道，而且對不知道也感到自在。

●教導孩子有能力提出問題比能夠回答更有力量，這能將孩子從「結果導向」的心態轉變為「過程導向」。

●當我們教導孩子重視自己提出問題的能力時，等於在為他們開啟想像力。

如果孩子問你：「為什麼月亮這麼圓？」或「為什麼雲看起來像棉花？」一類的問題時，不貿然給答案很重要。我們可以善加利用孩子的好奇心來幫他們處於「即將發現答案」的這種無價喜悅之中。例如，你可以利用下列回答，讓孩子保持好奇心：

●這個問題真是充滿想像力！

●我從來沒想過這個問題耶！

●你總是想知道更多事情，真是令人佩服。

●將問題重複一遍，然後誇張地咋咋舌說：「這個問題實在太美味了！」

焦點不在答案上，而是教導孩子正確的學習態度及保持對生命的好奇，同時你也在教導孩子去了解真實的世界中，不見得每個問題都有答案，有時問題也無法一個蘿蔔一個坑地簡單歸類。

我女兒曾經問我：「媽咪，能不能告訴我寶寶是怎麼生出來的？不是送子鳥的故事，我真的想知道寶寶是怎麼跑到媽媽肚子裡的？」

我察覺到許多自我中心的念頭在腦子裡翻攪，例如：「啊，這是好機會，我可以當個開明的母親，一五一十地告訴她。」或「我們來進行一場母女對談，談談我們的身體，談談如何讓妳學會自主及自重。」但是我沒有這麼做，我反而說：「嗯，這是一個很棒的問題，我們上網去查查吧。」我之所以沒有立刻給出答案，是因為我想讓孩子在她自己的求知欲上多停留一下。在她這個年紀，我覺得這種求知的渴望很神奇，而科學性的答案往往會削弱這股神奇的力量。

當我們認同及屈服小我時，會發現我們也更容易對孩子的小我表現說「是」，而更加無視孩子的真實本性。但是，一旦我們能夠隨時保持覺知、活在當下，孩子在耳濡目染下也能學會如何去享受人生的每一個時刻。

CHAPTER

16

孩子犯錯了，怎麼辦？

想要孩子能從錯誤中學習，首先就必須讓孩子能夠對犯錯免於恐懼。因為你要處理的不是「事件」本身，而是要正確找出導致孩子犯錯的原因。給予孩子坦承過錯的勇氣，承認孩子有犯錯的可能性，把每個過錯都當成一次機會教育，最後教會孩子學習寬恕，原諒自己也原諒別人。這才是過錯釋出的最大善意。

每當我們犯了錯，首先要做的是原諒自己，以慈悲心對待自己，然後放過自己。我們也想要我們的朋友能原諒我們、了解我們是出於善意，然後讓事情過去；而這些正是，我們處理孩子犯錯時所要教給他們的課題。

過錯不需要被視為某種必須長篇大論地訓斥或受處罰的事，而是通往學習的一扇窗戶。難道我們不希望他人如此對待自己的過錯嗎？事實是，我們在成年之後也會犯許多錯。我們會弄丟鑰匙、忘了關瓦斯、開車迷路、忘記約會時間、出車禍、忘記付帳單、跟朋友說要打電話給他卻忘得一乾二淨、電話亂丟、口出穢言、鬧脾氣、喝太多酒、太晚回家、吃不健康的食物，或看太多電視等等。換句話說，我們做了數不清的錯事，卻要我們的孩子在他們年輕的生命階段「不要」去做這些事，僅僅因為我們告訴他們這些事是錯的！我們怎麼敢以如此高傲和盛氣凌人的姿態去評斷他們、告誡他們呢？只因為他們做了我們正在做的事，而我們只是沒有一個家長不斷盯著我們、等著斥責我們嗎？

如果想要孩子能從錯誤中學習，就必須移除你對「錯誤」的既定觀念，才能讓孩子明白無論他們把事情搞得有多糟，他們還是沒問題的。不能在孩子身上強加任何的內疚感或責怪他們。因為唯有孩子能夠免於恐懼，才能從錯誤中吸收到他們需要學習的課題。

孩子犯了錯，你知道他們為何這麼做嗎？

我們如果以為自己了解孩子行為背後的動機，然後對他們做出負面評斷，這將觸發他們心中的無助感。我們有時明目張膽，有時極其隱晦地將能力不足的感受往孩子的內心堆疊，我們會取笑他們，甚至會嘲弄他們，或是跟他們的朋友做比較，或在別人面前貶低他們。我們要求孩子的，甚至可能比我們願意或能夠給予他們的更多。

想想我們曾經對孩子說過的話，如今回過頭來看，是否會讓我們覺得羞愧呢？比如說：

- 你不斷打破我的規則，因為你不愛這個家。
- 你不用功讀書，因為你不關心你的未來。
- 你不做功課，因為你太懶了。
- 你說謊，因為你不關心別人的感受，只關心你自己的。
- 你很健忘，因為你的心裡從來不顧及別人。
- 你有這種感受，真的很愚蠢。
- 你很粗魯無禮。
- 你應該為自己感到慚愧。
- 你不相信你，我不能信任你。
- 你故意傷透了我的心。
- 你很壞。
- 你在編故事，你在說謊。

在這些言論之下，我們都自以為知道孩子某個行為背後的原因，當然，我們也斷定那些行為的出發點都是不好的。強加這些評斷在孩子身上，會讓他們生起一種無助感，就像他們根本還沒說話，我們心裡就已經有了定見。

以這種方式對待孩子，特別是青春期的孩子，他們很快就會築起高牆把自己的感覺圈圍起來，不讓我們接近。我們不停評斷他們，會讓孩子深深受傷，很快的，對我們所說的話就會充耳不聞了。我們以為這是他們「不在乎」，進一步地對他們妄下評斷，再次自以為我們對他們的意圖很清楚。但我們不明白的是，孩子厭倦了活在羞愧裡，厭倦了被認為是個「壞」孩子。

如果孩子將自己的無助感轉向內在，很可能會縮進保護殼裡，將自己是「壞」孩子的信念內化；反之，如果他們的無助感往外發洩，可能會想要以牙還牙，霸凌就是這麼來的。一個會霸凌別人的孩子，就是在成長過程中感受到力量被剝奪的無力感，而將它深藏在心中又是如此令人難以忍受，導致他們去欺負那些比他們弱小的人，讓對方也感受到自己遭受的折磨。孩子霸凌別人的原因，往往都是因為他們自己的內心也充滿了痛苦。霸凌程度之所以會升高為暴力，是因為當事者把強烈的羞辱感內化了，而解脫的唯一管道就是將內在的痛苦發洩在他人身上。這樣的人與自己真實的良善已經斷了聯繫，因此也會攻擊他人的良善。

換言之，年輕人的暴力行為是源自於在親子互動中感受到的無力感。當孩子不再需要承受我們的怪罪與痛苦，也就不再那麼需要將自己的情緒發洩在他人身上。孩子在犯錯時若能受到尊重，就不會反過來不尊重他人。

孩子每一次做錯事，都是一次靈性成長的機會

孩子會藉由觀察我們面臨壓力時的反應，學習如何處理自己的情緒。每一天，我們都有許多機會以身作則，為孩子示範如何自在地面對自己的不完美。這意味著我們要接受創痛、過失及所有的言行舉止，在相當大的程度上都是出於無意識這個事實——無論我們有多麼地自以為是在覺知的狀態下。

我們要讓孩子知道，生活再怎麼糟糕、不如意，都有機會在情感及靈性上挖掘到寶藏。一旦孩子明白這一點，就不會害怕失敗，並能接受犯錯是人生裡不可避免、甚至是不可或缺的一個面向。

如同我們在上文提醒父母的，當孩子做錯事時，考慮怎麼處理之前，先想想如果換成做錯事的是你，你會希望朋友們怎麼處理？我們會想要被當成三歲小孩，不停受到斥責或說教嗎？我們會想要對方不斷提醒我們，因為自己在生日派對遲到，而為他們製造了多少麻煩嗎？我們會想要為了做錯某一件事而被嘮叨個沒完嗎？當自己的愛與忠誠受到質疑，我們的感受又會是如何？這就是許多人面對孩子犯錯時，慣常會有的反應與表現。

尤其是當孩子在校表現不佳的時候，父母普遍相信如果一再告訴孩子「再努力一點」、「更用功一點」或「不要放棄」，就能教孩子克服對失敗的恐懼。但是事實上，我們這麼做是教孩子執著於追求完美。如此一來，當孩子面對突如其來的不完美、混亂或未知時，就會步履維艱、亂了陣腳。他們會將自己的過錯視為本身的鏡像，在錯誤發生之後陷入癱瘓狀

態，一籌莫展。如果我們在這時斥責或懲罰孩子，不但錯失了一個機會去告訴他們過錯可以成為自我成長的途徑，也設下了一個讓孩子變得憤怒或暴力的圈套。

在幫助孩子探索導致他們犯錯的原因時，我們必須先讓孩子跟自己的過錯拉開一點距離，退一步來看。有覺知的做法是等待個幾分鐘，直到所有情緒化反應都平息下來後，再帶著慈悲心與孩子一起安坐，以完全不帶評斷的方式處理孩子的過錯，並告訴他們如何從中汲取教訓以供未來運用。

幫助孩子了解「原因」，是教導他們寬恕的最有效方法，因為了解犯錯的原因能給予孩子做出改變的力量。遺憾的是，我們在處理孩子的負面行為時，通常沒有耐心去釐清行為背後的原因，反而忙著處理「事件」。然而，只有透過了解箇中緣由，我們才能幫孩子打造出一條通往改變的道路。孩子一旦了解緣由，其他的就會順理成章了。或許犯錯的原因是短視或同儕壓力，或許只是單純地資訊不足或做出了差勁的判斷。我們不必對這件事窮追猛打，只要單純地觀照它，然後繼續往前走。

一旦我們不把孩子犯下的錯誤視為對我們的挑釁，就有機會為孩子上了人生寶貴的一課：學會寬恕是最重要的，因為過錯只是學習如何成為真實自己這個過程中很自然的一部分。不把過錯視為有針對性，就會認知到每個過錯背後都包含著善意，雖然有時善意不是那麼容易就看得出來。身為父母，我們必須主動去發掘孩子犯錯底下最原始的善意，如此才能鼓勵孩子對自己與生俱來的良善產生信心。倘若我們不斷把焦點放在惡劣的結果而不是良善的本意，孩子將會因此喪失努力嘗試的熱情。

比如說，孩子在烤完蛋糕後忘記關爐火，我們應該把焦點放在嘗試烤蛋糕這個善意上；又或是孩子把吐司烤焦了，我們可以幫他們自我解嘲一番，讓孩子不慌不忙地再試一次。如果孩子開車去超市購物時撞壞了我們的車子，我們應該要能看出他們想幫我們分勞的意圖。如果他們在考試時漏寫了一大題，我們應該體諒孩子太緊張，太求好心切……諸如此類。當我們對孩子最初的良好立意展現信心，就是在告訴他們，我們不會用他們所做的事來隨便評斷他們。

孩子之所以害怕犯錯，其中一個原因是當我們懲罰孩子時，會不知不覺剝奪了他們的能力感。我們在很大程度上剝奪了他們的力量，讓他們變得害怕去做任何可能再次導致錯誤的事。比如說，孩子把蛋糕烤焦了，甚至差點連房子也燒了，他們可能會覺得自己笨拙無能而對烘焙心生恐懼。如果他們不小心把手機弄丟了，也可能會覺得內疚而妄下結論說自己不值得被父母信任。

恭喜你，你的孩子犯錯了

我們家經常會在晚餐時段玩一個遊戲，讓每個人說一說這星期以來所犯的最大錯誤，而且經常演變成大家爭相發言的熱鬧場面，每個人都試圖超越對方的錯誤，然後出現類似以下的對話：「你覺得那個錯誤很蠢嗎？我犯了一個更愚蠢的錯誤呢！」我女兒聽了父母犯錯的故事時也覺得很逗趣。這個遊戲還有續集，我們會挑一兩個自己犯的錯，述說自己如何從中學習，因而更加認識自己。

有一天，我女兒說：「媽咪，我犯了一個錯。我把簽字筆留在床上，現在床上有一大塊髒髒的。對不起。」我告訴她，她能「坦白招供」是非常勇敢的表現，然後教她如何將髒汙清潔乾淨。我女兒知道我會對每一次的坦白招供賦予勇敢這個特質，所以現在每次她偷吃了不該吃的糖果，或每次她和朋友把老師的東西藏起來時，都堅持要告訴我。然而，我必須說，當我的孩子真的說謊了（她的確做了，而且將來也會再犯），我們必須接受這只是孩童（及成年人）的真實面之一。我要指出的是，有時別人會因為她犯的錯而斥責她，但在我們家裡，我們會讓她知道犯錯是可以被接受的，而且多半能受到慈悲對待。這樣的態度，意味著我們認同說謊也是人類行為這個連續過程裡的一個自然面向。

你可能會質疑：「難道這不會鼓勵孩子以輕率的態度面對過錯嗎？」我來說說為何不必擔心這個問題。覺知教養的前提在於相信人性本善，我們相信孩子天性良善，而且想做對的事情。然而在忙碌的一天，孩子難免會犯錯，可能是疏忽，也可能是主動違犯，一旦他們害怕處罰，很可能就會說謊來掩飾自己的過錯。我所建議的方法不僅是教導孩子不要害怕犯錯，同時也強調一個重點：我們可以從過錯中更深入地認識自己，忙著掩飾過錯實在太浪費了。這一類的教訓只能從過錯中習得，假如不曾犯過這些錯，你完全想像不到有這樣的方式可以豐富我們的人生。

鼓勵孩子放下過錯，你可以幫他們去蕪存菁。要測試你是否已經放下，真正的考驗是下次你能否再次信任孩子，將車鑰匙再次交到他的手上，即便上週他才刮花了你的車子。想一想，如果是你不小心刮花了朋友的車子，你會希望他們永遠不再借車給你嗎？

當你的孩子對你袒露脆弱的一面，而你也準備好要認識真正的他們時，你可以為他們指出的是：他們是值得被尊重，也值得被接受的。如果你一直自以為是地陷在他們「應該」成為什麼樣子而背叛孩子，你所傳達的訊息就是：現在的他們沒有價值，這個世界不懂得寬恕。於是在人生的道路上，孩子每踏出一步之前都會變得膽怯畏縮。

讓孩子能鍛鍊出勇氣去接受自己的過錯，學會重視自己的過失及局限，同時也相信自己有能力可以繼續前進。一旦孩子知道自己即使犯錯，也不會失去父母的愛，就能夠安心地接受我們每個人其實都是一個未完成的作品，而且會一直持續進步下去。

CHAPTER 17

老鷹的一雙翅膀

覺知教養不是要你去縱容孩子或是教出理想型的子女，而是要讓孩子培養出一種能力：既能順服本真、如實做自己，又能展現穩定適當的克制能力。事實上，只要孩子能保持覺知，就能時時刻刻觀照自己的情緒狀態，做出有意識的適當回應。

要想發展有覺知的行為，孩子需要兩條學習路線，我喜歡將它們想像為老鷹的一雙翅膀：一個是「本真」（authenticity）❶，另一個是「克制力」。一個孩子無論缺少哪一項都會步履艱難，無法振翅飛翔，攀登至潛能的高處。

到目前為止，本書一直將焦點放在本真上面，那是我們與內在本性的堅固連結。對孩子而言，這意味著要學著辨認自己內在的聲音，因為這能指引他們學著去接受自己，擁抱自己的意願，盡可能地開發自己的潛能，並培養出一種能力，可以跟他人及自己的人生建立起有意義的連結。

克制力，是老鷹的另一隻翅膀，這是指我們吸收他人意志的方法。本真，需要的是我們尊重自己的內在本性，表達出真正的自己；而克制力，則是讓我們能夠考慮他人的意願，並做出調整。

孩子必須學習如何跟內在的自己做連結，同時也要學會跟他人連結，因為這兩者是所有關係的兩根支柱，而且彼此也息息相關。這一雙翅膀是活出本真的跳板，也是我們維繫有意義關係的關鍵。

儘管孩子需要培養內在的連結感，以及保持本真的能力，他們也必須學習如何活在一個規則化的世界，在這個現世裡與他人好好相處。為了實現這樣的理想，孩子必須聽從他們內在的聲音，並且以同樣的心力吸收他人的聲音。換句話說，就是一方面要臣服於自己的意願，但同時也要適時地照顧到他人的意願，要培養出這樣的能力，紀律是關鍵要素。這種能力，完全不同於單純地要求孩子「乖一點」。

一旦我們給予孩子表達心聲的權力，自然而然的，孩子一定會有跟我們意見不合的時候。想教養出一個充滿活力、自信的孩子，這是難以避免的結果，日後一旦孩子發現這個世界不是繞著他們打轉時，就能學會容忍挫折。因為，既然他們不是唯一擁有各種願望及需求的人，當然也就能理解自己的願望及需求不可能隨時都能獲得滿足。

只要為人父母者能跟孩子保持連結，提供他們一個安全的界限，讓他們能真實地自我表達，孩子就能學會對親子之間的連結感到自在。他們會了解施與受的互動關係，也更能夠在遇到困難時不氣餒。這樣的孩子可以被依賴，也能反過來相信有人能讓自己倚賴。

缺乏克制力的孩子無法飛得高

史蒂芬妮與先生菲利浦育有三個經常失控的小男孩。三個孩子經常吵架打鬧，家裡經常亂成一團，儼然由孩子當家做主。這是個完全缺乏互相尊重的家庭，無論對孩子或對父母而言，都是如此。

史蒂芬妮覺得心力交瘁，幾乎天天以淚洗面。她自己在成長期間是由掌控欲極強、個性專權的母親帶大的，完全失去自主的能力，因此也極容易掉進受害者的困境之中。衝突讓她感到恐懼，因此她會盡可能妥協。先生菲利浦的情況也跟她類似，同樣生長在一個鮮少能夠

❶本真是正向心理學的核心概念之一，是指在外界的壓力和干擾下，能夠忠於自己的個性、精神和品格的特質。

自由表達情緒的家庭，這表示他對明確的自我表達會感到很不自在。夫妻兩人都很壓抑，都害怕向孩子明白說出心聲。當然，一如其他家庭，他們的孩子也稱職地扮演了靈性導師的角色，所有作為都直截了當地對父母的人格缺失提出挑戰，迫使他們處理自己的情緒包袱。

我觀察這對父母跟孩子實際的相處情形之後，清楚地看見這個家庭毫無紀律可言，孩子根本不知道自己的言行舉止應該怎樣才恰當。比如說，這三個孩子原本在客廳玩遊戲，但不久之後就開始滿屋子亂丟玩具，然後又在家具爬上爬下。當帶頭搗亂的大兒子雅各開始搖晃立燈時，史蒂芬妮走進客廳說：「拜託別這樣，雅各。」但雅各完全不理媽媽。史蒂芬妮又說：「我說了，拜託你。拜託你停止這樣的行為，否則我會罰你不准玩玩具。」男孩們沒有一個人在聽她說話。史蒂芬妮再度用懇求的語氣說：「拜託你們了。」

她的做法完全無效，因此她來找我，一臉無助，眼神彷彿在懇求我的了解，她解釋道：「我已經努力管教他們了，可是沒人要聽我的話。妳知道這有多難嗎？」一會兒後，立燈倒了下來，弄傷了雅各的腳。史蒂芬妮馬上衝過去照顧他，雅各沒有承擔任何後果，反而獲得了擁抱與親吻。

不久後，雅各又回去玩了，又開始重複同樣的行為。幾分鐘後，又發生了另一場災難，三個男孩打起了架。史蒂芬妮又出現在門口，她說：「孩子們，小心不要受傷。」但是他們仍繼續打架。史蒂芬妮依舊站在和他們有段距離的地方，再度懇求：「不要把自己弄傷了，拜託。」同樣的，沒有人理睬她。

突然，史蒂芬妮一個箭步跑到孩子身邊把他們拉開，賞了雅各一巴掌，然後咆哮：「你這個壞孩子！你總是惹我不高興，從現在開始罰你不准玩。」

雅各沒料到會這樣，嚇了一大跳，他開始對母親尖叫，抗議母親單單挑了他一個人來處罰，這不公平。事實是，史蒂芬妮還陷在雅各受傷的情緒餘波之中，因此變得氣急敗壞，渾身顫抖。雅各打了她，她也揍了雅各。其他的孩子因害怕而瑟縮在一旁，史蒂芬妮忍不住掉下眼淚，責怪孩子讓她傷透了心，這時，三個孩子都羞愧地低下了頭。

史蒂芬妮沒有覺知到的是，此情此景正是她童年時力量被剝奪的情景重現。她將自己年幼時所經歷的無助感強加在男孩們身上，在那個當下，她完全無法將他們的行為跟她自己的感受分開。由於她對孩子的每個回應都是為了逃避情緒，因此無法以孩子需要的方式來回應孩子。

我見過許多這種對孩子的「壞」行為一籌莫展的父母，尤其是孩子年紀較大時更是無助。我觀察這些父母，發現他們有個共通的錯誤：無法在當下迅速採取行動。比如說，有個八歲女孩正在搶弟弟的玩具，母親卻視若無睹，於是女孩持續這樣的行為，讓情勢升高，演變成姊弟打架。另一個案例是，一個六歲孩子的母親看見他不斷把麵包屑撒在地上，卻沒有說什麼，直到孩子把碎屑丟得滿地都是，她才突然大發雷霆。雖然說導正孩子的行為時，一般建議要等到自己情緒稍微平穩時再來處理，但有時耽擱時間反而會造成反效果。與其放任情況惡化、衝突升高，有覺知的父母會在必要時立即採取行動。

以史蒂芬妮的例子來說，如果她早點覺知到自己的情緒模式，就能在一開始時以堅定的態度來處理孩子的情況。在雅各剛開始違犯了不尊重自己和他人的安全這個規則時，史蒂芬妮就該行使她的權威。她可以汲取內在的力量，告訴孩子：「現在，統統都不准動。每個人都停下手上的事。」等孩子停止遊戲後，她可以再次重申孩子行為的界限在哪裡，然後要孩子們複述一遍。她原本可以確認孩子們是否了解再度違反規則的後果，並清楚告訴他們，若做出任何偏離她所期待的行為，她會立刻禁止他們再玩。就教養來說，我們不可能既要當個「討好者」與「請求者」，同時又要擁有管教孩子的權力。

史蒂芬妮因為害怕面對她自己的情緒界限，於是放任孩子們吃定了她。她已經太習慣權力被剝奪的感覺，以至於自然而然地就以弱者之姿出現，但孩子們需要的是她表現堅強、明確的一面。她一再隱忍，導致最後情緒爆發，卻仍然無法面對自己的情緒，反而將它轉嫁到孩子身上，讓孩子因為「惹媽媽不高興」而感到內疚。男孩們的行為根本談不上「壞」，他們只是好動而已，所作所為也是一般正常的小男孩會做的事，問題在於母親處理得很糟糕。

從史蒂芬妮的例子可以看出，我們有多麼輕易就被固有模式所束縛，而且所做的回應往往跟孩子當下的行為沒有直接相關。我們會受到自己的焦慮所驅使，無法適當回應孩子當下的行為。

有許多立意良好的父母常會使孩子的行為持續停留在混亂狀態，這是因為要走出小我去有效管教孩子，對我們來說是一件如此陌生的事。如果我們不對驅策著我們的小我保持警覺，就無法以必要的方式融入孩子。在對引爆情緒的原因，以及對衝突感到自在的程度毫無覺察的情況下，我們便會出於情緒盲點而反應。

覺知教養不是要求父母隨時都要表現得很慈愛，而是要有意識地去學習不放縱孩子做出失當的行為，也不能不自覺地永遠將孩子的需求擺在第一位。放任孩子行為失控、乖張，不顧及對他人所造成的影響，就等於放牛吃草一樣。教導孩子適當地克制本真，管理好自己的情緒，是絕對必要的。因此，身為父母要視情況，有時採取不退讓的堅定立場，有時則要懂得適當的讓步。設立界限、適時說不、態度堅定，都是良好教養的一部分，重要性不亞於接受及擁抱孩子。

覺知教養的中心主旨是：在任何情況下，你都要具備處於當下的能力。你回應孩子時，是從覺知或是執著的心境出發的呢？你在管教孩子時，是出於你的本真，還是你自以為是的小我意識呢？

覺知教養意味著你必須「適當回應」孩子的需求，而非「迎合」他們。當孩子因為被寵壞而行為偏差時，你就不應該再縱容下去。你的任務是幫孩子找到他們內在的情感強度，讓他們成長為自立、有韌性的人。要獲得這樣的力量，跟孩子在接受管教時如何管理他們的情緒息息相關。

心理層次的管教方式

對大多數人來說，衝突都是一觸即發的敏感問題，就如何處理某個違背我們期待的人或行為而言，我們在心理上都留存著一個不健康的印記。有些人的回應方式太過投入、太想掌控，而有些人則是難以承受而表現得畏畏縮縮。在管教孩子這件事上，尤其更能喚出我們內在那頭吞噬權力的猛獸，或者恰恰相反的，選擇當個情緒的逃避者。至於衝突會喚醒我們內在的哪一種反應，則要看我們所接受的教養及脾性的綜合結果而定。

問問自己：教養孩子時，我們對於自我的投射及自我意識究竟覺知到什麼程度呢？比如說，我們的孩子是真的做出挑釁、反抗的行為，還是我們太嚴厲了？為了找出答案，你可以問問自己：「現在我被激起了什麼情緒？我的情緒是怎麼被觸發的？我從過去帶了什麼過來？」一旦我們正視自己的內在狀態，就能判斷現在的心態是否適合去回應孩子，或是我們當下的評判是否受到了自我焦慮的蒙蔽。

有一次，我有個朋友陪著我們母女一起去海灘。當時我女兒三歲，那天她的行為簡直像頭怪獸，不停尖叫、又踢又打。我嚇壞了，因為我很想讓朋友留下一個好印象：我是個「最棒的」母親，有個「最乖的」女兒。因為這種自私的念頭，我把女兒的行為視為存心挑釁，不給我面子，於是我臉色鐵青地將她拉到一旁，擺出嚴厲臉色怒視著她。可想而知，這反而讓她哭鬧得更凶更大聲。

當下，我真的掉入情緒化的反應，我對她發誓：「我永遠永遠不會再帶妳來海邊玩了，妳這一輩子都別想！」這些話當然讓她哭得更慘。於是，我將威脅再升高一級，告訴她：「我永遠都不要再讓妳看《芝麻街》了，也不會買糖果給妳吃，不會帶妳去公園玩，一切都別想了。」最後，她終於安靜了下來，看著她親愛的媽咪發脾氣，接下來一整天她都表現得像個天使。

我因為覺得自我形象受到挑戰而亂了陣腳，結果不但未能幫助女兒管理她的情緒，反而為了顧及自我而威脅她閉嘴，把我在朋友眼中的形象看得比糾正孩子的行為還要重要。確實，我女兒唯一從這個事件學到的，就是畏懼媽咪，因為媽咪有時會失控，而這都是因為我將孩子的行為詮釋為對我的挑釁。

要說教養能夠教會我們什麼，就是在孩子的言行超出我們容忍的限度時，真實地揭露出我們對控制的執著，以及我們有多麼無法忍受事情偏離我們的預期。在這種時刻，我們會看見自己嚴厲、武斷、獨裁，甚至專制的一面，我們會親眼目睹自己不自覺的無意識程度有多麼可怕。

我從沒想過自己會在風和日麗的海灘一日遊時，失控地管教女兒。我以為，自己心情好、天氣也好，所以女兒的心情也應該比照辦理。然而話說回來，需要管教的時機鮮少會出現在你認為的「完美的時間點」；而需要克制力的時候，無論在什麼情況下都必須做到。糾正孩子的脫序行為，永遠都要在發生的當下執行，我們對這件事應該抱持一貫的堅定態度。立即在此時此刻做出反應，並隨後處理孩子的感受，是孩子學習克制力的兩個關鍵要素。

以我來說，我違反了立即糾正孩子的這個原則，因為我不想破壞當天出遊的興致。一開始，我試著不去管教她，而這讓情況變得更糟糕。我無法保持中立並採取正確的行動，而且我對出遊被破壞的沮喪，更甚於女兒的乖張行為。這就是要求孩子當個「乖小孩」，以及教導孩子克制力的最大不同之處。

這些日子以來，我經常提醒自己：「我會在每個當下回應孩子。如果她的行為需要認可，我會因為處於當下而馬上做出回應。如果她的行為需要修正，需要設定一個界限，我會跟她約法三章並保持警覺。如果她的行為不需要我做出回應，那麼我會保持沉默。」

我們似乎以為，得過且過、蒙混過去是最省力的方式，而且我也發現這是父母用來對應難管教孩子的最普遍做法。不要誤以為孩子會神奇地自己學會合宜的舉止，當我們傻傻地等待、盼望孩子的行為會因為某個原因而改變，卻遲遲不採取行動來促成這件事時，孩子的行為模式將會固定下來，讓你更難以糾正回來。孩子需要我們長時間不間斷地引導他們，而不是只有在心血來潮時偶一為之。否則將會錯失機會去遏止剛剛萌芽的失當行為。塑造孩子的行為，不能憑你一時高興決定做或不做，不能只有三分鐘熱度。

為此，我現在並不排斥海灘事件重演，不是因為我已得心應手，而是因為我理解到，這些混亂的情節能帶出我的那個「小我」，讓我好好正視它。當類似情況發生時，我會告訴自己，我的孩子正在讓我目睹我需要改進的地方，這一點我永遠要心存感激。

發生這一類的事情，才能凸顯出教養之路在靈性成長方面的潛能。鮮少有其他關係能像親子關係一樣，激發出我們盲目的控制欲，從而揭露出我們不成熟的人格，邀請我們在個人成長之路勇敢跨出一大步。

不要逃避衝突，要珍惜它

與孩子的衝突是難免的，雖然這讓我們感覺很糟，我們也寧願避開它，但衝突其實可能會是個人成長的寶貴機會。

父母若一味避開衝突，害怕為孩子下定決心採取行動，等於也失去了展現慈愛或保護孩子的立場。這樣的父母所教養出來的孩子，將會因為從小懷疑自己的內在人格，而出現自我價值低落的現象。

親子之間會發生衝突，通常是因為頑固的思考方式而針鋒相對。超越衝突的第一步就是檢視自己的思考方式，以及自己為奪得控制權而戰的無意識行為。

想像這天是你母親的八十大壽，你為四歲女兒花大錢準備的那件洋裝還丟在她房間的地板上。除非你讓她穿那身又舊又髒的球鞋與牛仔褲，否則她拒絕去參加壽宴。當她用那種你很熟悉的「看你能拿我怎樣」的眼神望著你、挑釁地將下巴微微上揚、兩腳牢牢地釘在地板上時，她正在等著看你是否會退讓，躲到賄賂手段的懦弱陰影裡，或者更棒的是，你屈服了，開始求她。你心中一把火，「好啊！看看誰才是老大」的各種想像一閃而過，你提高嗓門，她接著大哭，外加拳打腳踢，讓你吼得更大聲。一個小時過去了，她贏了。她穿著破破的球鞋與牛仔褲去參加壽宴，你一下子看起來老了五歲。

每個父母都曾經碰過這種處境，他們一般會這樣想：「他（她）是故意的，等著看是誰在當家做主。」我們之所以抱持這樣的心態，某方面是因為覺得自己的權威受到了挑戰。若從這個自我意識出發，我們極少會採取有智慧的行動；相反的，我們通常會釋出我們心中那頭有控制欲的怪獸，企圖支配孩子的行為，希望能重建秩序，拿回主控權。就是在這種時候，我們很可能會不自覺地就對孩子怒吼，甚至賞他們耳光。

我們沒有必要去揣測孩子的行為是在挑釁我們，比較有益的做法是了解孩子鬧脾氣時，其實只想著他們自己，根本不會想到我們。要讓孩子平靜下來，我們必須找到力量把自己跟孩子的行為區隔開來，劃出一道清楚的界限，站在一個距離外以平靜的心境出發，試著去停止孩子失當的行為。

一旦我們能夠駕馭心中蠢蠢欲動的那個小我，親子之間的衝突就會變成學習施與受、學習協商技巧的珍貴機會。我們的四歲孩子能在當下接受教導，這不是一場「你我的對決」，而是親子同一陣線，需要我們發揮創意去找出對雙方都行得通的解決方案。

為此，身為父母的我們首先必須讓自己不執著於「贏」，不執著於「凡事聽我的，否則免談」的念頭。因此，或許你可以這樣做：讓你的四歲小女孩穿洋裝配球鞋，或是「這次聽媽媽的，但下次由妳全權做主」。更徹底的方法是，讓孩子穿她想穿的衣服，放下我們想要她打扮成什麼模樣的渴望。畢竟，有問題的都是我們自私的想法——我們想要孩子看起來像個「洋娃娃」，天知道「那些親戚們會怎麼想？」

如此一來，僵持不下的情況就可以轉化為內容豐富的對話，是練習協商的好機會。當然，有一些情況是不能妥協的，比如關於安全或尊重的事，但是就大部分的情況來看，親子會引發衝突幾乎都跟父母的私心有關，因為我們太在意外人的眼光了。

當我們教導孩子協商的藝術時，也同時播下了種子，讓孩子能在日後的人生順利經營親密關係。每一次當我們置身在「我該讓步？還是等你讓步？」這種未知又彆扭的情境下時，就會學到新的一課。重點在於，即使你當下未能找到最好的解決方式，也要讓自己覺得舒心自在，不要心存芥蒂或不甘心。因為人生不是安排好的一齣戲，它要求我們付出，然後放手。每一次衝突，都少不了內在的掙扎，當你學著去接受不完美、接受自己無法想出一個快速的解決之道，並且不再因此而心情沮喪時，也是在教育孩子學會去容忍他們自己的情緒。

衝突為父母和孩子提供了歷久不衰的人生課題，教會我們的孩子：「你的確可以堅持你的意願，不會因此而受到懲罰，但同時你也必須學習如何接受並理解他人的意願。」身為父母的我們，也將從中學習如何克制自己的控制欲。這就是為什麼覺知教養可以帶來親子雙向的轉變。

如果為人父母的你能在「我」與「我們」之間取得平衡，等於是在訓練孩子如何去面對生命中一個最困難卻也最重要的課題。在衝突中適時地「認輸」，體驗透過協商化解衝突的美好滋味，以及理解人生不是「非黑即白」的道理，這些都是你能帶領孩子去認識真實人生的機會。透過明智地化解親子衝突，你可以教導孩子，真正的「贏」在於找出一個有創意的解決方案、靈活變通，並在協商的過程中以真心待人。

如何以「有效的」方式管教孩子

傳統的親子關係一向是階級式的、單向的：父母發出命令、制定規則，然後孩子不是遵守，就是受罰。

但是，有覺知的親子關係不是這樣的，在覺知教養中，即便是管教也不是父母與孩子的對立，而是親子之間的一種動態循環。親子之間的關係才是最要緊的事，而不是講究什麼特定技巧。無論發生什麼事，親子關係都應該保持雙向循環的本質。孩子的許多行為問題，都可以透過這樣的親子互動來扭轉。

如果我們只是把焦點放在孩子做了什麼行為，總有一天會發現自己黔驢技窮，最後只剩下斥責和處罰可用。這不但會導致壓力，也限縮了自我成長的可能性。如果我們將孩子的不當行為當成可恥的事，孩子就失去了自我學習的機會。

一般來說，孩子都會對管教抱持著負面態度。「管教」的字眼帶有權威與控制的意味，有時還要加上處罰的想像。相反的，若孩子不是因為恐懼而被迫服從，而是從學習重要的人生課題來重新定義管教，孩子就能學習如何利用良好的判斷及辨別能力來做出有效的選擇，創造正面的解決方式。因此，我認為「管教」一詞有必要以其他詞彙來代替，我個人建議採用「行為塑造」①等類似的詞彙，更符合覺知教養的中心思想。行為塑造意指我們必須回應孩子的所有行為，而不是只針對我們視為不良的行為；其他的正面行為也會獲得同樣或更多的關注。

行為塑造不會將親子之間的衝突視為麻煩事，反而會利用所有的衝突作為學習的實驗室。因此，「塑造」是時時刻刻都在發生的，而非被限縮在處罰時段。這種行為塑造法的特徵是「正面強化」，是一種比處罰更有效的工具。

以刷牙為例，正面強化的意思是，不要把重點放在那三十一顆沒刷乾淨的牙齒上面，而是把關切的焦點放在一顆刷乾淨的牙齒上。假如孩子無心學習，你也不需要針對他們無法好好用功一小時而大做文章，而是能在他們每次好好讀書十分鐘時嘉許他們。倘若孩子對他們的某個朋友說話不禮貌，那麼當他第一次客氣地說話，以及每次都這麼做時，要特別注意這個行為並強化它。

一旦你專注的是好行為，特別是良好的意圖時，就等於在邀請孩子轉向他們內在的光明面。孩子就像花一樣，也有面向光明的習性，問題在於你：你相信的是孩子光明面的力量，還是處罰的力量？這個問題的答案，將會決定你在教養孩子時是採取哪種方式。

比如說，孩子的學業成績是「丙」，無論你是斥責或處罰他，都改變不了事實，而且也無法針對問題去處理。他盡力了嗎？他是否有可能突破自己的局限？他是否能接受自己平凡的一面、如實地接受自己，而從中學習到謙卑？他是否認真學習？是否享受學習過程？在學校時是否能夠真正活在當下，珍惜每個經驗？在這個時刻，這些才是問題所在，而不是成績單上的評分。

假如你將焦點放在學習成果上，心裡想著：「我知道我的孩子可以做得更好，所以我必須督促他。」你的目的只是「拿到好成績」或「兩歲就會自己如廁」，如此一來，你將看不見孩子拿到「丙」或尿溼褲子背後的靈性任務，而隨意為孩子貼上懶惰、不夠積極或不夠專注等標籤。相反的，有覺知的父母能在孩子的所有行為裡看出其神聖性。

①原書注：行為塑造這一名詞經常使用在行為修正課程裡，這種課程會透過強化的方式教導新的行為，直到達成正確行為為止。在本書，這個名詞是用來描述父母給予孩子行為持續的、時時刻刻的關注，如此行為的修正才能在當下的此時此地達成，無需等到另一個與當下脫節的時段。「塑造」這個詞彙是用來描述行為持續演化的特質，意指它永遠需要再塑形與調整，沒有一個所謂「完美」狀態可以達成。

無規矩不成方圓，但要如何為孩子制定規矩？

許多父母每天都會為了吃什麼、穿什麼、功課怎麼寫等問題跟孩子奮戰，而這些戰爭大都跟我們的私心及控制欲有關。如果你發現自己經常為了一些小事跟孩子嘔氣，極可能表示你對孩子的生活關心過度了。

如果不是攸關生死的大事，就不要堅持孩子必須按照我們的方式來做。我們可能認為自己是在教導孩子尊重規定，但實際上，我們教給孩子的卻是：頑固、不退讓，而這也是引發衝突的原因。墨守成規、不知變通，孩子很快就會對我們說的話充耳不聞，因為他們知道，大人們只想要事情按照既有的方式去做，他們說什麼都沒有用。這就是孩子開始偷東西、說謊、變得鬼鬼祟祟的原因。

你越是焦慮不安，就會不自覺地變得更嚴厲。我們害怕失去控制權，害怕讓孩子凌駕於我們之上，這驅使我們變得嚴苛，甚至會將孩子正常健康的反抗行為視為挑戰、不服從。

如果孩子在成長過程中被要求遵守太多規定，沒有足夠的自由空間讓他盡情探索、體驗，很可能會擺盪到叛逆的那個極端，再也無法消化父母的嚴格管教。

如果每件事都要遵守規定，孩子會感到窒息，而我們對他們的心靈所施加的魔咒，就是讓孩子養成在每一次自我表達之前都要小心翼翼地檢視，看看是否會違反規定。想讓孩子培養專注不分心，就應該把規矩精簡再精簡，如此孩子成長的家才能讓他們覺得安全、對規矩感到熟悉，並且有自信每天不會蹦出新規矩強迫他們遵守。無論你需要什麼規矩，都必須確保孩子能有足夠的空間讓他們安心地悠遊其中。

你定的規矩可以分為主要的及彈性的兩種。在主要的規矩方面，你可以硬性規定就寢、做功課、用餐及睡醒等時段的守則，要求孩子遵守。此外，給予孩子說「不」的權利，但要懂得尊重父母；同時也要他們尊重自己，包括照顧好自己、保持安全，而且要以尊重的口氣和態度對待他人。

遺憾的是，對我們和孩子而言，在學習合宜行為的基礎這方面，彈性空間並不是很大。一歲到六歲之間是行為塑造最重要的階段，這段時間是行為的形成時期，例如寫功課的時間，或諸如洗澡、睡覺等例行事務的習慣都會固定下來。除非我們把握機會在這幾年塑造孩子的行為，否則等孩子進入前青春期後，再來要求孩子遵守規矩，他們將會有嚴重的情緒宣洩現象。如果孩子在八歲前還不能學會尊重父母，等到他十八歲時更辦不到。如果孩子在九歲前還學不會靜下心來在一個地方專心做作業，很可能這會成為他一輩子的問題。

想要孩子遵守我們的規矩，就必須嚴肅地傳達這個訊息。父母經常對遵守規矩這件事前後矛盾，或無法堅持到底，然後卻納悶孩子為何置之不理。想要尊重自己及他人的規定，就必須在遊戲開始之前就定下規則，如果我們無法教導孩子理解並尊重他人的意願，他們成年後就會認為隨意踐踏他人是無所謂的。如此的後果是，我們會教養出一個自戀、不知如何發揮同理心的孩子，他們無法與人維繫關係，也會經常受到同儕排擠。

至於彈性規定，就是指那些對孩子的身心健康不會造成影響的規定。一旦主要規定制定下來了，父母要跟孩子一起參與彈性規定的制定，這是親子可以討論且需要雙方同意的。我們必須容許孩子說不，並讓彼此的對話保持，交換彼此的觀點。當孩子見到我們行使權力制定主要的規定，也見到了我們願意放棄權力，讓他們能過得更靈活、更盡興，那麼行為塑造就能促進親子之間的心靈交流。

比起主要規定，彈性規定更能教導孩子關於人生的重要課題，因為它們給予孩子自由表達意見的機會。孩子有機會學習關係裡的施與受，學習事情是可以協商的，而要在成人世界裡游刃有餘，這是個相當重要的技巧。彈性規定可以包括穿什麼衣服、吃什麼食物、投入什麼興趣或嗜好、讀什麼書或看什麼電影、和什麼朋友來往，以及休閒時間如何度過等等。透過主要規定與彈性規定之間的平衡運用，孩子就能學習如何設定適當的界限，並懂得自重與尊重他人。

隨著孩子逐漸成長為青少年，他們有必要知道可以隨興穿出自己的品味（除非孩子跨越界限，違反了健康與安全規定）、表達他們的興趣與熱情、選擇他們自己的朋友。如果從小我們就能好好教導孩子自尊自重，就不需要擔心他們長大以後會喪失這種敬慎的心態。

當我們跟孩子協商彈性規定時，我們也立下了一個榜樣，展現出願意跟孩子一起學習情緒課題的意願。我們拋下自己「無所不能」的既定想法，學著去認識那個不怎麼完美的自己。所以請給自己機會去採取一種更溫和的管教方式，在面對可能令人沮喪的情況時，我們反而更能發揮創意來處理問題。

我們若能帶頭展現合作的意願，真心為僵局找出解決方案，我們自己也能在這個過程中體會家人的凝聚感。孩子將從中學到，在人我關係裡，所有利害關係人的聲音都應該被聽到，從而讓每個人都能獲得對他們真正重要的東西。如此一來，孩子為了找出能滿足每個人的創意解決方案，將學會跳脫小框架來思考。這在當今這個越來越多元的世界裡，是個重要的人生課題。

為什麼教導比處罰更有效？

有時候，正面去面對孩子不當的行為是必要的。如果你的孩子做出了輕率魯莽的行為，就必須在當下將他們的注意力轉向他們的輕率魯莽。比如說，你的孩子打了人或行為乖張，像個被慣壞的小孩，你必須迅速做出回應，但要怎麼做，則要看孩子的成熟程度。

如果是學步期的孩子，你可以輕輕抓住他們，跟他們同在，直到孩子平靜下來。我們當然不期待這個年紀的孩子能夠克制自己，所以你必須幫他們克制。如果是青春期的孩子對你出言不遜，你就必須以一種不引戰的方式與他們同在。

有時候，訓斥孩子是必須的，而有時最好採取好玩、溫和的方式，或是透過讚美與正面強化的方式來對待他們。還有一些時候，孩子需要你協助他們形塑自己，當他們想理清頭緒時，你可以陪在一旁默默當個見證人。透過唱歌、跳舞、演戲、玩遊戲等方式寓教於樂，也能有效幫助孩子了解何謂適當的言行舉止。運用這種種方法，孩子會將你希望他們依循的生活準則內化，把自我克制的生活方式當成一種習慣，同時也不會壓抑他們自然的本性。

對於阻止個別行為，處罰有時管用，有時不管用，但是處罰絕對無法教導孩子以一個更有成效的行為來取代不適當的行為。與其只是處罰孩子，不如利用那些有問題的情境來教導孩子自我反省，這能為他們開啟一條正面的途徑，教他們透過解決問題來掌控情況。

舉例來說，如果孩子在鬧脾氣，你也覺察到他累了，與其聚焦在鬧脾氣這件事上，不如直接切入他正在經歷的情緒，你可以說：「現在你一定很累了吧。」或者，如果他對某件事感到傷心，你可以問：「你會這樣鬧脾氣是因為你很傷心嗎？」如此一來，通往情緒處理的大門將會豁然開啟。在你辨認出他們的情緒狀態並與他們感同身受後，你可以解釋：「無論你的感覺是什麼，都不可以有這樣的行為。讓我們看看有沒有其他方式可以表達你的感覺，好不好？」接著你可以教導孩子用直接的方式來表達出他們的感覺，而不是間接地鬧脾氣。

如果孩子無法直接表達出他們的感受，他們的身心會自己尋找出口。他們的內在世界斷裂了，迫切渴望能在別處尋找他們「失去的一部分」，而這通常會導致孩子出現自我毀滅的行為或是傷害他人的行為。

當孩子開始出現黏人、反抗，或偷竊、割傷自己、不洗澡、學業成績一落千丈等現象，代表他們的情緒狀態出現警訊了。孩子的情緒狀態經常會透過身體症狀顯現出來，比如偏頭痛、胃痛或突然的恐慌等，會有這種現象，是因為孩子與他們真正的感受嚴重分裂，導致身體過度承擔了那些未能表達出來的情緒。他們可能因為扮演討好者或優等生，或相反地扮演了叛逆者或「壞孩子」等角色而感到不堪負荷，最後走上崩潰一途，由他們的身體來承受這個崩潰的衝擊。

身為父母，當孩子為了獲得我們的注意力而使出種種手段時，我們經常會用焦慮來做回應。比如說，孩子課業成績開始下滑，我們會生氣、會急著想要控制；或孩子身體檢查的數據有異狀，我們就立刻帶他們看過一個又一個專家。面對生理問題要特別小心，因為有些症狀可能是孩子的身體真的出了毛病。困難之處就在於，我們可能在不經意間強化了孩子認為自己身體有問題的想法，而這些問題的源頭可能是心理或情緒因素。這就是為什麼為孩子留出足夠的空間，讓他們能夠自由地表達情緒會如此重要的原因。

一旦你了解到孩子的行為背後隱藏著情緒狀態，就能教導他們以直接的方式表達出情緒。這也意味著他們在生氣時能夠坦白說「我生氣了」，而不是透過傷人或破壞性行為來表達。同樣的，孩子也可以清楚地表達自己的難過，而不是訴諸自我毀滅的行為。你若能教導孩子隨時探觸自己的情緒世界，他們就不會覺得必須以鬧脾氣的宣洩方式來吸引他人注意，一旦他們的聲音被聽見，也就沒有理由再特意去引起他人的注意，更不會衝動地用負面行為來宣洩痛苦。

為此，你必須以身作則，直接說明白自己的感受，孩子就會跟著你這樣做。清楚表達自己的感受，不需要大吼大叫，當你和孩子出現問題時，你可以說：「我們兩人對這件事各有各的感受，告訴我你的感受是什麼，我就跟你分享我的。」重要的是你必須讓孩子知道，你們兩人的感受都一樣重要。

當你邀請孩子說出他心中的困擾時，如果事情跟你有關，你可以對孩子說：「能不能告訴我，你覺得我做錯了什麼，要如何改正？我已經準備好要聽你說一說造成你如此痛苦的原因，你可以說清楚你的感受。」在這種情況下，重要的是你必須有承認錯誤的心理準備，你可以這樣告訴孩子：「我了解不被尊重的感覺真的很不好，對不起我讓你有這種感覺。現在讓我們來看看，有什麼方法能讓我們兩人都覺得受到尊重。」

如果孩子偷東西，你可以問自己這樣的問題：「孩子會偷東西是因為我嗎？是我的做法出錯了嗎？孩子是否因為內在的匱乏，而必須以偷東西來自我補償？」找出問題的情緒根源，因為這種行為不會憑空出現，總會涉及到一些潛藏的情緒因素，而你的責任就是將它挖掘出來。

最後一點很重要：一致性。你不能塑造出一個行為，然後又否定它或忽視它。倘若你在某天因為孩子的行為而生氣，但同樣的行為在你心情好的那天又沒事，如此不一致的回應，小心你的孩子會以此來操控你。

孩子行為失控，是因為情緒需求未能獲得滿足

我們通常不了解，當孩子行為失控時，很可能他們內心正在吶喊著：「請幫幫我！」他們實際上是在說：「請阻止我的行為，否則我會傷害自己或他人。我想要克制自己，我不喜歡失控的感覺，不喜歡覺得羞愧，也不喜歡傷害別人的罪疚感。我是個好人，請幫幫我展現出自己的良善。我不想要撒野或挑釁，這種感覺並不好受。」

我了解，當孩子拳打腳踢、亂咬亂叫、瘋狂喝酒或嗑藥時，要聽見這些潛在的請求並不容易。這種極端行為通常會嚇壞我們，想要穿透外在表象，獲得更深層的了解，可能十分困難。然而，唯有當我們接受孩子行為失控是因為有情緒需求未獲滿足，我們才能展開一段嚴

肅的探詢過程。

行為塑造需要我們去意識到孩子會出現問題行為，不是因為他們壞、必須以處罰來威嚇，而是他們是善良的人，只是尚未學會如何以克制的方式來表達正在經歷的難受情緒。除非潛在情緒能獲得適當處理，否則外在的不當行為將會持續下去。孩子越是能學會以克制方式直接表達情緒，就越不會鬧脾氣。情緒的自我管理，永遠都是行為塑造的目標。

我想要重申的是，行為塑造與孩子的成熟度有關，而不是與他們的特定行為或實際年齡有關，這點非常重要。因此，如同學校為了評估孩子的學習情況而進行學習評量，你也需要定期對孩子進行情緒評量。我指的不是某種特定的正式評量，而是透過觀察，對孩子的實際程度獲得更深入的了解，而不是擅自假設孩子處於某個他們「應該」達到的程度。

有些孩子的成熟度符合他的年紀，有些則比較晚熟。遺憾的是，我們往往會執著「什麼年紀該有什麼表現」的傳統想法，以至於無法辨認出每個孩子特有的性情。逼迫孩子隨著身體「長大」而催熟他們的心理年齡，只是徒勞無功，只會毀了孩子的自我價值感。發現孩子「不像其他同齡孩子一樣」而感到挫折的父母，應該明智地提醒自己，年齡只是一種概念、一種假象，你應該避免拿孩子去跟其他小孩做比較，以免揠苗助長，而傷害孩子的心靈。

每個孩子或多或少都需要不同的對待方式，有些孩子對正面強化的反應良好，可以藉此改變自己，但有些孩子則喜歡有人幫他們制定規矩及方針。我們必須根據每個孩子所呈現的差異來調整方法，以滿足他們的個別需求。

以我女兒來說，她是個情緒早熟的孩子，至於其他方面則接近平均值，或甚至比平均情況發展來得慢。除非我能夠辨認出她在哪些方面比較早熟、哪些方面比較晚熟，否則我只能以我自認為這個年紀該有的教養方式來對待她。萬一拿捏失當，孩子在學習克制力方面就會難有進展。

當孩子鬧脾氣或行為失控的時候，問問你自己下列的問題：

- 孩子是因為情緒不夠成熟而缺乏判斷力，所以在鬧脾氣，還是為了反抗而反抗？
- 孩子是否能跟得上眼前的教養程度，或者這已經超出他的能力範圍了？
- 孩子是否需要我做出更高階的回應，因為他們的理解力已經超出了他們的身體年齡？

如果你的孩子鬧脾氣是因為情緒上的不成熟，你可以立刻換個方式來處理。此時，你不該扮演管教者的角色，而是扮演教育者的角色。不是嚴厲地要求孩子「聽我的，不然就拉倒」，而是應該改成關切孩子在這個特定時刻的需求。

孩子的行為，你也有份

如果孩子鬧脾氣完全是為了反抗，或者經常行為失控，這就表示你自己要為孩子這種持續性的行為負起應有的責任。孩子會動不動就反抗，那是因為他們已經習慣自己能逃脫處罰。當然，有些孩子的性情就比較任性又固執，但是他們也是透過跟我們的相處而把任性轉變為反抗。除非你能明白這一點，否則你會開始相信自己的孩子真的「很壞」。

如果你五歲的孩子使性子，你可以阻止他繼續這種行為，然後教他用另外一種方式來處理感受。倘若他在六歲時還對你不屑地吐舌頭，你絕對不可漠視，務必馬上正經又嚴肅地讓孩子清楚地知道，你無法接受這樣的行為。當七歲的孩子跟你討價還價，比如要求延長看電視的時間一再測試你，你可以終止他的操弄手段，明確定好你的界限。當他八歲時當著你的面摔門，你可以走進他的房間，冷靜但明確地指出他的行為是對你的不尊重。當孩子九歲時做功課不專心，你可以每天陪他一起做功課，直到他學會如何安靜下來寫完功課（你一定要抗拒想替孩子做功課的念頭，只有在孩子開口要求幫忙時，你才插手）。當孩子十歲時假裝沒聽見你說話或頂嘴，你要冷靜地教導他這種行為是你無法接受的。當孩子十一歲時對你撒謊或偷東西，你可以更嚴格點，讓他體驗這種錯誤行為的後果，換句話說，你要嚴肅看待孩子的行為。

讓我舉幾個真實生活裡發生的情況，說明如何落實適當的管教。首先，有個媽媽要女兒把自己的鞋子擺進鞋櫃，但女兒不理她，媽媽再度開口，女兒一樣沒反應。於是，媽媽自己拿起鞋子放到鞋櫃裡。

遇到這種情況，你要怎麼做？此時，媽媽可以提供女兒一個自我修正的機會。媽媽可以不帶任何情緒地透過肢體語言或實際的言語來教導女兒，重要的是，在完成這項行為塑造的任務之前都不可半途而廢。如果媽媽每次都能保持覺知、處於當下，女兒早晚會有所回應，因為處於當下的人都具有磁鐵般的吸引力。當女兒做出回應時，媽媽可以稱讚她的表現讓家裡看起來更整潔了，讓每個家人都能享受這個整潔的環境，而且也不怕其他人會被絆倒而發生危險。

現在，讓我們看看下一個例子。有個父親要求兒子關掉電視去做功課，但兒子對他不理不睬。父親的反應是大聲吼叫，結果也沒有用，男孩仍是文風不動。即便後來父親開始罵人了，兒子仍置若罔聞，最後惱火的父親只得放棄了。

讓我們來改寫這個場景的劇本。一開始當兒子假裝沒聽見父親的話時，父親要明確告訴他，下次要求他這麼做時，他必須馬上把電視關掉。如果兒子依然我行我素，父親可以拿起遙控器，然後平靜（不是生氣）地把電視關掉。接著父親拿著遙控器，對兒子解釋說，如果他能夠遵守規範，就會信任他並把遙控器交給他。一直到了隔天晚上，男孩要求父親給他遙控器，父親再次清楚地向他傳達自己的期待，然後就將遙控器交給了孩子。當天晚上沒有再發生因為看電視引起的不愉快，於是父親當面稱讚兒子改善了他的行為。

再來看幾個例子。有兩個孩子坐在桌前畫畫，媽媽要求他們畫完後要將桌面收拾乾淨。孩子完全不理會媽媽的話，媽媽卻什麼也沒做，直接就讓傭人幫孩子整理房間。在這個例子中，當孩子沒有按照媽媽的要求去做時，媽媽應該繼續待在房間裡，把他們的圖畫拿開，然後告訴他們馬上整理桌子，做完後再稱讚他們。

有個六歲的小女孩畫了一幅漂亮的畫，跑去拿給媽媽看。媽媽因為忙著講電話沒有注意到她，於是小女孩又畫了一幅更大、更漂亮的畫，但媽媽發出噓聲要她別吵。這時候，女孩打了弟弟，母親吼叫著罵她：「妳是個壞女孩！」

碰到這種情形，與其高聲責罵，媽媽其實可以把女兒叫到身旁，向她解釋說弟弟被打一定很痛。她不需要對女兒的行為過度解讀，只要單純地要求小女孩與弟弟和好即可。

理想的做法是，媽媽應該一路回溯這次的互動，回到女兒希望獲得她的注意力而未能成功的那個時候。假如六歲小女孩第一次來找媽媽時，母親能花片刻的時間跟她打聲招呼，稱讚她的畫畫能力外，也嘉許她能在媽咪講電話時自己照顧自己、自己找有趣的事情做，那麼女兒的情緒需求就會獲得滿足。

有個八歲小孩每天放學回家後都是一個人在家，父母回到家後，通常都忙著各種公司的事或家事。結果，小男孩覺得很孤單，開始玩火柴，卻沒有人注意到這件事。他懷疑父母根本不在乎，即使他在房間裡點燃了一個火堆，也沒有人過來看看。接下來他在學校依樣畫葫蘆，卻遭到停學處分。他父母的反應呢？他們罰他禁足三個月。

當男孩因為點燃火堆而遭到停學處分時，如果他的父母有智慧，就會將這件事視為警訊。他們可以尋求諮商，了解兒子的內心正在吶喊著要獲得注意，然後他們就可因為疏忽了他而向孩子道歉，並調整自己的工作時間，或安排另一個人協助自己，好讓孩子回家時有個關心他的大人陪他。

我們的孩子並非天生就會熱烈地接受我們的每個命令，他們也不應該如此。但是，孩子必須了解每個行為都要有個界限，才能明確知道什麼是父母期待他做的、什麼不是。當我們教導孩子時，出發點是覺得自己有權利也有義務去做這件事，而不是因為我們私心判定孩子必須尊重我們。

父母若能在規矩與彈性之間取得平衡，就能讓孩子自由自在的玩，在適當界限內無拘無束地自我表達。一旦孩子逾越界限，就必須設立一個規範。這是一場收與放的持續之舞，孩子在此一過程中將學會如何自我克制。

首先，我們自己必須清楚劃出界限。許多父母會害怕干涉孩子，無法溫和而堅定地與孩子肩並肩，帶領他們前往他們必須去的地方。由於我們害怕衝突，也害怕賦予自己權力，於是放任孩子為所欲為。我們寧願對孩子發脾氣，也不採取必要的堅定立場來修正他們的不當行為。

羅蘋的故事就是個典型的例子。她四歲的女兒喬琳從來沒有在白天睡過午覺，晚上情況更是一團糟，因為喬琳經常處於亢奮狀態，極難哄她入睡。每晚總是在哭鬧、叫喊聲中度過。羅蘋發現自己總是比喬琳更早睡著，而喬琳會到半夜一、兩點才睡。結果就是每個人都睡眠不足，白天表現大打折扣。

「她就是不肯睡，」羅蘋如此爭辯，「我要怎麼強迫她？」根據羅蘋的說法，要求女兒在白天或晚上的特定時間好好躺下來睡覺，是違背女兒意願的事。身為母親，她並未認知到養成規律的作息是為了孩子的身心健康著想。

羅蘋要做的是，每晚拉著喬琳的手，帶著她上床，把她塞進被窩裡，然後確保她乖乖待在床上。如果喬琳爬下床，羅蘋就必須溫和地再一次將她帶到床上，把她塞進被窩裡，如此一再上演相同的戲碼。這種互動必須針對實際情況調整，並只針對按時睡覺這個單一事件來處理。如果喬琳必須被帶回床上幾十次才能乖乖入睡，這就是羅蘋該做的事，而且必須在完全不帶怒氣或煩躁情緒的情況下完成。堅持下去，不做情緒化的回應，才是成功的關鍵要素。在喬琳將自己的生理節奏調整至對她最有利的模式之前，同樣的場景可能必須連續上演好幾個晚上。

假設沒有這種規範，喬琳就只能在大哭大鬧耗盡精神後才能乖乖入睡。對於一個年幼需要充足睡眠的小孩而言，午覺和每晚固定的上床時間都是主要的規定之一，而且是不容妥協的。如果父母態度夠堅定，孩子很快就會明白這件事沒有討價還價的空間。羅蘋的困擾是，她自己也無法肯定對這個規定該抱持怎樣的堅定態度。

為何可愛的小孩會變成叛逆的青少年？

雖然我們已經在某種程度上探討過青春期孩子的反抗心態，這是當前一個相當普遍的議題，因此我想再回過頭來談談，並進一步補充一些看法。

所有的問題少年不是在一夜之間就突然蹦出來的，他們是多年來受到壓制的本真及無數的虛假承諾所「養」出來的結果。這樣的青少年就好像一直處於慢慢死去的狀態，他們必須每天抗爭，才能感覺到自己還活著。沒有任何青少年想要當個「壞」孩子，他們只是不知道有任何其他的存在方式。

叛逆的青少年是因為失去了本真、缺乏克制力，或缺乏與父母的連結，或是這三者都有。比如說，親子關係疏遠的孩子，進入青春期後，可能會覺得需要以浮誇的方式來宣洩情

列問題：

緒以獲得關注。

每當你的孩子以反抗方式鬧脾氣，背後總會有一個真正的動機，包括想要獲得關注，或是尚未學會如何去尊重他人。他們的父母往往會放任他們越界或違反規矩，沒有讓孩子去承擔自己招惹出來的後果。面對孩子的這個艱難階段，與其做出情緒化反應，不如問問自己下列問題：

- 孩子有這種行為表現，是因為我的態度不堅定、不一致嗎？
- 對於孩子的行為失當，我是否傳達出明確的訊息？或者只是含糊其辭，傳達出混淆的訊息？
- 我是否需要重新檢視自己的期待，並針對孩子目前的情緒能力重新調整期待？
- 我的控制欲是否被觸發了？我是否在情緒被觸發的狀態下去回應孩子？
- 我是否很難跟孩子做雙方互動，一直採取「聽我的，否則免談」的方式？
- 我是否受到過去的制約，讓孩子喚起我內在的無助與無能為力的感覺？
- 孩子是否覺知到我對衝突會感到不自在，因此故意激怒我？
- 我是否因為不相信自己，因此也不相信我可以受到孩子的尊敬？
- 是否因為我太忙了，所以孩子渴望我的關注，而故意做出負面行為？
- 我對挫折的容忍度是否太低，以致無法跟孩子協商，因為這會讓我焦慮？
- 我是否因為筋疲力盡、神經緊繃，所以一察覺到最輕微的失控情況就抓狂？

● 在為家人忙了一整天後，我內心是否充滿了不平，因此任意把情緒發洩在孩子最微不足道的反抗上？
● 我是否精力透支，導致無法好好跟孩子處於當下？
● 我是否因為不知應該如何回應孩子天生的性情，而造成了內心的焦慮？
● 我是否太執著於「正確的」行為舉止，而當事情不按照自己的計畫發展時，我便會失去理性？

如果我們不能察覺自己的感受，就會去怪罪孩子造成了我們的挫敗感。一旦我們將自己的焦慮發洩在孩子身上，他們也會承擔我們尚未妥善處理的情緒，這意味著孩子會用更偏頗的行為來回應。而他們這種狀態又會進一步觸發我們更激烈的反應，這種痛苦的惡性循環就會世代相傳下去。

一旦我們理解到沒有人能夠造成我們的不快樂，我們就不用再為了我們的情緒印記投注龐大的心力。如此一來，我們就可將能量轉移至正常的人際互動上，不再將自己視為受害者、烈士或高高在上的勝利者，因為我們已經不需要靠誇大的情緒來尋求存在感了。

反過來說，唯有當我們能以正面眼光看待自己時，才能對孩子投以正面眼光。只有我們真的有自信，才能在跟孩子相處時不畏怯。我們的表現會影響孩子，孩子的表現也會影響我們，如此循環不息。因此，孩子如同我們的鏡像，映射出我們真實的內在，這也是他們之所以能成為我們靈性嚮導的原因。

高壓手段的反撲

許多父母相信，如果自己夠嚴厲，甚至動用體罰，孩子就會乖乖聽話，學會所有應該學的事情。然而，這種方式只會讓孩子畏懼我們，澆熄了他們天生良善的火苗。讓孩子心生恐懼的教養策略，只會傷害孩子跟我們之間最自然的親情紐帶。

教養孩子沒有速成法，也沒有精簡的答案。虎爸虎媽的「嚴厲之愛」終將滋長出憎恨。你的任務是克制自己使用高壓手段，好讓孩子學會依靠自己的內在資源去判斷什麼樣的行為是對的，而什麼樣的行為是錯的。即便有覺知的父母偶爾也會不自覺地責罵小孩，就如同我那次的海灘出遊事件一樣，但是這種情形絕對不能成為常態。

採用高壓教養手段，會激發出孩子的內疚及焦慮，長此以往，孩子既不會尊敬你，也不會懂得自尊自重，進而導致內心的空虛感，並對他人缺乏同理心。覺知教養在行為塑造上，不會讓孩子有壓迫感，也沒有所謂的不重要或無意義的互動模式，它會兼顧親子雙方的需要，因此對話不會是單向進行的。我們必須經常自問，對於孩子的意見是否始終保有開放的心態，因為覺知教養不可能發生這樣的情形：「我說了算，所以就這樣決定了。」而是：「雖然這些是規定，但是我會很樂意聽聽看你對這些規定的感受。」覺知教養即便要求孩子遵循我們的規矩，卻也容許他們擁有表達感受的自由。

我們成年之後容忍挫折的能力都是在童年時扎根的，更精確來說，它涉及了我們的父母如何教導我們處理「不行」的指令，以及如何處理我們殘留的情緒。多數的父母在說「不行」的時候，並未幫助孩子處理被拒絕後的情緒。我們之所以逃避幫孩子去探索他們的失望情緒，是因為我們同樣也未能處理好自己的失望情緒。我們要不是否認孩子的感受，就是想要藉著「修正」錯誤來迅速安撫他們，或是以某種方式轉移孩子的注意力。於是，孩子從我們身上學會逃避不適感，當日後他們步入青春期或面對成人世界的挫折時，極可能會發生用藥過度的情形。

除非我們的孩子在年幼時就學會如何妥善處理自己的情緒，特別是被拒絕的情緒，否則他們將無法應付往後人生中任何類似被解僱這類的情況。他們的反應會像三歲小孩一樣鬧脾氣，或是以大人的方式酗酒、濫用藥物。許多人都不明白很多自毀行為，其根源都是因為沒有能力去安撫自己，或是承受不了真實的人生。

身為父母，我們必須永遠把孩子對撫慰及能力感的需求放在心上。無論是任何形式的行為調整，都務必要根據孩子的需求與年齡，透過說故事、擁抱或對話來讓孩子慢慢融入。行為的調整，永遠都不該犧牲親子關係來換取。

孩子的行為，不管是正面或負面，都不會憑空出現，都是跟父母處於當下的能力息息相關。一旦我們認為孩子剝奪了我們的理智、掌控局面的能力、時間、尊嚴或面子，親子關係就會變成互相對立而非合作的關係。理解是親子關係最重要的維繫力量，尤其對青春期孩子來說更是如此。以下這對父女的例子就能說明這種情況。在女兒年幼時，他們非常親密，但在女兒步入青春期後，父女的關係卻開始變調走樣，嚴重到女兒幾乎不跟父親說話，課業成績也常常不及格。

女兒覺得被孤立：「我爸爸總是覺得我在撒謊，不信任我。」她唉聲嘆氣地說。「他甚至根本不認識我。」她覺得被誤解，覺得受到漠視，於是她改變了自己的性格，為了逃避父親的嚴厲對待而說謊。「誠實是我曾經很在意的品德，但現在的我根本不在乎是否說了實話。」她告訴我。「說謊要輕鬆多了。」

她的父親一籌莫展，只是不斷地說：「她總是對我說謊話。」他阻止女兒說謊的方式就是變本加厲地批評及控管。我跟父親說明他們父女的關係已經失去了互相扶持的功能，他也開始明白要遠離他所倚賴的線性互動方式。透過重拾以往如同盟友的相處模式，父親領悟到光靠管教只會撕裂父女的情感，於是他開始以一個「人」而不是父親的身份去關心女兒的生活。短短幾個星期，女兒的行為就有了顯著的改善。

如果你發現自己不斷在重複一個沒有結果的互動方式，就該是時候停下來問問自己：「這樣根本行不通，我到底在做什麼？」而答案可能就是你對待孩子的錯誤方式。問題在於：你是否願意改變？

對孩子說「不」的技巧

沒有人喜歡被拒絕，其中一個原因是對許多人來說，「不」這個字眼與過去太多令我們感到威脅的訊息有關。它可能會引發人們想起童年時嚴厲且時常懲罰孩子的父母，或是一個被剝奪了能力感的童年。

即使我們現在已經長大成人，當有人對我們說「不」的時候，我們還是會希望自己能像個兩歲小孩一樣又踢又叫，用力把自己的奶嘴扔向全世界，或是躺在地上打滾、嘶吼，直到臉色發青仍沒有用為止。當然，我們很清楚自己不可能做出這種事，所以我們會任由自己以較世故的方式鬧脾氣，比如發牢騷、在背後中傷他人、說長道短、生悶氣等等，甚至可能捶打枕頭，或在車上罵髒話。無論我們的年紀有多大，「不」這個字依然是最刺耳的字眼。然而，想想我們在一天當中會對孩子說這個字多少次，他們會有何感受呢？

每當我們行事獨斷、堅不退讓，其實就暴露出對直接發出「不」這個指令的不自在，然後我們的孩子會開始充耳不聞，更嚴重的話會開始造反。如果我們對說「不」感到不自在，無論我們說多少次，孩子都聽不見。只有當我們充分預期到自己的話會被聽見時，孩子才會聽見我們所說的話，這就表示我們必須先有把握會受到尊重，而且界限不會被跨越。

換句話說，當父母對說「不」能感到自在時，孩子聽見「不」時就不會覺得不舒服。如果你不習慣說「不」，孩子很可能在踏入青春期後變得叛逆又蠻橫。然而，說「不」的方式，以及該在哪種情況下說「不」，在覺知教養中都扮演了非常關鍵的角色。我們是否在有意識的狀態下說「不」，有意識地對孩子的要求或行為做出切實的回應，而不是因為我們自己的問題而說「不」呢？當我們能在充滿覺知的情況下說「不」，就可以不帶任何愧疚地拒絕孩子，也避免了專橫獨斷或前後不一致的教養問題。

有時候，我們之所以不能有效地說「不」，是因為我們覺得自己沒有權力如此回應孩子。原因在於，我們的父母在很久以前便剝奪了我們被尊重的權利。「人必自重而後人重之」，如果我們都不尊重自己，怎能期待孩子或任何一個人會尊重我們呢？

假如對孩子說「不」的時候，我們不清楚自己為什麼要如此回應，孩子就會轉而逼迫或操弄我們。因此，我們必須言行一致、說話算話且貫徹到底。

有時候，我們的孩子會自私又自我，需要我們鼓勵他們回歸到當下，有時候甚至必須強制地要求他們。不過，這跟無意識地強迫孩子聽從我們、漠視孩子的需求是截然不同的。

蘇珊是單親媽媽，育有一個失控的前青春期女兒瑪麗安。瑪麗安小時候就像個小天使一樣，跟媽媽兩個人相處得非常好，但隨著瑪麗安逐漸展露個性，蘇珊反而不知道應該如何處理女兒逐漸萌芽的獨立自主意識，她也不知道如何以建設性的方式回應瑪麗安對自我權力的需求，而女兒日漸增長的強勢作風也漸漸壓過母親低落的自我價值感。

蘇珊的困境，在於她是由一個有言語暴力傾向的母親帶大的。她母親會不停地貶損她，甚至讓她都覺得自己天生個性就有缺陷。於是，在蘇珊成年之後，也吸引了一連串不堪回首的感情關係，從來都沒有遇見過能夠尊重她的男人。除此之外，她也因肥胖及慢性背痛而苦惱不已。

蘇珊缺乏自我做主的能力，以致她根本不敢要求女兒尊重她，也無法對女兒嚴格設定任何界限。結果，瑪麗安七歲時就違反了她的規定，八歲時動手打她，九歲時弄壞了她最心愛的項鍊卻不肯道歉，在這種種事件中，她都不曾嚴正地制止或勸導女兒。即便瑪麗安十二歲第一次跟朋友出去時，她也沒能定下宵禁規定。由此可以看出，蘇珊不自覺地在女兒身上重現母親的身影，無意識地持續扮演受害者的角色，因為這就是她一貫熟悉的能量。

在我們回應孩子之前，我們要問自己的是：「我的出發點是為了孩子好，還是受制於自己的情緒狀態？」這種覺知，才是能讓親子關係轉化的關鍵，也是覺知教養的標誌。

我們如何對孩子說「不」，則是要看孩子的性情而定。樂於傾聽的孩子比較敏感，有時只要父母的一個眼神就能制止他們，但是要小心的是，這類型的孩子也比較容易去討好父母。因此，如果你孩子的個性就是如此，切記不要對孩子太過強勢，否則這會讓他們變得猶疑及躊躇不前，甚至畏畏縮縮。天生好動的孩子，需要的可能就不只是一個眼神了。這類型的孩子通常會惹出較多的麻煩，因為他們不只個性獨立，也比較頑固、任性，甚至暴躁魯莽。如果你孩子的個性就是如此，你必須立場堅決，但同時也不能太過嚴厲，如何取得平衡是個挑戰。

當孩子進入叛逆期後，有些父母可能會發現自己一天到晚都在說「不」。這只是一個過渡期，你需要耐性，也需要維持一致的管教策略。

如果孩子挑戰你定下的規矩，你必須先停下來、深呼吸，然後再問問自己：「孩子違反的是主要規定，或是彈性規定？」如果孩子在重要的事情上拒絕遵守我們說「不」的命令，那麼我們就有必要採取行動；但如果違反的只是彈性規定，明智的做法是重新跟孩子協商，或者就放任孩子一次也無妨。

如果要用行動說「不」，可以採取的形式包括暫停一切遊戲、待在房間裡面壁思過，或是來一場嚴肅認真的對話，告訴孩子玩具、電視或電腦等會令人分心的事物其實會帶來壞影響。我們必須學會如何在說「不」的時候態度認真，口氣既不能猶疑不定，也不能流於獨斷。當孩子看見我們言行一致的時候，他們也會跟著學習。最有效的行動不是懲罰也不是專制，而是前後一致且態度堅定。

當我們說「不」之後，孩子需要時間與空間來自我撫慰，好讓他們的情緒鐘擺能回歸中點。我會告訴女兒：「我沒辦法帶走妳的挫折感，我也不想這麼做，但是我可以在妳努力處理它時陪在妳身邊。」要好好處理挫折感，首先要允許它存在，我們可以在挫折的浪潮來襲時乘浪而行。透過練習覺察力、接受與包容，孩子將學會管理自己的情緒。

在孩子年紀還小時，我們可以為他們打下基礎，讓他們日後有能力處理自己的感受。為此，我們可以使用為每種「感受」命名的技巧，另一種技巧則是讓孩子用畫畫或書寫來描寫他們的感受，我們則靜靜地陪著他們。此外，我們也可鼓勵孩子透過呼吸調息，讓情緒平穩下來。

在許多情況下，「不」的指令會被快速代謝掉，孩子不會有殘留的情緒，但有時候，孩子可能會有他們想說的事、想抒發的感受。如果我們無法幫孩子度過挫折，他們就會將這些情緒塞進身體裡。身為父母的任務之一，就是傾聽孩子的心聲，然後讓他們知道，挫敗感是一件很自然的事。「就讓我們一起跟妳的感受安坐吧。」我這麼告訴女兒，然後一起觀照這些情緒。

當我們對孩子說「不」的時候，孩子一定會有各種感受，我們可以問問孩子從這些不同感受中學到了什麼，這對孩子是很有幫助的事。人生不可能盡如人意，或許就是他們學到的寶貴一課。當我們在某件事上拒絕了孩子，或許可以在另一件事上滿足他們的需求，陪著孩子一起想出有創意的答案，等於給了孩子一個對應拒絕的強大工具。

在討論如何說「no」之後，以下我想要提出幾點建議，希望你能用同樣明確的方式對孩子說「yes」：

- 對努力說「yes」，不計較成果。
- 對探索說「yes」，不在意答案。
- 對未知說「yes」，好過無所不知。
- 對動動腦說「yes」，不鼓勵死記硬背。
- 對屢敗屢戰說「yes」，不以成敗論英雄。
- 對好奇說「yes」，不鼓勵因循守舊。
- 對想像力說「yes」，突破模仿求進步。
- 對冒險說「yes」，不打安全牌。
- 對哭泣說「yes」，不將情緒悶在心裡。
- 對慷慨說「yes」，不被貪心打敗。
- 對創造力說「yes」，不做個書呆子。
- 對玩說「yes」，不在意輸贏。

時機才是重點

父母經常會犯的一個錯誤就是，在戰火正旺時還想著要去教導孩子適當的行為。雖然在孩子出現失當行為時立刻叫停很重要，但在孩子冷靜下來之前，無論進行什麼「機會教育」都會白費工夫。這意味著，我們必須等待一個恰當時機，或許是幾個小時以後，或是那個禮拜的某一天，再重新跟孩子討論他們失當的行為。

有一次，我女兒跟同伴玩得太開心了，完全不想離開。最後，我只能把她抱起來，強行塞進車子裡，聽著她一路哭回家。當時我對她的不聽話感到很生氣，試著要跟她溝通，但是她一個字都聽不進去。她的情緒激動，不明白我為什麼要生氣。幾天後，在我陪她上床睡覺時，我提起了這件事。我模仿她那天的行為，讓她親眼看看當天她有多麼不講理。透過這樣的情景重現，孩子有了一次自我反省的機會。後來，我們母女一起動動腦，看看下次遇到相同情況時，是否有更好的解決方式。這樣的討論過程，會讓孩子覺得自己也有能力處理問題，而不是單純地聽從父母下指令。

那晚稍後，我女兒對我說：「對不起，但那時沒辦法離開我的朋友。」我回答說我了解要跟好朋友分開不容易做到，但是這不表示她可以對玩遊戲的時間約定置之不理。然後我問她：「如果妳是媽咪，會怎麼做呢？」她要求我以後可以提出三次警告，來幫她做好遊戲結束的心理準備。於是，我們結束了親子之間的戰火，還討論出了一個正面解決問題的方法。

諸如此類的事件，讓教養之路充滿了創造力及靈性重生的機會，在為人父母的人生旅程裡，每一刻都是心靈相遇的時刻，每一次過招都是一場彌足珍貴、獨一無二、牽著手一起跳的單人舞。

【後記】了解我們集體的無意識

要促成真實而持久的改變，唯一的方法就是徹底了解需要改變的是什麼。當我們承擔起讓自己變得更有覺知、更有意識的任務時，會明白所謂的「無意識」是各式各樣相互交織的因素所造成的。每個人都從過去世代繼承了不同的無意識主題，其中包括了我們自己先輩的無意識，以及整個文化的集體無意識。❶

換句話說，包括我們同儕團體的這個社會，在制約我們的這方面扮演了和父母同樣重要的角色。確實，若我們針對自己的無意識深入探索，就會發現自己與所有的先輩、所有我們曾經接觸過的人相互依存的程度有多麼深。我們會覺醒到一個事實，那就是我們的無意識是周遭所有人無意識的一個作用。

要成為覺醒父母，我們必須學習如何以有意識的方式，而非盲目的衝動來回應現實狀況，運用理性而非情緒化的反應、行使主動的意志而非根據過去的被動制約來行動。透過有意識地去帶養及教養小孩，能夠幫助我們了解，孩子與生俱來的天性就渴望著跟我們有深

❶無意識分為兩類，一類是由個人經驗構成的無意識，一類是社會或甚至整個族群的集體無意識；後者反映了歷史進化過程中的集體經驗。

刻、持久且真實的連結。因此，如果孩子反抗或背棄我們，這就表示我們未能滿足孩子的情緒或情感需求，或者我們未能教導孩子如何去滿足他們自己的需求。

我們全都在同一條船上

要成為覺醒父母，就必須認知到，由集體無意識遺留給我們的無意識如何斲傷我們的孩子。比如說：

- 是我們教孩子貪婪的，因為我們給他們鑽石而不是教導。
- 是我們教孩子害怕去冒險的，因為我們獎勵他們的成功，斥責他們的失敗。
- 是我們教孩子說謊的，因為我們在他們說實話時發脾氣。
- 是我們教孩子對他人冷酷寡情的，因為我們漠視他們的情緒，否定他們而不是無條件接納他們。
- 是我們讓孩子失去熱情與活力的，因為我們不斷督促他們要表現優異，成為「了不起的人」。
- 是我們教孩子汲汲營營的，因為我們對外表及身外之物花了太多心力。
- 是我們教孩子不尊重我們的，因為在他們第一次對我們不尊重時，我們沒有立刻嚴正地制止。

- 是我們教孩子目中無人的，因為我們不知道如何定下規矩並認真執行。
- 是我們教孩子自我厭惡的，因為我們不斷把他們的情緒分成我們喜歡的，以及我們不喜歡的。
- 是我們教孩子霸凌的，因為我們主宰了他們的心靈，讓他們閉上嘴巴。
- 是我們教孩子好惡的，因為我們把自己的好惡強加在他們身上。
- 是我們讓孩子違抗我們的，因為我們逼迫他們做一個虛偽不實的人。
- 是我們讓孩子困惑不安的，因為我們給了他們一切外在的東西，卻沒有給他們內省的工具。
- 是我們讓孩子不專心的，因為我們在他們的生活裡塞滿了活動，沒有留下寧靜的獨處空間。
- 是我們讓孩子自卑的，因為我們經常羞辱他們的心靈及評斷他們。
- 是我們讓孩子焦慮的，因為我們忽視每個當下，總是把焦點放在明天。
- 是我們讓孩子不信任這個世界的，因為我們每一次都背叛了他們的本質。

我們都傾向於以熟悉、可預期的方式來行動，要擺脫這種習慣並以一種真實、自發的方式來回應並不是件容易的事。然而，我們若想要有效地教養孩子，這卻是不可或缺的。培養一個獨立又獨特的心靈時，我們不能將自己的習性強加在孩子身上，否則他們將會因為喪失本真而受苦。要當覺醒父母，就不能強迫孩子扭曲自己的心靈來迎合我們，而應該是反過來，要調整的是我們那過時、自以為是、憤世嫉俗的教養方式。

孩子以後能否過上一個滿意的生活，親子關係是影響深遠的主要因素之一。如果親子關係無法強化孩子的內在連結，因為渴求而躁動的靈魂會去尋找其他出路來重建連結。這樣的孩子長大後會成為物欲或不良習慣的上癮者，沉溺於精品、地位、珠寶首飾、賭場、酒精、針筒或性愛中而不可自拔。反之，如果親子關係能鼓勵孩子去與自己的內在人格進行有意義的對話，他們就能與自己和平共處，而這正是讓人生變得有意義的關鍵。

成為活在當下的父母

父母有責任提供孩子情緒上的指引、穩定性、包容性及安全感，但反過來，孩子也帶來了一些只有他們能給我們的人生功課，比如：活在當下、找回本真，以及不假外求的喜樂。這些都是我們在成長過程中，因為無意識的教養而失去的。

覺知教養需要我們時時刻刻都能跟孩子處於當下，無論發生什麼事都應該盡力做到這一點。這種教養法不會針對孩子的每一個行為，提供你專有的解決技巧；因為覺知教養是活的、會呼吸的、有機的、與時俱進的，隨時都在變動中。覺知教養，能讓孩子跟隨著他們自己的本心，能滋養親子關係，能讓孩子在人生路上留下屬於自己的獨特印記。我們如何與自己的內在人格連結，活出生命的意義，對孩子的影響力來說，沒有任何事能比得上這個。

基於此，我們應當經常問問自己以下這些問題，來檢驗自己到底有沒有活在當下：

- 我能讓頭腦安靜下來，與靜默同在嗎？
- 我能否在任何時刻按下暫停鍵，停止所有的想法、嗅覺、聽覺及味覺？
- 當生活未能按照「計畫」走的時候，我能否一笑置之？
- 即使受了傷，我能否照樣展現同理心？
- 我是否尊重我的身體？
- 我是否過得充滿熱情？
- 我是否熱愛我那不完美的人生？
- 我就是我，不必成為什麼人，也不用特別做什麼事。
- 我可以探觸最深層的情緒，不畏懼評斷也不覺得羞恥。
- 我的整個世界是否沒有偏離內在的中心軸？

倘若我們能以這些方式處於當下，我們的孩子在耳濡目染下也會跟著這麼做。他們的成長，不是因為我們的話語，不是因為我們買給他們的東西，也不是因為我們供他們上大學，而是因為他們掌握了活在當下的能力，學到了自我察覺的內省能力。

然而，現實情況是，很少人能夠懂得如何在頭腦不介入的情況下，去單純跟每個經驗同在。我們往往會不自覺地陷入二元性的思維：這個—那個、好—不好、苦—樂、你—我、過去—未來，以及父母—小孩。一旦我們的頭腦陷入這種兩極對立的思維，便會立刻在我們跟世界之間劃出一道鴻溝，製造分裂。這種種無意識的作為，占據了我們大多數的時間。比如說，我們初識一個人，就會立刻在心裡論斷他，同樣的，我們也會這樣對孩子：「他很乖」、「她很壞」，或是「他怎會做出這種事？」……我們隨時都覺得必須為現實狀況加上自己的評論。

融入現實的「如是」狀態不加任何評判，對我們來說是個完全陌生的概念。想要處於當下，就必須讓腦袋安靜下來，抽離對於過去和未來的思慮。我們必須讓自己安住於此時此地，不以二元性思維來看待事情，而是進入一種純經驗的狀態。

一旦我們無法活在當下，就無法接納孩子的「如實」樣貌。在這種情況下，我們會急著把制約化的理想強加在孩子身上。我們錯以為孩子是「我們的」，於是相信自己有權可以任意這麼做，進而以一種扼殺孩子本性的方式來教養孩子，在集體無意識的那片汪洋中倒進更多水。

你的無意識不能要求孩子來繼承，它是你的責任。當你有心要成為一個有意識、有覺察力的覺醒父母時，就意味著你能夠越來越察覺到你的無意識狀態，並洞悉它的強大力量與無所不在的特性。

覺醒父母所教養出來的孩子，能夠跟自己和平共處，能夠挖掘出內在源源不絕的喜樂，能夠發現宇宙的豐盛美好，並學會如何跟這個生命之源的宇宙搭上線。這樣的孩子會珍視自己的生命，視之為他們的靈性夥伴，帶著好奇、虔敬及興奮的心來回應生命的挑戰。他們在父母的覺知教養中找到了內在平靜，也會用同樣的方式去教養他們自己的孩子。於是，療癒的力量就在生命之流中，世世代代傳遞下去。

【附錄】意識羅盤：給父母的問題

我人生的使命是什麼？我在生活中如何去體現？

- 我是否已經進入一種狀態，能跟更深層的人生目標相連結？
- 我的內心是否覺得充實又滿足？
- 我如何讓每一天都過得有意義？

我最主要的自我執著是什麼？

- 我太執著於物質形式的成功？
- 我太執著於自我形象，以及我在生活裡扮演的所有角色，比如父母、配偶或成功的企業家？
- 我發現自己長期處於需求不滿的狀態？
- 我覺得自己是匱乏的，或是富足的？
- 我為何會處於這種狀態？
- 我現在最放不下的是什麼？放下它會怎樣？

我最深的恐懼是什麼？

●我是否曾在獨處時望著鏡中的自己，面對自己的恐懼？

●我是否能輕鬆走進這些恐懼，面對它們，接受它們，而不是靠外來的力量來平息它們？

●我是否能單純地跟自己根深柢固的恐懼安坐在一起，了解它們、跟它們做朋友，然後釋放它們？

我的人生劇本是什麼？

●我是否曾經檢視自己的過去，看看自己如何演出被原生家庭困住的人生劇本？

●我是否能看出用來建構自己人生主調的是什麼？

●我是否能藉由觀察自己的人際關係，而看出其中的模式？

什麼是我繼承而來的情緒遺毒？

●當人生境遇不如所願，我通常會有什麼樣子的情緒反應？

●對於日復一日的生活，我抱著什麼態度？

●我是否能跟情緒印記脫鉤，有意識地覺察到它們？

●我是否能察覺到自己如何將情緒投射至孩子或另一半身上？

引爆我情緒的因素是什麼？

●我什麼時候會發現自己被情緒困住？

- 最常讓我情緒爆發的因素是什麼？
- 一旦我的情緒被觸動，我會如何處理它？

我如何處理人生中的負面事件？

- 當我生氣或心情沮喪時，我是否會想利用某個外在力量來平息這些感覺？或是靠內在力量度過？
- 我是否能夠跟情緒安坐，靜靜觀照它們，而不是做出情緒化反應？
- 我能否放下負面情緒？
- 當我將自己的情緒轉嫁給他人時，我是否能察覺得到？

我能夠活在有意識的狀態下嗎？

- 我是否有足夠的信心與洞見，不會經常被恐懼、焦慮與怨恨所蒙蔽？
- 我是否能跟自己的本質建立連結？

我是「行動型」，還是「安在型」？

- 我的處世態度是什麼？我所有的作為是否都為了證明我的存在？
- 我是否會不由自主地用活動填滿每一天？或者能每天至少一次安靜地跟自己獨處？
- 我是否會從事一些活動來強化跟內在的連結？或者因為太忙而失去了跟內在的連結？
- 我是否已經習慣帶著評判的眼光，心理活動永不停息？或者我能夠帶著中立及覺知的心態單純地去體驗所有經驗？

什麼是我教養方式的重要支柱？

- 我是否已經不自覺地認定孩子要成功，需要的是不斷去「做」的能力？
- 我是否能不作為地看著孩子心靈自然流動，不施加其他外力？
- 我是否認為孩子需要施加足夠的壓力，才能成為我想要的那種人？
- 我是如何看待孩子的，是覺得他們不足，還是覺得他們一切已具足？
- 當我看著孩子時，希望看到的是我理想中他們的樣子？還是能夠與孩子一起安坐，為他們如實的一切感到驚喜？

我如何教導孩子建立內在連結？

- 我如何跟孩子互動？
- 我如何傾聽孩子的心聲？是被動或主動地融入當下？
- 我是否能看見孩子「如其所是」的樣子？
- 我如何幫助孩子增強他們與自己的內在連結？
- 我如何以身作則，跟我自己的內在建立連結？
- 我如何看待人生？是良善的或是邪惡的？答案是否會跟著我當下的境遇而改變？

本書重點摘要

我們每個人都想盡己所能地當個最好的父母，絕大多數的人確實也都是好人，對子女都有滿滿的愛。我們會把自己的意志強加在孩子身上，當然不是因為我們不愛孩子，而是因為我們缺乏覺知。而在現實中，我們大多數的人對於存在於親子之間的動態關係，都是毫無所覺的。

- 出問題的不是我們的孩子，而是我們的無意識。
- 我們的無意識不該由孩子繼承，應該由我們去發掘。
- 愛與真相其實很簡單。一旦我們變得有覺知，教養孩子就不再是複雜或困難的事，因為身為覺醒父母會自然而然地充滿慈愛及坦誠。
- 以身作則，比任何教養方式都有用，孩子會將一切看在眼裡並模仿。他們也能看穿你藏在背後的想法及意圖。
- 孩子行為失控時完全活在自我中，會完全無視於我們，別因此而誤解孩子是針對你。不當行為是他們對外求助的無聲吶喊：「請幫幫我！」
- 孩子會鬧脾氣的根本原因，是他們的情緒無法表達出來。

- 糾正孩子的失控行為，永遠都必須立即執行。
- 如果你家孩子已是青少年，意味著他們不會再事事徵求你的意見了。
- 跟孩子互動時，如果能隨時都尊重孩子如實的樣子，就等於是在教導他們尊重自己。
- 如果我們一味地要改變他們當前的狀態，讓他們的行為符合我們贊同的標準，就是在傳達「你尚有不足之處」的訊息。於是，孩子將會戴上一副人格面具，離他們真正的自己越來越遠。
- 把我們自己的情緒能量調到孩子的頻率，比要求他們來配合我們，效果更好。
- 情緒化的反應，是出自一種抗拒心理。
- 行為塑造會利用所有衝突當作學習的實驗室，因此行為塑造是隨時都在發生的，而非限縮在處罰時間裡。這種塑造行為的方式採用的是正面強化，這比懲罰更有效。
- 為人父母的任務，是跟孩子的本質為友，而不是為敵。
- 我們因為害怕被排擠，所以多半時間會選擇從眾媚俗。
- 孩子的心靈蘊藏著無窮的智慧。
- 在覺知教養中，父母會信任孩子對於自身命運的直覺。

致謝

感謝康絲坦茲・克洛芙（Constance Kellough）對本書的厚愛，你帶著豐富的愛、堅定的信念與無條件的支持促使這本書誕生。在此致上我最深的謝意。

感謝大衛・羅伯・歐德（David Robert Ord），你是絕無僅有的好編輯，沒有任何言語能形容我對你的感激之情。

謝謝多年來跟我一起走過來、相互扶持的案主，謝謝你們允許我走進你們的人生。

謝謝我的朋友與家人總是陪伴在我身旁，你們知道我指的是誰，也知道你們對我的意義：對我而言，你們就是全世界。

謝謝外子奧茲與我的女兒麥亞，沒有任何話語能確切傳達我的感受。我所做的一切或我的存在，從未跟你們的存在分開。

感謝大家

覺醒父母

進入覺知教養，走出掌控孩子的單行道，讓內在小孩與孩子一起成長

The Conscious Parent: Transforming ourselves, Empowering our Children

作　　者　喜法莉·薩貝瑞 博士 (Shefali Tsabary, PhD.)
譯　　者　蔡孟璇
選　　書　周本驥
封面設計　Vicky
內頁排版　高巧怡
行銷企劃　蕭浩仰、江紫涓
行銷統籌　駱漢琦
業務發行　邱紹溢
營運顧問　郭其彬
校　　對　石曉蓉
編　　輯　溫芳蘭、莊雪珠
副總編輯　劉文琪

出　　版　地平線文化／漫遊者文化事業股份有限公司
地　　址　台北市103大同區重慶北路二段88號2樓之6
電　　話　(02) 2715-2022
傳　　真　(02) 2715-2021
服務信箱　service@azothbooks.com
網路書店　www.azothbooks.com
臉　　書　www.facebook.com/azothbooks.read
發　　行　大雁出版基地
地　　址　新北市231新店區北新路三段207-3號5樓
電　　話　(02) 8913-1005
訂單傳真　(02) 8913-1056
二版一刷　2024年4月
定　　價　台幣480元

ISBN　978-626-98213-4-1

國家圖書館出版品預行編目 (CIP) 資料

覺醒父母 : 進入覺知教養, 走出掌控孩子的單行道, 讓內在小孩與孩子一起成長/ 喜法莉. 薩貝瑞(Shefali Tsabary) 著 ; 蔡孟璇譯. -- 二版. -- 臺北市 : 地平線文化, 漫遊者文化事業股份有限公司出版 ; 新北市 : 大雁文化事業股份有限公司發行, 2024.04
面；　公分
譯自 : The conscious parent : transforming ourselves, empowering our children.
ISBN 978-626-98213-4-1(平裝)
1.CST: 親職教育 2.CST: 家庭心理學
528.2　　113005093